Lm 2

83 bis

ʎ

ARMORIAL

DU NIVERNAIS.

PUBLICATION DE LA SOCIÉTÉ NIVERNAISE.

NEVERS,

IMP. FAY. — G. VALLIÈRE, successeur.

ARMORIAL

HISTORIQUE ET ARCHÉOLOGIQUE

DU

NIVERNAIS

PAR

LE Cte DE SOULTRAIT

MEMBRE NON-RÉSIDANT DU COMITÉ NATIONAL DES TRAVAUX HISTORIQUES, ASSOCIÉ
CORRESPONDANT DE LA SOCIÉTÉ DES ANTIQUAIRES DE FRANCE, MEMBRE
DE LA SOCIÉTÉ NIVERNAISE DES LETTRES, SCIENCES ET ARTS,
DE L'ACADÉMIE DE LYON, ETC.

TOME SECOND.

NEVERS,

CHEZ MICHOT, LIBRAIRE DE LA SOCIÉTÉ NIVERNAISE.

—

M DCCC LXXIX

FAMILLES.

LA FOREST.

DE FORESTIER.

FOUCHER.

FOULÉ.

DU FOUR.

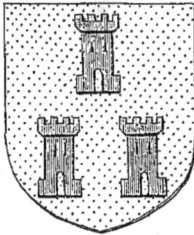

FRAPPIER.

GALAIX.

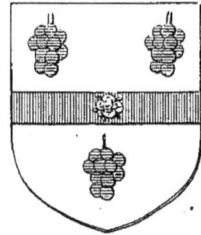

GALLOPE.

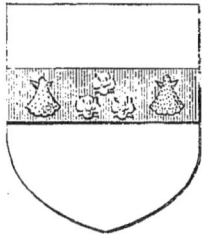

DE GANAY.

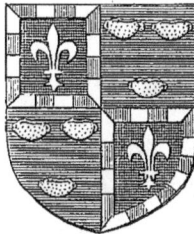

GARNIER.

GASCOING.

GENTIL

DES GENTILS.

GIRARD.

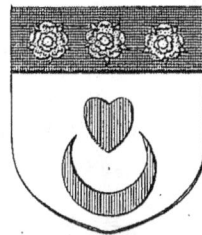

GIRARD.

GOURDON

DE LA GRANGE D'ARQUIAN

DE GRANDRY

GRENE.

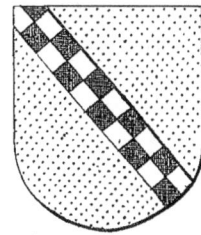

DE GRIVEL.

ARMORIAL

DU NIVERNAIS.

FAMILLES.

GALAIX, seigneurs d'Isle, de Morny.

Châtellenies de Châteauneuf-sur-Allier et de Nevers.

Alliances : Gascoing, Tenon, Richard de Soultrait.

D'azur, au coq d'argent, becqué, barbé, crété et membré de gueules, posé sur une terrasse de sinople. — Pl. XVII.

Archives de Nevers et de Saint-Pierre-le-Moûtier. — Collection nivernaise de l'auteur. — Armorial de la généralité de Moulins.

⚜ ⚜ ⚜

GALAND, seigneurs de Chevigny, de Roches.

Châtellenie de Decize.

Alliance : de Beaumont.

Armoiries inconnues.

Marolles.

⚜ ⚜ ⚜

GALLINE, seigneurs de Boisrosin, des Chèses.

Châtellenies de Decize et de Nevers.

Alliance : de Chargère.

*D'or, à trois fasces d'azur, accompagnées en chef d'une aigle de...
et en pointe d'une poule de...* — Pl. XVI.

Archives de la Nièvre. — Armorial de Challudet.

Nous donnons ces armes, sans doute incomplétement reproduites,
d'après l'*Armorial* de 1638.

⚜ ⚜ ⚜

LE GALOIS ou LE GALOIS DU VERNAY, seigneurs du Vernay, de Fontjudas et des Écots.

Châtellenie de Decize.

Armoiries inconnues.

Marolles. — Archives de Decize.

⚜ ⚜ ⚜

GALLOPE *al.* GALOPPE, seigneurs de Marigny.
Nivernais et Paris.

Châtellenies de Nevers, de Decize et de Châteauneuf-
sur-Allier.

Alliances : Olivier, du Chastel, de Cuzy, de Thou,
Durand, etc.

*D'argent, à la fasce de gueules, chargée d'une rose du champ et
accompagnée de trois grappes de raisin d'azur.* — Pl. XVII.

Archives de la Nièvre et de Decize. — *Dictionnaire de la noblesse.* — Paillot. —
Segoing. — Armorial de Challudet. — Preuves de Malte à la Bibliothèque de
l'Arsenal.

Une tour de l'enceinte de Nevers portait le nom de cette famille, l'une des plus anciennes de l'échevinage du chef-lieu de notre province, qui serait encore représentée d'après une note des *Archives de Nevers* de Parmentier. Les armes des Galoppe sont données de diverses manières : Dans l'Armorial de Challudet, le champ est d'azur, la fasce et les raisins d'argent et la rose de gueules ; dans les preuves de Malte de la Bibliothèque de l'Arsenal, elles sont telles que nous les donnons d'après La Chesnaye-des-Bois, sauf que les grappes de raisin sont de pourpre ; enfin, dans Segoing, la fasce de gueules n'est point chargée de la rose et a une bordure engrêlée d'or. Ajoutons que la *bordure engrêlée de gueules* attribuée par le *Dictionnaire de la noblesse* à Nicolas Gallope, conseiller au parlement de Paris à la fin du XVIᵉ siècle, est une brisure.

✤ ✤ ✤

DE GAMACHES, seigneurs de Rosemont, de Chevenon, de Sury; barons de La Guerche. Originaires du Vexin, Berry et Nivernais.

Châtellenies de Nevers et de Cuffy.

Alliances: de Lignières, Foucault, de Saint-Quentin, d'Assigny, de Grivel, de Loron.

D'argent, au chef d'azur. — Pl. XXX.

Marolles. — Archives de la Nièvre. — Armorial de Challudet. — *Dictionnaire de la noblesse.* — Paillot. — Segoing. — *Le Roy d'armes,* etc.

Nous décrivons les armoiries des Gamaches telles qu'on les trouve dans les Armoriaux ; mais La Chesnaye-des-Bois, dans la généalogie qu'il donne de cette famille, parle du sceau de Jean de Gamaches, seigneur de Rosemont en 1432, dont le type était un écusson *écartelé, aux 1 et 4, d'un chef; et aux 2 et 3, de deux fasces ondées.* La Thaumassière a donné aussi une partie de la généalogie de cette famille.

✤ ✤ ✤

GANARD, seigneurs de Crejeux, des Aleux.

Châtellenies de Donzy, de Decize, de Metz-le-Comte et de Champallement.

Alliance : de La Brosse.

Armoiries inconnues.

Marolles.

✥ ✥ ✥

DE GANAY, seigneurs de Ganay, de Chassenay, des Espoisses, de La Forest, de Saint-Loup, de Marigny, de Lurcy-sur-Abron, de Baudoin, de Chaumont, de Vezigneux. Originaires du Nivernais, Bourgogne, Berry et Paris.

Châtellenies de Ganay, de Decize et de Saint-Brisson.

Alliances : Adette, de Saint-Père, de La Bussière, des Jours, etc.

D'argent, à la fasce de gueules, chargée de trois roses d'or, 1 et 2, accostées de deux coquilles de même. — Pl. XVII.

Archives de Decize. — Marolles. — *Histoire des grands officiers de la couronne.* — Moréri. — *Dictionnaire de la noblesse.* — Paillot. — *Histoire des chanceliers de France.* — Gastelier de La Tour. — Vertot. — Armorial de Bourgogne. — *La Noblesse aux États de Bourgogne*, etc.

Le P. Anselme, Blanchard, La Chesnaye-des-Bois et Moréri ont donné des généalogies de cette famille, originaire des environs de Decize en Nivernais, où une branche, négligée par ces auteurs, se perpétua jusqu'à la fin du XVIe siècle; dès le XIVe, la famille de Ganay s'était divisée en plusieurs branches dont la plus marquante fournit un chancelier de France sous Louis XII. Ces branches portèrent des armoiries différentes. Un jeton du chancelier de Ganay, dont voici le dessin, nous fait connaître d'une manière positive le blason primitif de la famille, qui est donné de même par l'*Histoire des*

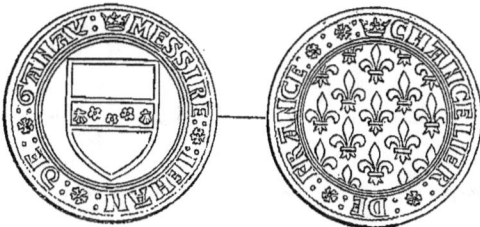

grands officiers de la couronne. Maintenant la branche aînée porta, suivant M. d'Arbaumont : *D'argent, à la fasce de gueules chargée d'une aigle mornée de sable et de deux roses d'or, l'une à sénestre, l'autre en pointe, le tout accosté de deux coquilles aussi d'or.* La Chesnaye-des-Bois dit, d'après Paillot, que le chancelier de Ganay avait ajouté à ses armes une *aigle désarmée de sable* sur la *fasce de gueules*, et que ce blason était ainsi figuré dans la chapelle de Saint-Méry à Paris. Cela est inexact, du moins en ce qui concerne le blason de la chapelle de Saint-Méry, où se trouvait le tombeau du chancelier : les Épitaphiers de Paris ont conservé le texte de l'épitaphe de Jean de Ganay et le dessin du blason gravé au-dessus, et ce blason est semblable à celui du jeton reproduit par nous. Il est positif toutefois que l'aigle, ajoutée aux premières armoiries des Ganay nous ne savons à quelle occasion, finit par composer à elle seule le blason de la famille, qui porte maintenant : *D'or, à l'aigle mornée de sable.*

⚜ ⚜ ⚜

GARNIER, seigneurs de Travant, de Passensay, de La Motte, de Latigny.

Châtellenies de Nevers et de Decize.

Alliances : Coquille, des Prés, des Colons, Doreau, de Reugny.

Écartelé : aux 1 et 4, de sable, à la fleur de lys d'argent, et une bordure componée de gueules et d'argent ; et aux 2 et 3, d'azur, à trois vans renversés d'or. — Pl. XVII.

Marolles. — Archives de la Nièvre et de Decize. — Armorial de Challudet.

Les quartiers 1 et 4 de ce blason sont bien évidemment une concession du comte Jean de Clamecy, dont Pierre Garnier, premier auteur connu de sa famille, fut longtemps le secrétaire.

⚜ ⚜ ⚜

GASCOING, seigneurs de La Belouse, de Bertun, de Poissons, de Villecourt, du Sausay, de Demeure, de Noille, de Boisjardin, de Lamoignon, du Pressour, de Patinges, de Bernay, de Nantin, d'Apiry, de La Moutonnerie, de Saint-Bonnot, des Magnys, de Bafain, de Maupertuis, de La Mouille-Foucault, du Chazeau, de Ruère, du Cachau, de Garchizy, de Lavau, de Créange, de Bouy, de La Porte, de Croisy, de Villette, du Fery, de Mont, d'Azy-les-Vignes, de Marcenay, de Champromain, d'Auvernay, de Travant, de Besse, de La Charnaye, de Ragon, du Moulin-Ragon, du Colombier.

Châtellenies de Nevers, de Cuffy, de Donzy, de Château-neuf-au-val-de-Bargis et de Decize.

Alliances : Le Bourgoing, de Saint-Vincent, de Favardin, des Prés, Perude, Pion, Sacré, Dien, Fournier, Bardin, Maignin, Sallonnier, Quartier, Sirot, Coquille, de La Chasseigne, Doibt, de Lucenay, de Saulieu, Tenon, Belon, Salomon, Le Coq, Doreau, de La Rue, Roussel, Le Clerc, de Vaux, Challudet, Bonnivaux, Bogne, Bouzitat, Guillouet, Pitoys, Pinet, Voille, Rapine, Brisson, de Bèze, Bolacre, Girard, Olivier, de Veilhan, de Charmont, Chifflard, Lithier, Taillefert, Margot, Brulé de Beaubert, Tillot, Millin, Poupon des Bertins, Gasque, Mittier, Bolacre, Vyau, Millot, Guérin de La Motte, Berthelot, du Bois des Cours, de La Roche de Lupy, Nicot, etc.

D'argent, à trois grappes de raisin d'azur, tigées et feuillées de sinople. — Pl. XVII.

Archives de la Nièvre. — Marolles. — Collection nivernaise de l'auteur. — Armorial de Challudet. — Magnency. — *Le Roy d'armes.* — Armorial de la généralité de Moulins. — *Cahier de la noblesse du Nivernais.*

Les armes de cette famille sont sculptées à l'extérieur d'une chapelle de l'église de Saint-Pierre-le-Moûtier ; quelques-uns de ses membres ajoutèrent des pièces à leur blason primitif : le cachet de Jean Gascoing, chevalier, seigneur de La Porte, lieutenant-général au bailliage de Saint-Pierre-le-Moûtier au milieu du XVIIIe siècle, portait un écu aux armes suivantes : *D'argent, à la fasce de gueules, chargée de trois molettes d'éperon du champ, et accompagnée de trois raisins d'azur.* Souvent les grappes de raisin ne sont ni tigées ni feuillées.

⚜ ⚜ ⚜

GAUTHIER, seigneurs de Druy, de Montgazon, de Rain.

Châtellenies de Decize, de Montenoison et de Druyes.

Alliances : de Montgazon, Gautherin, Le Tort.

Armoiries inconnues.

Archives de la Nièvre. — Marolles.

Une lettre d'un Gauthier, sans doute de cette famille, datée de 1690, conservée aux Archives de la Nièvre, est scellée d'un cachet portant un écusson à *trois flèches en pal, posées 2 et 1, surmontées d'une étoile.*

⚜ ⚜ ⚜

GENTIL, seigneurs du Boutet.

Châtellenie de Nevers.

D'azur, à la croix alaisée d'argent, pommetée d'or de douze pièces. — Pl. XVII.

Archives de la Nièvre. — Armorial de la généralité de Moulins.

⚜ ⚜ ⚜

GENTIL *al.* **DES GENTILS**, seigneurs de Lamenay, d'Aglan, de La Cave, de Bizy, d'Ozon, d'Aulnay, du Coudray, du Pont, du Bessay, de Montjournal, de La Cour-du-Bois, de Cossaye, de Ris, des Écots ; barons de Lucenay ; barons et comtes du Bessay.

Châtellenies de Decize et de Champvert.

Alliances : de Couture, de Tespes, Girbert, d'Esme, de Bonnay, d'Armes, de Roffignac, de Rolland.

De sable, à l'aigle d'argent, couronnée d'or, et une bordure d'argent, chargée de huit croisettes pattées du champ. — Pl. XVII.

Archives de Decize et du château de Toury. — Registres paroissiaux de Lucenay-les-Aix. — Marolles. — Vertot. — Paillot. — *Le Roy d'armes.*

Cette famille s'appelait primitivement Gentil, comme on peut le voir dans l'*Inventaire des titres de Nevers* et comme le constate l'épitaphe de Philippe Gentil, écuyer, seigneur d'Aglan, mort en 1596, retrouvée dans l'église de Lucenay-les-Aix. Elle prit le nom de des Gentils à partir du milieu du XVIIᵉ siècle; elle paraît aussi avoir, à cette époque, changé ses armoiries qui étaient : *Coupé : en chef, fascé d'argent et de gueules; et en pointe, de gueules à deux girons d'argent;* Marolles décrit ainsi le blason de Philippe Gentil, seigneur d'Aglan et d'Ozon en 1575, le même qui est enterré dans l'église de Lucenay, et on retrouve cet écusson sculpté sur une console du XVIᵉ siècle dans l'église de Ville-lez-Anlezy. Les cachets des des Gentils de la fin du XVIIᵉ siècle et du XVIIIᵉ portent l'aigle et la bordure de croisettes, et Vertot donne également ces armes que nous avons adoptées. Enfin Paillot et le *Roy d'armes* parlent d'une famille Le Gentil, du Nivernais, qui aurait porté : *De sinople, à l'aigle éployée d'argent, armée, becquée et couronnée de gueules, tenant de la patte dextre une épée ondée de même;* il se peut que cette forme de blason ait été la première modification apportée par les des Gentils à leur écusson.

✠ ✠ ✠

GERBAULT, seigneurs du Pont, du Coudray, de La Serée. Bourgogne et Nivernais.

Châtellenies de Cercy-la-Tour et de Savigny-Poil-Fol.

Alliances : de Troussebois, de Reugny.

Armoiries inconnues.

Archives de Decize. — *Généalogie de Courvol.*

✠ ✠ ✠

GERMAIN, seigneurs de Lomoy, de Villecourt, de Neumailles, de Vauvrille, des Miniers.

Châtellenies de Decize, de Ganay et de Donzy.

Alliance : de Troussebois.

Armoiries inconnues.

Marolles. — Archives de la Nièvre.

⚜ ⚜ ⚜

GIGOT, seigneurs de La Brosse, de Montviel, du Bouchet.

Châtellenies de Decize et de Nevers.

Alliances : Simonin, Palierne, Vyau de La Garde.

Armoiries inconnues.

Archives de la Nièvre et de Decize.

⚜ ⚜ ⚜

GIRARD, seigneurs de Chevenon, de Passy, de Bois, de Saint-Éloi, de Saint-Firmin, de La Feulouse, de Ferrières, de Précy, de Bouchery, de Saint-Franchy, de Bazoches, d'Azy, de Chezault, de Bona, d'Ardan, de Bellombre, de Pain, de La Roussille, de Boisjardin, de Sermoise, de Pully, de Chamon-Maillotz. Originaires du Languedoc, Nivernais, Ile-de-France, Bretagne, Picardie, etc.

Châtellenies de Nevers, de La Marche, de Monceaux-le-Comte, de Saint-Verain et de Saint-Saulge.

Alliances : de Chevenon, Lorfèvre, Poussard, de Montberon, de Ferrières, de Viexmon, de Blanchefort, de

Culant, de La Trollière, de La Perrière, de La Bussière, de Charry, de La Platière, de Lamousse, de Maumigny, etc.

Losangé d'argent et de gueules. — Pl. XVII.

Marolles. — Archives de la Nièvre. — D'Hozier. — D'Aubais, *Jugements sur la noblesse du Languedoc.*

Le marquis d'Aubais donne une généalogie incomplète de cette famille, dans laquelle la branche nivernaise est négligée ; il lui attribue les écartelures suivantes, qui furent sans doute propres à la branche restée en Languedoc : *D'argent, à la fasce de gueules, chargée d'un léopard couronné d'or, et une quintefeuille de sinople en pointe ; écartelé d'un émanché d'or et de gueules ; et sur le tout, losangé d'argent et de gueules.* Le *Dictionnaire de la noblesse* renferme aussi une courte notice, assez inexacte, sur les Girard, que cet ouvrage semble confondre avec les Girard de Vannes dont nous allons parler. Dans Marolles, l'écu de Charles Girard, écuyer, seigneur d'Azy, de Passy, etc. en 1575, est décrit : *Écartelé : aux 1 et 4, d'argent, à trois jumelles flourées et contre-flourées d'azur ; et aux 2 et 3, losangé d'argent et de gueules.* La cloche de Chevenon, du XVI° siècle, porte un écusson parti de La Platière et de Girard, avec une écartelure peu visible, qui est probablement celle donnée par Marolles.

⚜ ⚜ ⚜

GIRARD DE VANNES, seigneurs de Vannes, de Vaux, de Vaucloix, des Tardes, de Sermoise, de Saint-Parize-le-Châtel, de Bois, de Pully, de Busson, de Cheugny, des Chamons-Cheminaux, de Charnoy, de Lavault, de Verdoux, de Lamenay, de Ris, de Jaumery, de Marigny, des Aunes, de Montapas, de Saint-Benin-des-Champs, de L'Astelier, de Montifaut, de La Vernière, de Sermentray, de Chevrenot, de Prémoisson, de Mougny, de Feuilly, de Chazerant, de Beaumont ; marquis d'Espeuilles.

Châtellenies de Montreuillon, de Nevers, de Château-neuf-sur-Allier, de Decize et de Saint-Saulge.

Alliances : Lardereau, Challemoux, Rondot, Jocq, Gascoing, Prisye, de Boullenc de Saint-Remy, de Bèze, de Choiseuil, Quartier, Le Moine, Sallonnier, Vyau de La Garde.

D'argent, au cœur de gueules, soutenu d'un croissant de même, au chef de sable, chargé de trois roses d'or. — Pl. XVII.

Archives de la Nièvre. — Registres paroissiaux de Mhère. — *Histoire de la chancellerie. — Calendrier de la noblesse de 1763.* — Armorial de la généralité de Moulins. — *Cahier de la noblesse du Nivernais.*

On distingue encore ces armoiries, mais avec quelques différences dans les émaux, sur la litre funèbre intérieure de l'ancienne église paroissiale de Jaugenay, convertie en grange. Les Girard modifièrent souvent leurs armes : dans l'Armorial général, l'écusson de Marie Girard, femme de Jacques Roussel, est *d'argent, à la face de sable chargée de trois roses d'or, accompagnée en pointe d'un cœur au naturel, soutenu d'un croissant de sable.* Le cachet de Claude Girard d'Espeuilles, en 1720, portait un écu *d'azur, au cœur d'argent, au chef de même, chargé de trois roses de gueules ;* sur celui de Jacques Girard de Vannes, en 1740, le chef est *de gueules, à trois roses d'argent.*

⚜ ⚜ ⚜

GIRARDOT DE PRÉFONDS, seigneurs de Vermenoux, du Peron, de La Trouillère, de Villaine, de Sauzay, des Anglois, de Bouteloing, de Tilleux, de Traclin. Paris, Bourgogne et Nivernais.

Châtellenies de Montenoison et de Clamecy.

Alliance : Foissin.

Écartelé : aux 1 et 4, d'argent, au lion de sable ; et aux 2 et 3, de gueules, au chevron d'argent. — Pl. XVI.

Archives de la Nièvre. — *Dictionnaire de la noblesse.* — Armorial général de Bourgogne.

Dans La Chesnaye-des-Bois, l'ordre des quartiers est interverti et un *écu d'or* est placé sur le tout.

⚜ ⚜ ⚜

DE GIRY, seigneurs de Giry.

Châtellenie de Montenoison.

Alliance : de Brèves.

Armoiries inconnues.

Manuscrits de D. Viole. — Titres de Bourgogne.

✤ ✤ ✤

DE GIVERLAY, seigneurs de Garchy, de Rémilly, de La Forest-des-Chaumes, de Champoulet, de Lanty, de Poussery, d'Osnay, du Bazois. Auxerrois et Nivernais.

Châtellenies de Châteauneuf-au-val-de-Bargis et de Moulins-Engilbert.

Alliance : de Frasnay.

Fascé d'or et d'azur de six pièces. — Pl. XVI.

Archives de la Nièvre. — Preuves de Malte, à la bibliothèque de l'Arsenal. — Titres de Bourgogne. — Paillot. — *Dictionnaire de la noblesse.* — *Histoire de la maison de Chastellux.*

Dans Paillot, l'écu de cette famille est : *D'azur, à trois fasces d'or.*

✤ ✤ ✤

DE GLANES, barons de La Roche-Millay. Bourgogne et Nivernais.

Châtellenies de Saint-Saulge et de Montreuillon.

Alliance : de Châtillon-en-Bazois.

Armoiries inconnues.

Le Morvand, etc.

✤ ✤ ✤

DE GLENES *al.* **DE GLONE**, seigneurs de Glone, de Villecourt, de La Varenne.

Châtellenie de Decize.

Alliances : de Formain, du Box, de Breschard.

Armoiries inconnues.

Archives de Decize. — Marolles.

❧ ❧ ❧

GOBERT, seigneurs de La Forest-de-Lurcy, d'Aulnay.

Châtellenies de Decize et de Ganay.

Armoiries inconnues.

Archives de Decize.

❧ ❧ ❧

GODIN, seigneurs de Mussy.

Châtellenie de Nevers.

Armoiries inconnues.

Archives de la Nièvre. — Armorial de la généralité de Moulins.

Les armes données à cette famille par l'*Armorial général* ont été évidemment fabriquées ; en voici toutefois la description : *De sinople, à deux pals cannelés d'or, chargés chacun d'un rameau de laurier d'azur, grainé de gueules.*

❧ ❧ ❧

GOGUELAT.

Châtellenie de Montreuillon et comté de Château-Chinon.

D'or, à la salamandre de..... accompagnée de trois étoiles à six rais d'azur. — Pl. XIV.

Collection nivernaise de l'auteur. — *Biographie universelle.* — Courcelles, *Dictionnaire des généraux français.* — *Le Morvand.*

Le général baron Goguelat ou de Goguelat, auteur de *Mémoires* sur le départ du roi Louis XVI et sur son arrestation à Varennes, né à Château-Chinon en 1746, appartenait à une ancienne famille bourgeoise du Morvand. Nous possédons une lettre datée de Château-Chinon, 1788, d'un membre de cette famille, signée Goguelat de Lorière, dont le cachet offre un écusson ovale *d'or, à un lézard de...* *accompagné de trois étoiles à six rais d'azur.* Sur le cachet du général, une salamandre remplace le lézard, et nous donnons les armes des Goguelat telles qu'elles paraissent avoir été réglées en dernier lieu.

⚜ ⚜ ⚜

GONDIER, seigneurs de Craye, de Chaumont, de La Vallée, des Aubus, du Ry, de Moncenaux, de La Garde, de Vernizy, de Mussy, de Gonges, de Maumigny.

Châtellenies de Decize et de Cercy-la-Tour.

Alliances : Tridon, Alloury, Regnault, Archambault, Roux, Prisye, Sautereau du Part, Chambrun d'Uxeloup, du Bosc des Roseaux, Le Maire de Marne, de Gaillon, du Cray.

D'argent, à deux merlettes de sable posées l'une sur l'autre. — Pl. XXIX.

Archives de la Nièvre et de Decize. — Armorial général. —Registres paroissiaux de Saint-Victor de Nevers.

Le *Nobiliaire universel* donne, dans son tome VII, une généalogie incomplète de cette famille, que cet ouvrage fait venir de Champagne ; nous croyons les Gondier d'origine nivernaise, on les trouve à Decize dès les premières années du XVe siècle. (Archives de la ville de Decize.) L'Armorial de la généralité de Moulins attribue aux Gondier des armes de fantaisie, auxquelles nous préférons le blason qui fut enregistré dans l'Armorial de Bourgogne.

⚜ ⚜ ⚜

GOUAT, seigneurs des Bétiaux et du Moulin-de-Vaux.
Châtellenie de Decize,

Armoiries inconnues.

Inventaire des titres de Nevers.

✤ ✤ ✤

LE GOUJAT, seigneurs d'Eugny.
Châtellenies de Monceaux-le-Comte et de Nevers.

Armoiries inconnues.

Inventaire des titres de Nevers.

✤ ✤ ✤

GOURDON, seigneurs de Breugnon.
Châtellenies de Saint-Saulge et de Donzy.
Alliances : de Courvol, de Croy.

D'azur, au chevron d'argent, accompagné de trois gourdes d'or.
— Pl. XVII.

Archives de la Nièvre. — Marolles. — *Dictionnaire de la noblesse.* — *Généalogie de Courvol.*

La *Généalogie de la maison de Courvol* dit cette famille originaire d'Écosse.

✤ ✤ ✤

DU GOURLIER *al.* GORRELIER, seigneurs du Tremblay. Bourgogne et Nivernais.
Châtellenie de Montenoison.

Alliances: de Conygham, de Quarrey, de La Chaume, de Champrenard, de Saumaise, de Chargère.

Écartelé : aux 1 et 4, d'argent, à trois chevrons d'azur ; et aux 2 et 3, de sable, à la croix denchée d'argent, — Pl. XVI.

Marolles. — *Le Morvand.*

✤ ✤ ✤

GOUSSOT, seigneur de Champs, de Mont-sur-Arron, de Grenessart, du Landay, de Champausserain.

Châtellenies de Moulins-Engilbert et de Luzy.

Alliances : Guillault, du Pont, Cotignon, Bardin, de Champs, Vesin, Pierre, Guillier, Laubespin, de Cray, Sallonnier.

D'azur, à la fasce vivrée d'or, accompagnée de trois trèfles de même, celui de la pointe soutenu d'un croissant aussi d'or. — Pl. XVI.

Marolles. — Archives de la Nièvre. — Collection nivernaise de l'auteur. — Armorial de la généralité de Moulins.

Nous donnons les armes de cette famille telles qu'elle les portait à la fin du XVIIIe siècle, mais elles avaient été modifiées. Dans Marolles, elles sont décrites : *D'argent, à deux fasces ondées d'azur, surmontées de trois trèfles de sinople, rangées en chef, et une bordure engrêlée de gueules*, cette dernière pièce sans doute comme brisure de cadet ; dans l'*Armorial général*, on les trouve ainsi : *D'azur, à deux fasces ondées, accompagnées de trois trèfles et un besan en abîme, le tout d'or.*

⚜ ⚜ ⚜

DE GRAÇAY, seigneurs de Champeroux, de Noison, de Saizy, de La Maisonfort. Berry et Nivernais.

Châtellenies de Montenoison et de Saint-Verain.

Alliances : de Ternant, de Bonnay.

D'azur, au lion d'or. — Pl. XVI.

Marolles. — La Thaumassière. — *Généalogie de Courvol.*

⚜ ⚜ ⚜

DE GRANDCHAMP, seigneurs de Grandchamp, de Monaton, de Limanton.

Châtellenies de Châteauneuf-sur-Allier et de Decize.

Alliances: Isambert, de Lichy, de Saligny, de Mingot, du Martin, de Colombier.

Armoiries inconnues.

Marolles. — Archives de Decize. — Registres paroissiaux de Druy et de Cossaye.

Il se peut qu'il y ait eu deux familles de ce nom : l'une dans les environs de Saint-Pierre-le-Moûtier, l'autre entre Decize et Nevers.

⚜ ⚜ ⚜

DE GRANDRY *al.* GRANDRIE, seigneurs de Grandry, du Monceau, de Besne, de La Montagne, de Marry, de Ruère, du Crot-d'Achun, de Montjou, de Rangère, de La Chaume, de Saillant, de Ferrières, de Chauvance, de Chevannes, de Cuncy, de Mont.

Châtellenies de Montreuillon et de Moulins-Engilbert.

Alliances : Aubry, de Damas, Bolacre, Bataille, Chandon, Cotignon, des Jours, du Clerroy, de Beaumont, de Montfroy, du Pin, de Courvol, Le Bourgoing, de Laubespine, de Beaujeu, etc.

D'argent, a trois trèfles de sinople. — Pl. XVII.

Archives de la Nièvre et de Decize. — Marolles. — Titres de Bourgogne. — Armorial de Challudet. — *Généalogie de Courvol.* — Segoing. — Paillot. — *Le Roy d'armes.* — Magneney. — *Le Morvand.*

On voit dans l'église de Moulins-Engilbert la dalle funéraire d'Albert de Grandry, grènetier de cette ville, portant, gravée au trait, la représentation d'un cadavre décharné, la tête posée sur un coussin, sous une arcade cintrée; de chaque côté de la tête du personnage figure un écusson à bords contournés, l'un à trois trèfles, blason de la famille de Grandry, l'autre parti du même blason et d'un arbre, attribut héraldique de la famille de Laubespine, à laquelle appartenait la femme du grènetier; on lit autour de cette dalle en lettres minuscules gothiques : CY. GIST . NOBLE . HOME . ALBER DE GRANTRYE . EN . SON . VIUANT.

GRENETIER . A . MOLINS . QUI . DECEDA . LE . XVI . IOUR . DE . NOUENBRE . LAN . 1538 . ANIMA . EIUS . REQUIESCAT . IN . PACE . AM.

Le support d'une grande statue de saint Jean-Baptiste, qui orne le clocher de cette même église de Moulins-Engilbert, est également aux armes de Grandry ; cet écusson est celui de Jean de Grandry, doyen de Saint-Léonard de Corbigny et curé de Moulins-Engilbert au milieu du XVIe siècle, qui présida à la reconstruction de l'église.

M. Jaubert a publié dans ses *Souvenirs du bon vieux temps dans le Nivernais*, le dessin d'un petit vitrail de la Renaissance aux armes des Grandry, avec une *bordure engrêlée de gueules*, brisure de cadet, comme étant l'écu de la ville de Moulins-Engilbert ; nous sommes devenu possesseur de ce vitrail, sans doute enlevé de l'église de Moulins. Citons enfin l'épitaphe de *Guillavme Le Bovrgoing*, *escvier seignevr dv Vernay et de Larmance*, mort en 1578, et de *damoiselle Laȝare de Grantrie, son espovse*, qui se trouvait dans l'église de Dornecy et qui portait les armes des deux époux. (Collection Gaignières, à la Bibliothèque nationale.)

Quelques membres de la famille de Grandry ont porté les trèfles d'or sur champ d'azur.

✤ ✤ ✤

DE LA GRANGE D'ARQUIAN, seigneurs de Prie-sur-l'Ixeure, d'Imphy, de Beaumont-la-Ferrière, de Grenan ; marquis d'Arquian. Originaires du Berry, Nivernais, Champagne, etc.

Châtellenies de Saint-Verain et de Nevers.

Alliances : de La Rivière, Guytois, de La Porte, de La Marche, de Rochechouart, de Cambray, de La Chastre, de Lange, d'Ancienville, de La Fin, de Béthune, Sobieski, Morand, Jousselin-Melforts.

D'aȝur, à trois ranchiers d'or. — Pl. XVII.

Marolles. — Archives de la Nièvre. — *Dictionnaire de la noblesse.* — Paillot. — Courcelles. — Moréri. — Vulson de La Colombière, etc.

La branche d'Arquian fut la plus marquante de celles de la famille de La Grange ; elle donna une reine à la Pologne dans Marie-Casimire de

La Grange d'Arquian, femme de Jean Sobieski. Cette branche eut pour auteur Simon de La Grange, dit de Guytois, second fils de Geoffroy de La Grange, seigneur de Montigny, et de Jeanne Guytois, dame d'Arquian, dernière de sa famille, né vers 1480. Il avait été convenu que le second fils de Geoffroy prendrait le nom et les armes de Guytois ; Simon n'eut que deux fils qui moururent sans postérité, mais le nom d'Arquian fut repris par son petit-neveu nommé Antoine, qui fut le chef de la seconde branche d'Arquian ; cet Antoine chargea ses armes en abîme de l'écu de Guytois, qui était *de sable, à trois têtes de léopard d'or.* Une fontaine en pierre, de style de la Renaissance, qui se voit au milieu du parterre du château d'Arquian, est le plus ancien monument héraldique que nous connaissions des La Grange du Nivernais. La vasque de cette fontaine, portée sur une colonne à chapiteau composite, est ornée de quatre écussons : deux aux armes de La Grange, avec l'écu de Guytois, supportés par une sirène et un chien, et timbrés d'un casque avec un chien pour cimier ; un autre, entouré d'une guirlande de fleurs, est parti de La Grange et de Rochechouart ; enfin le quatrième, aussi compris dans une guirlande, est parti de La Grange et de Cambray (*de gueules, à trois crocs d'or*). Ces écussons sont ceux d'Antoine de La Grange d'Arquian, de Marie de Cambray, dame de Soulangis, sa femme, d'une famille du Berry, de Jean-Jacques de La Grange, leur fils, et de Gabrielle de Rochechouart, mariée à ce dernier en 1602.

Il paraît que dès le milieu du XVIIᵉ siècle les La Grange avaient renoncé à la brisure de Guytois : dans l'Armorial de Challudet, leur écu ne porte que les trois ranchiers ; il est figuré de même sur le tombeau du cardinal de La Grange d'Arquian, père de la reine de Pologne, dans l'église de Saint-Louis-des-Français à Rome. Voici comment La Colombière parle des animaux héraldiques du blason des La Grange : « Messire François de la Grange, Baron de Montigny, » Mareschal de France, l'an 1616. D'azur à trois ranchiers courans » d'or, cet animal est plus grand que le cerf, toutesfois il luy ressemble, » excepté qu'il a les cornes merueilleusement grandes, larges, plates, » et presque comme celles des dains, ils sont comme les cerfs d'vne » très-longue vie. »

Disons enfin qu'une dalle funéraire, complétement fruste, sur laquelle on distingue encore la représentation d'un chevalier en costume militaire du XVIᵉ siècle, avec son écu mutilé entouré du collier de l'ordre de Saint-Michel, qui vient de l'ancienne église d'Arquian et qui a été transportée dans la nouvelle, recouvrait la tombe de Charles de La

Grange, seigneur de Montigny et d'Arquian, gouverneur de La Charité, père d'Antoine dont nous avons parlé.

Le *Dictionnaire de la noblesse* et Moréri ont donné des généalogies assez complètes de la famille de La Grange.

✤ ✤ ✤

DES GRANGES.

Châtellenie de Moulins-Engilbert.

Alliances : de Vaucoret, de Montjournal, des Paillards, Sallonnier, du Cloz.

De... à trois gerbes. — Pl. XVI.

Marolles. — Collection nivernaise de l'auteur.

Ces armes nous sont connues par la description que donne l'*Inventaire des titres de Nevers* du sceau de Simon des Granges, juge de Moulins-Engilbert en 1575.

✤ ✤ ✤

GRASSET, seigneurs de La Brosse, de Cuncy-sur-Yonne, de Corbelin, de Trucy. Nivernais et Auxerrois.

Châtellenie de Clamecy.

D'azur, à la fasce d'or, accompagnée de quatre roses, trois rangées en chef et une en pointe. — Pl. XVIII.

Marolles. — Armorial de la généralité de Moulins.

La branche de cette famille qui possédait Corbelin au XVIᵉ siècle et que nous croyons encore représentée porte : *D'azur, au chevron d'or, accompagné en chef de deux étoiles et en pointe d'un oiseau, le tout d'argent.* Nous avons préféré les armoiries données par l'*Armorial général* à Étienne Grasset, seigneur de La Brosse, maire de Clamecy.

✤ ✤ ✤

GRÈNE, seigneurs de La Pointe.

Châtellenie de La Marche.

Alliances: de Bèze, Challudet, des Prés.

De gueules, au chevron d'argent, accompagné de trois épis de bled d'or. — Pl. XVII.

Archives de la Nièvre. — Marolles. — Segoing. — *Le Roy d'armes.* — *Généalogie de Challudet.*

Les armes des Grène ou Grené sont reproduites sur le jeton de la famille Challudet dont nous avons donné le dessin à l'article de cette famille. Marolles décrit le sceau de Marie Grène, veuve de Nicolas de Bèze, en 1575, sur lequel se voyait un écusson à un *chevron accompagné de trois coquilles.* Peut-être la famille Grène avait-elle porté d'abord ce blason ou plutôt le sceau en question avait-il été inexactement décrit.

⚜ ⚜ ⚜

GRIMAUD, seigneurs de Lantilly.

Châtellenie de Montenoison.

Armoiries inconnues.

Marolles.

Voir dans l'*Inventaire des titres de Nevers* (col. 652 et suiv.) le texte du procès-verbal contre Artaud Flotte, abbé de Vézelay, qui avait été accusé, ainsi que Guy Grimaud, chevalier, seigneur de Lantilly, d'avoir ensorcelé le comte de Nevers.

⚜ ⚜ ⚜

DE GRIVEL *al.* DE GROSSOUVRE, seigneurs du Veuillien, de Montgoublin, de Neuvy, de Contres, de Sichamps, de Vauvrille; vicomtes d'Entrains; marquis de Pesselières. Originaires du Bourbonnais, Berry et Nivernais.

Châtellenies de Cuffy, de Nevers et d'Entrains.

Alliances : Pelourde, de Champs, de Damas, de Gamaches, de La Ferté-Meun, de La Barre, de Guémadeuc, de
Buffévant, de Saint-Phalle, Le Bourgoing de Folin, Foucault.

D'or, à la bande échiquetée de sable et d'argent de deux traits. —
Pl. XVII.

Marolles. — Thaumas de La Thaumassière. — Paillot. — Segoing. — *Le Roy
d'armes.* — Preuves de Malte à la Bibliothèque de l'Arsenal. — Armorial de
Challudet. — *Dictionnaire de la noblesse.*

La généalogie de cette famille, qui est aussi connue sous le nom de
Grossouvre, seigneurie du Bourbonnais qu'elle possédait dès le
XIVᵉ siècle, se trouve dans l'*Histoire du Berry* et dans le *Diction-
naire de la noblesse.*

⚜ ⚜ ⚜

DU GUAY *al.* **DU GUÉ**, seigneurs du Gué, de Chai-
gny, de Roussay, de Chazeuil.

Châtellenies de Montenoison, de Châteauneuf-sur-Allier,
de Donzy, de Savigny-Poil-Fol, de Decize et de Moulins-
Engilbert.

Alliances : Fraignet, Fouraulx, de Frasnay, de Bonnay,
de Balorre, de Rodon.

Armoiries inconnues.

Marolles. — Archives de la Nièvre. — *Le Morvand.*

⚜ ⚜ ⚜

DU GUAY *al.* **DU GUÉ**, seigneurs de La Brosse-du-
Guay.

Châtellenie de Decize.

Alliances : Jacquinet, Hospital, des Lieux.

FAMILLES.

23

D'or, à deux chats de sable, allumés d'or, affrontés, assis sur une onde d'azur et d'argent, et une étoile d'azur en chef. — Pl. XVIII.

Archives de Decize. — Marolles.

Nous donnons ces armes telles qu'elles étaient peintes, d'après Marolles, sur un aveu de la seigneurie de La Brosse-du-Guay rendu, en 1575, par Germain du Guay.

⚜ ⚜ ⚜

GUDIN, seigneurs de Vallerins, du Pavillon, de L'Étang, de Raffigny, de Coujard, de Thavenaut; barons et comtes Gudin.

Châtellenie de Moulins-Engilbert.

Alliances : Charry, Grosjean, Borne, Guillaume de Sermizelles, Pernet.

D'argent, au coq au naturel, soutenu d'un croissant d'azur et surmonté de trois étoiles de gueules rangées en chef, au franc quartier d'azur, à l'épée haute d'argent, garnie d'or, qui est des comtes de l'Empire. — Pl. XVIII.

Armorial de la généralité de Moulins. — *Le Morvand.* — Simon, *Armorial général de l'Empire français.*

Les généraux Gudin, anoblis sous le premier Empire, appartenaient à une ancienne famille du Morvand dont l'un des membres, lieutenant-général au bailliage de Château-Chinon, reçut à l'Armorial général le blason suivant évidemment fabriqué : *D'azur, au chiffre composé d'un L et d'un B enlacés d'or.* Nous avons vu des cachets de la famille Gudin, du XVIIIe siècle, qui portent le blason décrit ci-dessus, sauf, bien entendu, le franc canton de comte de l'Empire.

⚜ ⚜ ⚜

GUENEAU, seigneurs de Macé.

Châtellenies de Moulins-Engilbert et de Nevers.

Alliances : Bouzitat, Guillier, Moquot, Quartier, Sallonnier, etc.

D'argent, au chef d'azur, chargé de trois étoiles d'or. — Pl. XVIII.

Archives de la Nièvre. — Collection nivernaise de l'auteur. — Armorial de Challudet. — Armorial de la généralité de Moulins.

Nous avons adopté le blason primitif de cette famille, tel que le donne l'Armorial de 1638 ; mais, depuis la fin du XVII⁰ siècle, les Gueneau portèrent plus habituellement : *D'argent, à la fasce d'azur, chargée de trois étoiles d'or ;* c'est ainsi que leur blason est inscrit à l'Armorial général.

⚜ ⚜ ⚜

GUERRY, seigneurs de Plotot.

Châtellenies de Montreuillon et de Nevers.

Alliance : de Reugny.

De gueules, au chevron d'or, accompagné en chef d'une rose d'argent à dextre et d'un oiseau de même à senestre, et, en pointe, d'un lion du second émail. — Pl. XVIII.

Marolles. — *Généalogie de Courvol.* — Armorial de Challudet.

⚜ ⚜ ⚜

GUESDAT.

Châtellenie de Nevers.

Alliances : Le Clerc, Berthier, Coquille, de Vaux.

Armoiries inconnues.

Marolles. — Collection nivernaise de l'auteur. — Archives de la Nièvre.

Une note manuscrite du dossier de la famille Berthier de Bizy, aux Archives de la Nièvre, attribue à cette famille les armes suivantes que nous donnons sous toutes réserves : *D'argent, au singe assis de gueules.*

⚜ ⚜ ⚜

GUEUBLE, seigneurs de Croisy, de Boulay. Bourgogne et Nivernais.

Châtellenie de Clamecy.

Armoiries inconnues.

Inventaire des titres de Nevers. — Née de La Rochelle, *Mémoires pour servir à l'histoire du Nivernois.*

⚜ ⚜ ⚜

GUIJON.

Châtellenie de Nevers.

Armoiries inconnues.

Archives de la Nièvre.

⚜ ⚜ ⚜

GUILLAUME DE SERMIZELLES, seigneurs de Moissy, de Moulinot, du Meix-Richard, de Chitry-Montsabot, de Fins, du Bouchet. Originaires de Bourgogne.

Châtellenie de Monceaux-le-Comte.

Alliances : Foucquet, Mérat, Le Belin de Châtellenot, Gudin, de Gislain de La Vieillefont, Bizouard de Montille, Sallonnier, des Ulmes, Rey.

D'azur, à la croix pattée d'or, embrassée dans deux palmes de même, jointes par le bas. — Pl. XVIII.

Marolles. — Archives du château de Quincize. — Preuves pour Saint-Cyr. — *Cahier de la noblesse du Nivernais.* — *La Noblesse aux États de Bourgogne.*

⚜ ⚜ ⚜

GUILLEMÈRE, seigneurs de Maizières, de Surpalis, de Michaugues, de Beaulieu.

Châtellenies de Monceaux-le-Comte, de Montreuillon et de Montenoison.

Alliances : de Corbigny, Perreau, Robin, Simonnin.

Armoiries inconnues.

Inventaire des titres de Nevers.

⚜ ⚜ ⚜

GUILLEMIN *al.* **GUILLEMAIN**, seigneurs de La Môle, de Laivolle, de Lupy.

Châtellenies de Châteauneuf-sur-Allier et de Montenoison.

Alliances : de Bonnet, Mige, Bellon.

D'argent, à la bande ondée d'azur, chargée de trois étoiles d'or. — Pl. XVIII.

Archives de la Nièvre. — Armorial de Challudet.

Le blason de cette famille se trouve quelquefois : *D'argent, à trois bandes ondées d'azur, chaque bande chargée de trois étoiles d'or ;* on le voit ainsi décrit dans les preuves pour la Petite Écurie du roi de Louis-Eustache de Bonnet de La Môle, au Cabinet des titres de la Bibliothèque nationale.

⚜ ⚜ ⚜

GUILLIER, seigneurs de Monts-en-Genevray, d'Arcilly.

Châtellenies de Moulins-Engilbert et de Nevers.

Alliances : Coquille, Reuillon, Tridon, Sallonnier, Guenot, Goussot, de La Ferté-Meun.

D'azur, à deux branches de gui d'argent, liées d'or. — Pl. XVIII.

Marolles. — Collection nivernaise de l'auteur. — Armorial de la généralité de Moulins. — Cabinet de M. Lory.

⚜ ⚜ ⚜

DE GUIPY, seigneurs de Guipy, de Chazault.

Châtellenies de Montenoison et de Saint-Saulge.

Alliance : La Choue.

Armoiries inconnues.

Archives de la Nièvre. — Collection de M. Canat de Chizy. — *Généalogie de Courvol.*

✤ ✤ ✤

GUYNET, seigneurs d'Arthel, de Soffin, d'Authiou. Lyonnais, Nivernais et Paris.

Châtellenie de Montenoison.

Alliances : Foulé, Pourfour, du Bois de Gueudreville.

De gueules, à trois mâcles d'or. — Pl. XVIII.

Dictionnaire de la noblesse. — Armorial du Lyonnais. — Chevillard.

Le *Dictionnaire héraldique* de Jacques Chevillard donne pour armes aux Guynet : *De sable, à trois fontaines jaillissantes d'argent.*

✤ ✤ ✤

GUYNET, seigneurs de La Huchette.

Châtellenie de Nevers.

Alliances : Carimantrand, Baulon, Vincent, Roux, Maslin, Tonnelier.

D'azur, à la branche de chêne d'or, glantée d'argent, portant une branche de gui du second émail. — Pl. XVIII.

Archives de la Nièvre. — Armorial de la généralité de Moulins.

✤ ✤ ✤

GUYONIN, seigneurs de Beauregard, de Chastelier, de Bruneteau.

Châtellenies de Châteauneuf-sur-Allier, de Decize et de Cercy-la-Tour.

Alliances : Pierre, Barleuf, Bonineau.

Armoiries inconnues.

Archives de Decize. — Marolles.

⚜ ⚜ ⚜

GUYOT, seigneurs de Garembe *al.* Garembert.

Châtellenies de Nevers et de Châteauneuf-sur-Allier.

Alliances : Semelier, de Courvol.

D'or, à la fasce d'azur, chargée de trois fleurs de lys du champ, accompagnée en pointe d'un lion de gueules. — Pl. XVIII.

Archives de la Nièvre. — Armorial de Challudet.

⚜ ⚜ ⚜

GUYOT DE SAINT-AMAND, seigneurs des Bœufs, de Montchougny, du Chesne, de Chénisot; marquis de Saint-Amand. Nivernais, Paris et Normandie.

Châtellenies de Montreuillon et de Saint-Verain.

De gueules, à trois guyots posés en fasce, celui du milieu contourné, et une mer ondée en pointe, le tout d'argent. — Pl. XVIII.

Dictionnaire de la noblesse. — Dubuisson. — Chasot de Nantigny. — *Armorial gravé de la ville de Paris.*

La Chesnaye-des-Bois consacre de courtes notices à deux branches des Guyot, dont il semble faire deux familles différentes; il dit l'une originaire de Nevers. Nous pensons que les Guyot de Saint-Amand n'ont aucune communauté d'origine avec la famille mentionnée ci-dessus, et qu'ils viennent de la châtellenie de Montreuillon, où était le fief de Chénisot.

Chasot de Nantigny donne pour armes à la branche de Chénisot :

De gueules, à la mer d'argent, surmontée de trois poissons de même, rangés en fasce l'un sur l'autre, celui du milieu contourné ; écartelé de gueules, à trois mâcles d'or, qui est de Guynet. Dans l'*Armorial gravé de la ville de Paris*, l'écartelure est *de sable, à trois flambeaux d'argent*, et ces *flambeaux* ne sont autre chose qu'une reproduction maladroite des *fontaines* données par Chevillard aux Guynet (voir ce nom). Les armes des Guyot de Montchougny et de Saint-Amand sont reproduites de cette dernière manière, accolées à celles des Pelletier, au château de Saint-Amand, qui fut restauré, au XVIIIᵉ siècle, par Léonard Guyot de Montchougny et par Anne-Catherine Pelletier sa femme.

⚜ ⚜ ⚜

GUYTOIS, seigneurs d'Arquian. Auxerrois et Nivernais. Châtellenie de Saint-Verain.

Alliance : de La Grange.

De sable, à trois têtes de léopard d'or. — Pl. XVIII.

Titres de Bourgogne. — *Généalogie de Courvol.* — *Dictionnaire de la noblesse.*

⚜ ⚜ ⚜ ⚜

HENRY.
Châtellenie de Nevers.

D'azur, au chevron d'or, accompagné en chef de deux trèfles de même, et en pointe d'un oiseau essorant d'argent. — Pl. XVIII.

Archives de la Nièvre. — Armorial de Challudet.

⚜ ⚜ ⚜

L'HERMITE, seigneurs de La Forest, de Boisjardin. Châtellenie de Donzy.

Armoiries inconnues.

Inventaire des titres de Nevers.

⚜ ⚜ ⚜

HEULHARD DE MONTIGNY, seigneurs du Fery, de Montigny. Originaires du Bourbonnais.

Baronnie de Lormes.

D'argent, au chevron de gueules, accompagné de trois œillets de même, tigés et feuillés de sinople. — Pl. XVIII.

Noms féodaux. — *Tableau chronologique.* — Armorial de la généralité de Moulins. — *Armorial du Bourbonnais.*

⚜ ⚜ ⚜

HINSSELIN, seigneurs de Moraches, du Bouquin ; marquis de Myennes. Paris et Nivernais.

Châtellenies de Monceaux-le-Comte et de Saint-Verain.

Alliances : de Vielbourg, du Roux, de Réveillon, de Pouilly, Bonnin.

D'azur, à la fasce d'argent, chargée d'une molette de sable et accompagnée de trois têtes de léopard d'or, rangées en chef. — Pl. XVIII.

Dictionnaire de la noblesse. — D'Hozier.

Une généalogie abrégée de cette famille se trouve dans La Chesnaye-des-Bois.

⚜ ⚜ ⚜

D'HIRY *al.* D'IRY, seigneurs d'Hiry.

Châtellenie de Savigny-Poil-Fol.

Armoiries inconnues.

Marolles.

⚜ ⚜ ⚜

HODENEAU *al.* ODENEAU DE BRÉVIGNON, seigneurs de Brévignon, de Magny. Auxerrois et Nivernais.

Châtellenie de Montenoison.

Alliances : de Mullot, de Boisselet, de Loron, de Juisard, etc.

D'azur, au chevron d'or, accompagné de trois étoiles de même. — Pl. XVIII.

Marolles. — D'Hozier. — *Dictionnaire de la noblesse.* — Courcelles.

L'*Armorial* de d'Hozier donne la généalogie de cette famille depuis 1497.

✣ ✣ ✣

HOSPITAL *al.* L'HOSPITAL et DE L'HOSPITAL, seigneurs de Lanty, de Montanteaulme, de Layer, de Lavau, du Moulan, du Bériard, de Roche, de Vesvre. Nivernais et Bourgogne.

Châtellenies de Decize, de Savigny-Poil-Fol, de Luzy et de Moulins-Engilbert.

Alliances : de Couveau, de Paluaul, du Gué, Boursault, de Berger, de Charry, de Reugny, Espiard.

Armoiries inconnues.

Archives de la Nièvre et de Decize. — Marolles. - *Le Morvand.*

Cette famille, originaire des environs de Decize, passa au XVIIᵉ siècle dans l'Auxerrois, où elle fut connue sous le nom de Lanty qu'elle portait déjà au XVᵉ siècle. Il ne faut pas la confondre avec la grande famille de L'Hôpital de Vitry qui fut possessionnée au XVIIᵉ siècle près de Donzy.

✣ ✣ ✣

DE HOUPPES, seigneurs de Vermenoux, de Lichy, de La Garde.

Châtellenie de Moulins-Engilbert et comté de Château-Chinon.

Alliances : de Frasnay, de Loron, de La Jarrie, de La Garde.

Armoiries inconnues.

Marolles. — *Le Morvand.* — Archives de Vandenesse.

✤ ✤ ✤

HYDE DE NEUVILLE, baron Hyde de Neuville, comte portugais de Bemposta.

Châtellenie de La Marche.

D'azur, au chevron d'or, accompagné de trois losanges de même et surmonté d'un croissant d'argent. — Pl. XXX.

Ces armoiries, qui nous sont connues par les lettres-patentes conférant à M. Hyde de Neuville le titre de baron, sont, à peu de chose près, celles de la famille anglaise Hyde de Rochester, à laquelle Hyde de Neuville, né à La Charité-sur-Loire en 1776 de parents anglais, pouvait peut-être se rattacher. Le père du baron de Neuville avait pris le nom d'une terre située près de La Charité (paroisse de Bulcy) qu'il avait achetée peu de temps avant la Révolution.

✤ ✤ ✤ ✤ ✤

D'IMBERT. Originaires du Nivernais, en Languedoc.

Écartelé : aux 1 et 4, d'argent, au chevron de gueules, accompagné de trois anilles de sable ; et aux 2 et 3, de gueules, à trois molettes d'éperon d'or. — Pl. XXII.

Dictionnaire de la noblesse. — Courcelles.

Badier, continuateur de La Chesnaye-des-Bois, dit cette famille originaire du Nivernais et issue d'Alexis Imbert de La Platière, neveu du maréchal de Bourdillon, dont elle porta les armes.

✤ ✤ ✤

FAMILLES.

GRASSET

DU GUAY

GUDIN

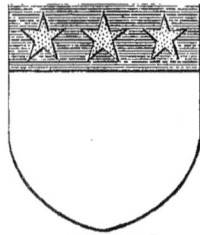

GUENEAU

GUERRY

GUILLAUME DE SERMIZELLES

GUILLEMIN

GUILLIER

GUYNET

GUYNET

GUYTOIS

GUYOT

GUYOT

HENRY

HEULHARD

HINSSELIN

HODENEAU DE BREVIGNON

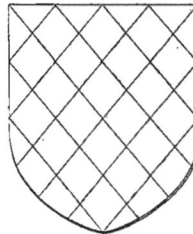

JACOB

JACQUINET

DE JAUCOURT

ISAMBERT.

Châtellenie de Ganay.

Armoiries inconnues.

Inventaire des titres de Nevers.

✤ ✤ ✤

D'ISENAY, seigneurs d'Isenay.

Châtellenies de Cercy-la-Tour, de Corvol, de Monte-noison et de Moulins-Engilbert.

Armoiries inconnues.

Inventaire des titres de Nevers. — Le Morvand.

Cette famille, sur laquelle nous n'avons d'autres documents que des mentions très-sommaires de l'*Inventaire des titres de Nevers*, de 1289 à 1492, était peut-être une branche de la maison de Courvol.

✤ ✤ ✤ ✤ ✤

JACOB, seigneurs d'Ougny, de Richardot.

Châtellenie de Montreuillon.

Alliance : des Colons.

Losangé de... et de... — Pl. XVIII.

Marolles. — *Inventaire des titres de Nevers.*

Nous donnons ces armoiries d'après la description du sceau de Claude Jacob, seigneur d'Ougny au milieu du XVIe siècle, qui se trouve dans l'*Inventaire des titres de Nevers*.

✤ ✤ ✤

JACQUINET, seigneurs du Gué, de Faullin, de Reussay, du Four-des-Verres, de Commagny, de Cussy, de Fragny, de Villaine, du Monceau, de Pannessière, du Fief-Berthelon, de Maux.

Châtellenies de Savigny-Poil-Fol, de Moulins-Engilbert et de Montenoison.

Alliances : du Gué, de Frasnay, de Monteret, de La Barre, Foucher, du Vynier, Le Bourgoing, de Ponnard, de Chargère, Foulcaud, Vaget, de Jarsaillon.

D'argent, à trois bandes de sable. — Pl. XVIII.

Marolles. — Archives de la Nièvre. — Collection nivernaise de l'auteur. — *Le Morvand.*

✤ ✤ ✤

DE JAILLY, seigneurs de Chavigny, de Chazelle.

Châtellenies de Nevers et de Billy.

Armoiries inconnues.

Archives de la Nièvre. — Marolles.

✤ ✤ ✤

DE JARLAND *al.* DE GERLAND, seigneurs de Jarland, de La Motte-Précignat.

Châtellenie de Decize.

Armoiries inconnues.

Archives de Decize.

✤ ✤ ✤

DE JAUCOURT, seigneurs de Montapas, de Saint-Benin-des-Champs, de Mougny, de Fuzilly, de Bussière, de La Vezière, de Brinon-les-Allemands, de Neuville, de Bonnesson, de Chazelles ; barons d'Huban ; marquis d'Espeuilles. Originaires de Champagne, Bourgogne, Nivernais, Berry, Poitou, Orléanais.

Châtellenies de Saint-Saulge, de Montreuillon, de Montenoison et de Monceaux-le-Comte.

Alliances : d'Anlezy, du Faur, de Monginot, de Vivans, de Rabutin, de Veilhan, de Gilly, de La Perrière, de La Rivière, de Loron, d'Arlay, de Certaines, de Morogues, de La Platière, Pellault, etc.

De sable, à deux léopards d'or, al. *De sable, à deux lions léopardés d'or.* — Pl. XVIII.

Marolles. — Titres de Bourgogne. — La Thaumassière. — *Dictionnaire de la noblesse.* — Paillot. — Dubuisson. — Chevillard.

La Chesnaye-des-Bois, qui donne pour armes aux Jaucourt : *De sable, à deux lions léopardés d'or*, rapporte que six des fils de Louis de Jaucourt et d'Élisabeth de La Trémoïlle convinrent entre eux, vers 1600, d'établir quelque distinction dans leurs armoiries. C'est depuis cette époque que les branches de la maison de Jaucourt adoptèrent diverses écartelures, comme on peut le voir dans les armoriaux du siècle dernier. Les branches nivernaises portèrent souvent : *Écartelé : au 1, d'hermine, à la bordure engrêlée de gueules,* qui est d'Anlezy avec une brisure de cadet ; *au 2, de gueules, à trois léopards d'or l'un sur l'autre,* qui est de Montsaulnin ; *au 3, bandé d'or et d'azur, à la bordure de gueules,* qui est de Bourgogne ancien ; *au 4, de France, au bâton de gueules péri en bande,* qui est de Bourbon-Condé ; et, *sur le tout,* de Jaucourt. On trouve cet écu ainsi écartelé sur une plaque de cheminée du siècle dernier au château de Brinon-les-Allemands.

⚜ ⚜ ⚜

JOLLY, seigneurs de Bonneuil, de Mont, du Plessis-sur-Loire.

Châtellenie de Decize.

Alliance : de Vaulx.

Armoiries inconnues.

Archives de la Nièvre et de Decize.

✤ ✤ ✤

JOLLY. Nivernais et Paris.

Châtellenie de Decize.

Alliance : Loisel.

D'azur, au globe surmonté de deux étoiles, le tout d'argent. — Pl. XXX.

Archives de Decize et de Nevers. — *Mémoires sur le département de la Nièvre.* — *Biographie universelle.* — Épitaphiers de Paris. — *Annuaire de la Nièvre pour 1843.*

L'épitaphe de Guillaume Jolly, né à Decize vers 1530, père de l'écrivain Claude Jolly éditeur des œuvres de Guy Coquille, se lisait dans l'église de Saint-Méry de Paris ; elle était ornée de deux écussons : l'un aux armes décrites ci-dessus, l'autre, en losange, *d'azur, à l'oiseau d'argent essorant, tenant dans son bec un rameau de sinople,* reproduisait le blason de Marie Loisel, femme de Guillaume.

Cette famille Jolly était, comme la précédente, de la châtellenie de Decize, mais nous pensons qu'elle n'avait aucune communauté d'origine avec cette dernière qui, dès le XVᵉ siècle, apprtenait à la noblesse. Peut-être, au contraire, les Jolly de Nevers, dont nous allons parler, étaient-ils, malgré la différence des armoiries, issus de la même souche que Guillaume et Claude.

✤ ✤ ✤

JOLLY.

Châtellenie de Nevers.

D'argent, au coq de sable, crêté, becqué et onglé de gueules, tenant de sa patte dextre levée un lys de jardin d'azur, tigé et feuillé de même. — Pl. XIX.

Archives de la Nièvre. — Armorial de la généralité de Moulins.

⚜ ⚜ ⚜

DU JOU, seigneurs du Grateix.

Châtellenies de Nevers et de Châteauneuf-sur-Allier.

Alliances : de Brinay, Bourdin.

Armoiries inconnues.

Archives de la Nièvre. — *Inventaire des titres de Nevers.*

⚜ ⚜ ⚜

JOUMARD-ACHARD DE TISON D'ARGENCE, barons de Saint-Pierre-du-Mont. Angoumois, Poitou, Bourgogne, Nivernais.

Châtellenie de Saint-Verain.

Écartelé : aux 1 et 4, d'azur, à trois besants d'or ; aux 2 et 3, d'or, à deux lions léopardés de gueules, au lambel d'azur ; et, sur le tout, de gueules, à trois burelles d'or, accompagnées en pointe de trois étoiles à six rais d'or, posées 2 et 1. — Pl. XIX.

Marolles. — Archives de la Nièvre. — *Dictionnaire de la noblesse.* — *Dictionnaire des familles de l'ancien Poitou.* — *La Noblesse aux États de Bourgogne.* — Armorial de la généralité d'Orléans.

Une branche de la famille Achard, noble et ancienne en Poitou, se fondit dans la famille Joumard, dont un descendant fut lui-même subtitué aux noms et armes de Tison d'Argence en 1608. Les armes de cette famille sont décrites de diverses manières dans les armoriaux ;

nous avons adopté le blason qu'Edme-François de Joumard-Tison d'Argence, baron de Saint-Pierre-du-Mont, fit enregistrer à l'Armorial général.

⚜ ⚜ ⚜

JOURDAN DU MAZOT, seigneurs du Mazot, de La Garenne, de Chevigny.

Châtellenie de Monceaux-le-Comte et baronnie de Lormes.

Armoiries inconnues.

Le Morvand. — Biographie universelle. — Mémoires sur le département de la Nièvre.

Nous regrettons de ne pouvoir donner les armoiries de cette famille, d'ancienne bourgeoisie de Lormes, fière à si juste titre de compter parmi ses membres le seul député de la Nièvre qui, bravant une mort à peu près certaine, refusa de voter, à la Convention, la mort du Roi. « Loin d'être intimidé par les placards et les libelles qui mena- » çaient de la mort tous ceux qui n'infligeraient pas cette peine à Louis, » dit Méjean dans son *Histoire du procès de Louis XVI*, Jourdan s'y » résigna plutôt que de se souiller d'un tel crime; il fit son testament » et ne vota que pour la détention, quoique les six autres membres de » la députation de la Nièvre eussent déjà voté pour la mort. »

⚜ ⚜ ⚜

DES JOURS, seigneurs des Jours, du Monceau, de Villette, du Fort-de-Lanty, de Montmorey, de Gratteloup, de La Chassaigne, de La Montagne, de Mazilles, de Petit-Cours, de Montaigu, de Courcelle, de Poil, de Conclay, de La Bazolle, de Layes, du Guay, de Saint-Gengoult, de La Faye, de Pommeray, du Vergier, de Montarmin, de Bussière, du Croz, de Guynielle; comtes de Mazilles. Nivernais et Bourgogne.

Châtellenies de Luzy, de Savigny-Poil-Fol et de Moulins-Engilbert.

Alliances : de Grandry, Perreaul, de Chargère, d'Estuault, du Four, Gallard, de Troussebois, de Garbe, de La Vernée, des Paillards, de Ganay, Sallonnier, de Bongars, Bazot, Olivier, des Prés, de Lucenay, Le Maréchal, du Crest, etc.

D'or, au lion d'azur, au chef échiqueté d'azur et d'or de trois traits. — Pl. XIX.

Archives de la Nièvre. — Collection nivernaise de l'auteur. — Registres paroissiaux de Luzy. — *Inventaire des titres de Nevers.* — *Généalogie de Courvol.* — Armorial de Challudet. — Courcelles. — *La Noblesse aux États de Bourgogne.*

Cette famille ne porta pas toujours les armes que nous venons de décrire : sur un aveu et dénombrement de la terre de Mazilles-lez-Luzy, rendu en 1575 par Étienne des Jours, seigneur de Mazilles, était peint, suivant Marolles, le blason suivant : *D'argent, à deux mains l'une dans l'autre au naturel, vêtues de gueules, posées en fasce, accompagnées en chef de deux larmes de sable, et en pointe d'un cœur de gueules, au chef d'azur, chargé d'un trèfle d'or entre deux étoiles de même.* Dans l'Armorial de Challudet, le blason des Grandry est donné par erreur à cette famille. Nous trouvons enfin dans la *Généalogie de Courvol* les armoiries décrites par nous, sauf que l'écu y est *coupé d'un échiqueté et d'un lion.*

⚜ ⚜ ⚜

JUISARD *al.* **DE JUIZARD**, seigneurs de Chanteloup, de Tamnay, de Montaultier, de Broing, de Plottot, de La Cour, de La Chezelle, de Chaulmois, de Chérigny, de Dirol, de Poussegray.

Châtellenies de Montreuillon, de Monceaux-le-Comte et de Saint-Saulge.

Alliances : d'Assue, Anceau, de Chargère, de Maumigny, Hodeneau, du Verne, de Mullot, Bréchard.

Échiqueté d'or et d'azur. — Pl. XIX.

Marolles. — Archives de la Nièvre. — Registres paroissiaux d'Aunay et de Corvol-l'Orgueilleux. — Armorial général.

⚜ ⚜ ⚜

DE JUSSY.

Châtellenies de Donzy et de Saint-Saulge.

Armoirie inconnues.

Inventaire des titres de Nevers.

⚜ ⚜ ⚜ ⚜ ⚜

LAFOND, comtes Lafond.

Châtellenie de Donzy.

D'or, à la croix de saint Pierre, ou renversée, de gueules, chargée de cinq besants d'argent. — Pl. XXX.

Titre héréditaire par bref pontifical du 15 septembre 1868.

M. Edmond Lafond, qui avait reçu du pape Pie IX le titre héréditaire de comte, était le fils de M. Narcisse Lafond, député de la Nièvre, puis pair de France en 1846. Les meubles héraldiques du blason de M. Lafond sont un souvenir de l'organisation de l'œuvre du Denier de saint Pierre à Paris, due en grande partie à l'initiative de notre si regrettable compatriote.

⚜ ⚜ ⚜

LALLEMAND, seigneurs de Maulaix.

Châtellenies de Savigny-Poil-Fol et de Nevers.

Alliance : Cotignon.

Armoiries inconnues.

Marolles. — Collection nivernaise de l'auteur.

⚜ ⚜ ⚜

DE LAMENAY, seigneurs de Lamenay.

Châtellenies de Decize et de Ganay.

Alliance : de Thaix.

Armoiries inconnues.

Marolles.

Peut-être cette famille, qui possédait aux XIIe et XIIIe siècles la seigneurie de Lamenay sur les bords de la Loire, est-elle la même que la famille de Montesche dont nous parlerons.

✤ ✤ ✤

DE LAMOIGNON, seigneurs de Pommay, de Blannay, du Champ-de-Sancy, de Manay, de Champdevis, de Vielmanay, d'Arthel, de Rivière, de La Brosse, de Villorgeul, de La Chastière, de Montifaut, de Turigny, de Bretignelles, du Grateix, de Marigny, de Murlin, des Meurs, des Advits, de Champromain, de Metz, de Cœurs, de Grandpré, de Beaulieu, etc. Originaires du Nivernais, à Paris, en Berry et en Beauce.

Châtellenies de Châteauneuf-sur-Allier, de Châteauneuf-au-Val-de-Bargis, de La Marche, de Nevers, de Montenoison, de Montreuillon, de Clamecy et de Saint-Verain.

Alliances : d'Anlezy, de Saisy, de Troussebois, du Deffend, de Mornay, de Baugy, de Chazault, de Prenay, de Méry, de Fougeray, Grené, Dourde, de La Salle, de Maisoncomte, d'Armes, Érard, de Lestang, Allabat, d'Auroux, Hodeau, Henotault, de Poiseux, du Coing, de Champs, de Mary, Chaulvyn, Lhuillier, du Ban, Regnier, de Corcelle, du Coudray, de La Barre, Marion, Davy, Anceau, du Broc, Olivier, de Châteauvieux, Le Cœur, de La Venne, de Vielbourg, de Maumigny, de Besançon, de Clèves (bâtards), de La Grange, Guignaut, de Cressonville, Guillot, de Chargère, Drouet, de Mulot, de Lavault, de Veilhan, Berthier, Farnault, Billard, Aizon, Boulée, Collesson, etc.

Losangé d'argent et de sable, au franc quartier d'hermine. — Pl. XIX.

Archives de la Nièvre. — Marolles. — *Dictionnaire de la noblesse.* — Moréri. — Blanchard. — Paillot. — Vulson de La Colombière. — Généalogie manuscrite de la bibliothèque de M. de Rozières. — Courcelles. — *Dictionnaire véridique*, etc.

« Cette illustre maison, dit le *Dictionnaire véridique*, n'a pas besoin » d'une origine chimérique ; son nom, qui occupe une place des plus » honorables dans l'histoire, peut se passer de ce vain étalage d'an- » cienneté, de cette nuit des temps où sont ensevelies la plupart des » anciennes races...

» Blanchard et La Chesnaye ont cependant donné une généalogie de » cette famille depuis l'an 1228 ; mais M. d'Hozier dit, en parlant de » Chrétien de Lamoignon, premier président au parlement de Paris, » que tout ce qu'il a vu d'actes où son nom est employé ne lui donne » aucun article (le *de*), et ne témoigne rien qui convienne aux ancêtres » dont on le fait descendre. Ce Chrétien de Lamoignon, seigneur de » Basville, auteur des branches de cette maison existantes au » XVIIe siècle, avait pour aïeul François de Lamoignon, qui fut, » comme son père, secrétaire et contrôleur de la dépense de Françoise » d'Albret, comtesse de Nevers, lequel s'allia, le 18 janvier 1509, » avec Marie du Coing, fille d'un bourgeois de Nevers. Ce François, » ainsi que Jean Lamoignon, son père, vivaient en effet, en 1480, au » nombre des bourgeois de cette ville. »

Courcelles et M. Borel d'Hauterive, dans l'*Annuaire de la noblesse* (année 1843) ont adopté, au sujet de l'origine des Lamoignon, l'opi- nion de Lainé, que nous ne pouvons partager après l'étude des titres originaux concernant cette famille.

Selon Blanchard et La Chesnaye-des-Bois, les Lamoignon prirent leur nom d'une seigneurie située près de Donzy ; il y eut bien, en effet, dans les environs de cette ville, un petit fief de La Moignon ou La Mou- gnon *(Inventaire des titres de Nevers)*, mais les ancêtres de notre illustre famille parlementaire étaient originaires du sud du Nivernais, où se trouvait le fief de Pommay, le premier qu'ils aient bien authen- tiquement possédé. Ce fut seulement aux XIVe et XVe siècles qu'ils furent possessionnés entre La Charité et Donzy ; peut-être alors don-nèrent-ils leur nom au fief dont on a voulu faire leur berceau.

Le nom de La Moignon ou La Mougnon fut porté en Nivernais, du XIIIᵉ siècle au XVIIᵉ, par beaucoup de personnages qui pouvaient être de familles différentes, mais qui pouvaient bien aussi provenir d'une même souche. Le plus ancien de ces personnages est Pierre de La Mougnon ou La Mougnon, dont la veuve, nommée Agnès, fit hom-mage en 1288 pour la maison de Pommay, de la châtellenie de Château-neuf-sur-Allier, qui avait été acquise par son défunt mari. Nous trou-vons ensuite, dans des chartes des Archives de la Nièvre et dans l'*Inventaire des titres de Nevers*, de 1323 à 1376, un ou deux sei-gneurs de Pommay du nom de Charles ou Charlet La Moignon, portant des qualifications nobiliaires : *Charletus dictus li Amoignons, domi-nus de Pomayo domicellus* (1327, Archives de la Nièvre), *nobilis vir dominus Karolus dictus Lamoignon, miles, dominus de Pomayo* (1344, Archives de la Nièvre). Au XVᵉ siècle, des Lamoignon, évidem-ment de la même famille, sont seigneurs d'Arthel et de Turigny et officiers de la maison des comtes de Nevers (Marolles). A cette même époque vivaient il est vrai, à Decize, dans une position fort modeste, des bourgeois du nom de Lamoignon ; mais ces Lamoignon n'habi-tèrent jamais Nevers, et il semble bien plus naturel de rattacher les contrôleurs de la maison des comtes de Nevers, officiers importants du reste, à la lignée des anciens seigneurs de Pommay, comme l'ont fait les généalogistes accusés de complaisance par Lainé.

La riche bibliothèque héraldique et généalogique de M. Ernest de Rozière renferme un volumineux recueil de documents manuscrits concernant les Lamoignon, dont l'étude ne peut laisser aucun doute sur l'origine noble, peut-être un peu illustrée par La Chesnaye-des-Bois, mais certaine de l'une des plus grandes races parlementaires de la France.

Les armes de Jeanne Lamoignon, mariée en 1461 à Jean d'Armes, président au parlement de Paris, se voient sculptées dans l'église et dans le château de Vergers : elles sont assez mal figurées et semblent offrir un *fretté*, ce qui peut expliquer les descriptions du *Roy d'armes* et de Vulson de La Colombière : *D'argent, à trois hermines de sable, écartelé d'argent, fretté de sable de six pièces.*

Selon le *Dictionnaire de la noblesse*, le franc quartier d'hermine qui figure dans les armoiries des Lamoignon aurait été pris, au milieu du XIVᵉ siècle, par Michel Lamoignon, à cause des armoiries de Jeanne d'Anlezy, sa mère. (Voir l'article *Anlezy*.) Une branche des Lamoignon, fixée au XVIe siècle à Bourges où elle vivait assez modestement au XVIIe, porta : *D'argent, à trois mouchetures d'hermine de sable, au lambel de trois pendants de gueules.* (Généalogie manuscrite du cabinet de M. de Rozière.) Par; concession royale de 1817, les derniers Lamoignon ont chargé leur blason d'un *écu d'azur, à une fleur de lys d'or, posé en abîme.*

L'*Histoire des pairs de France* de M. de Courcelles a donné (t. VII, notice des pairs, p. 182) un état des diverses branches de la famille de Lamoignon, auquel nous renvoyons nos lecteurs.

Nous n'avons mentionné dans cet article que les fiefs possédés par les Lamoignon en Nivernais ; nous avons omis également les innombrables et illustres alliances des diverses branches fixées à Paris à partir de la fin du XVIe siècle.

✤ ✤ ✤

DE LANCRAY, seigneurs de Lancray, des Taignières.

Châtellenies de Champallement, de Cercy-la-Tour et de Decize.

Alliances : de La Tournelle, de Reugny, de Cossaye, de Montjardin.

Armoiries inconnues.

Archives de la Nièvre et de Decize. — *Inventaire des titres de Nevers.* — *Généalogie de Courvol.*

✤ ✤ ✤

DE LANGE, seigneurs de Lange, de Chevenon, de La Tour-Marcy, de Miniers, de Guérigny, d'Arreaux ; barons de Villemenant. Originaires du Nivernais, Lyonnais et Berry.

Châtellenies de Châteauneuf-sur-Allier et de Nevers.

Alliances : de Chaumont, de Maugis, de Château-Renaud, du Châtel, de Breschard, de Lenfernat, de La Grange d'Arquian, de Champs, de Levy, Forestier,

Berthier, d'Astier, Teyssier des Farges, d'Amanzé, de Bellièvre, Grolier, de Lichy.

D'azur, à l'étoile d'argent soutenue d'un croissant de même. — Pl. XIX.

Archives de la Nièvre. — Marolles. — Preuves pour Saint-Cyr au cabinet des titres. — *Martyrologe de Malte* du P. de Goussancourt. — Manuscrits de Guichenon. — Armorial de Challudet. — *Dictionnaire de la noblesse.* — *Étrennes de la noblesse de 1775.* — Vertot. — *Statistique monumentale de la Nièvre.* — *Histoire de la souveraineté de Dombes,* par Guichenon. — *Armorial du Lyonnais, Forez et Beaujolais.*

Une notice sur la filiation des Lange, les faisant venir de l'Albanie et se réfugier en France en 1466, publiée en 1824 (Paris, Lefebvre, in-8°), à l'appui des prétendus droits du marquis de L'Ange (*sic*) Comnène sur l'empire de Constantinople et particulièrement sur l'Albanie, donne pour auteur à cette famille, de la noblesse militaire de notre province, Constantin L'Ange, surnommé Philadelphe, gouverneur de la Dalmatie et de l'Albanie, marié en 1109 à Théodora Comnène, la plus jeune des filles de l'empereur Alexis Iᵉʳ Comnène, dit le Grand. Rien n'est moins fondé que cette prétention, passablement extraordinaire, qui se trouve reproduite dans divers ouvrages.

Les Lange, dont le *Dictionnaire de la noblesse* a donné une généalogie assez peu exacte pour les premiers degrés, prenaient leur nom d'un fief situé près de Saint-Pierre-le-Moûtier; le petit château de Lange, du XVᵉ siècle remanié à la fin du XVIᵉ, est en partie conservé.

On voit au château de Villemenant, aux environs de Guérigny, un écusson des Lange avec la date 1646 : l'écu au croissant et à l'étoile, écartelé d'un blason effacé qui est sans doute celui des La Grange d'Arquian, a pour tenants des anges portant des palmes, et est timbré d'un casque surmonté d'une croix pattée et de deux couronnes, l'une d'épines, l'autre de laurier, avec la devise : *Hac ad illam;* cette autre devise inscrite au-dessous : *Nomine et omine,* fait allusion au nom de la famille.

Il existait à Lyon, au XVIᵉ siècle, une branche cadette de la famille de Lange, qui possédait le château de ce nom, et qui finit par se fondre dans la branche aînée; elle portait : *De gueules, au chevron d'or* (quelquefois chargé d'une *coquille de sable), accompagné de trois croissants d'argent.* Ces armes sont sculptées sur l'une des cheminées du château de Lange. D'autres cheminées du même manoir sont décorées des armes des Vinols et des Bellièvre, familles alliées aux Lange de Lyon.

Dans l'Armorial de Challudet, le blason des Lange est écartelé, aux 2 et 3, de La Grange d'Arquian.

⚜ ⚜ ⚜

LANGLOIS, seigneurs de La Prévostière, de Beaure-paire.

Châtellenies de Donzy et de Decize.

D'argent, au chevron de gueules, accompagné de trois tourteaux de même. — Pl. VIII.

Archives de la Nièvre et de Decize. — Armorial de la généralité de Moulins.

⚜ ⚜ ⚜

LANGLOIS, seigneurs du Bouchet.

Châtellenie de Metz-le-Comte.

Alliance : de Fredefont.

Armoiries inconnues.

Archives de l'Yonne.

⚜ ⚜ ⚜

DE LANTY, seigneurs de Lanty, de Maulaix, de Montanteaume, de Lavault.

Châtellenies de Savigny-Poil-Fol et de Moulins-Engilbert.

Alliances : d'Espiard, Berger, de Charry.

D'argent, à la fasce de gueules, accompagnée de cinq merlettes de même, trois en chef et deux en pointe. — Pl. XIX.

Archives de la Nièvre. — Marolles. — Titres de Bourgogne. — *La Noblesse aux États de Bourgogne.* — *Le Morvand.*

La *Noblesse aux États de Bourgogne* mentionne une famille de Lanty dont l'un des membres portait, au XIV⁰ siècle, un écu *losangé* sur son sceau ; nous ne savons si cette famille a une origine commune avec celle dont nous parlons, qui prenait son nom du fief de Lanty, dans la châtellenie de Savigny-Poil-Fol, et qui était peut-être la même que la famille Hospital mentionnée ci-dessus.

⚜ ⚜ ⚜

DE LANVAULX, seigneurs de La Brosse.
Châtellenie de Monceaux-le-Comte.

Armoiries inconnues.

Inventaire des titres de Nevers.

⚜ ⚜ ⚜

DE LAS, seigneurs de Las, de Vallotte, de Cherault, de La Brosse-Fourcon, de Fouquette, d'Azy, de Trezaigues, de Monceaux-sur-Azy, de Montigny-sur-Canne, de Lancray, de Chandon, de La Loge, de La Coudre, de Prye-sur-l'Ixeure.

Châtellenies de Nevers et de Cercy-la-Tour.

Alliances : Regnier, de Laubespine, de Grandry, de Mauroy, de Bar, de Chaugy, de La Perrière, Filsjean, du Bourg, etc.

De sable, à trois coquilles d'argent. — Pl. XIX.

Archives de la Nièvre. — Preuves de page du roi au cabinet des titres. — *Dictionnaire de la noblesse.* — *La Noblesse aux États de Bourgogne.*

⚜ ⚜ ⚜

LASNÉ, seigneurs de Ville, des Barres, de Mignard.

Châtellenies de Donzy et de La Marche.

Alliances : de Piles, Maignien, de La Chasseigne, Frappier, de Susleau.

D'azur, au rocher de sept coupeaux, surmonté de deux palmes disposées en couronne, le tout d'argent. — Pl. XXIX.

Armorial de la généralité de Bourges. — Registres paroissiaux de Donzy.

Un membre de cette famille est mentionné dans l'Armorial général avec ce blason : *D'azur, à trois molettes d'éperon d'or, au chef de même, chargé de trois billettes de gueules.*

⚜ ⚜ ⚜

LAULT, seigneurs des Brulés, de Ballais, de Chandoux, de La Motte-Grillon, de Cossay, de Reugny, de Vernillat.

Châtellenies de Luzy, de Decize et de Cercy-la-Tour.

D'azur, au chevron d'or, surmonté d'un croissant d'argent, accompagné en chef de deux étoiles d'or et en pointe de deux chiens courants d'argent posés l'un sur l'autre. —Pl. XIX.

Archives de Decize. — Registres paroissiaux de Luzy. — Collection nivernaise de l'auteur.

Nous donnons ces armes d'après des cachets du XVIIIe siècle.

⚜ ⚜ ⚜

LÉGER, seigneurs de Roziers, de Bailly.

Châtellenies de Cosne et de Saint-Verain.

Armoiries inconnues.

Inventaire des titres de Nevers.

⚜ ⚜ ⚜

LEMPEREUR, seigneurs des Foudreaux, de Bissy.

Châtellenies de Nevers et de Châteauneuf-sur-Allier.

D'argent, à l'aigle éployée mi-partie de sable et d'azur, becquée et membrée de l'un en l'autre. — Pl. XIX.

Archives de la Nièvre. — Armorial de la généralité de Moulins.

⚜ ⚜ ⚜

DE LENFERNAT, seigneurs d'Arthel, de Châtel-du-Bois. Originaires de la Brie, Bourgogne, Champagne et Nivernais.

Châtellenies de Montenoison, de Donzy et d'Entrains.

Alliances : d'Assigny, de Saint-Phalle, de Ruffay, de Merry, de Champs, de Sarzy, Vyau de La Garde, etc.

D'azur, à trois losanges d'or. — Pl. XIX

Archives de la Nièvre. — *Inventaire des titres de Nevers.* — *Histoire de la maison de Courtenay.* — *Dictionnaire de la noblesse.* — Dey, *Armorial de l'Yonne.*

Quelquefois le champ de l'écu est de gueules. La devise de cette famille est : *Qui fait bien l'enfer n'a.* Paillot décrit ainsi les armes d'une famille de Lenfernat, qui est sans doute différente de celle dont nous nous occupons : *D'azur, au chevron d'or, chargé de deux lions affrontés de gueules, accompagné de trois bourdons du second émail.* La Chesnaye-des-Bois donne un fragment de la généalogie de cette famille.

⚜ ⚜ ⚜

DE LICHY, seigneurs de Lichy, du Deffend, de Cougny, de La Chière, de La Cave, du Puy, de Lisle, de Riejot, de Moran, du Bostz, de Parigny-sur-Sardolle, de Pougy, de Grandchamp, de Menetou, d'Avril, de Chevroux ; comtes et marquis de Lichy.

Châtellenies de Nevers, de Saint-Saulge, de Decize et de Champvert.

Alliances : Terrionne, d'Aisy, Fillet, des Hermois, de La Chaume, des Moulins, de La Tanche, des Fossés, de Lange, de Boux, de Reugny, de La Perrière, du Verne, Berthelon, de Grandchamp, etc.

D'azur, à la bande d'argent, accostée de trois losanges d'or, 2 en chef et 1 en pointe. — Pl. XIX.

Archives de la Nièvre et de Decize. — Marolles. — Armorial de la généralité de Moulins. — Registres paroissiaux d'Avril et de Fours. — *Cahier de la noblesse du Nivernais.*

⚜ ⚜ ⚜

DE LIERNAIS, seigneurs de Liernais. Nivernais et Bourgogne.

Châtellenie de Liernais.

Armoiries inconnues.

Inventaire des titres de Nevers. — Le Morvand.

⚜ ⚜ ⚜

DES LIEUX, seigneurs de La Brosse-Devay.

Châtellenie de Decize.

Alliances : du Gué, Collas.

Armoiries inconnues.

Archives de Decize.

⚜ ⚜ ⚜

LE LIÈVRE DE LA GRANGE, barons de Lorme ; marquis de Fourille et de La Grange ; comtes de l'Empire ; pairs de France. Ile-de-France, Bourbonnais, Brie, Nivernais.

Châtellenie de Monceaux-le-Comte.

Alliances : Méliand, Hall, de Caumont-La-Force, etc.

D'azur, au chevron d'or, accompagné en chef de deux roses d'argent, et en pointe d'une aigle éployée au vol abaissé de même. — Pl. XIX.

Noms féodaux. — Archives de la Nièvre. — *Armorial de la Chambre des comptes.* — Preuves pour l'ordre de Saint-Lazare. — *Dictionnaire de la noblesse.* — *Cahier de la noblesse du Nivernais.* — *Archives de la noblesse de France.* — *Armorial du Bourbonnais,* etc.

La généalogie de cette famille, dont plusieurs membres ont marqué dans la carrière des armes et la haute magistrature, est donnée par La Chesnaye-des-Bois et par les *Archives de la noblesse de France.*

⚜ ⚜ ⚜

DE LIMANTON, seigneurs de Limanton.

Châtellenie de Moulins-Engilbert.

Armoiries inconnues.

Inventaire des titres de Nevers.

⚜ ⚜ ⚜

LITAULT *al.* LITAUD, seigneurs de La Planche, de La Barre, de Boisvert, de Marguerie.

Châtellenie de Nevers.

Alliances : Prichot, Musnier, du Puy, Dien, Vyau de La Garde, Lithier, Dollet, Rapine.

Parti de sinople, à une demi-licorne d'argent, mouvante de la partition, surmontée d'une étoile d'or ; et de sinople, à deux marguerites d'argent, boutonnées, tigées et feuillées d'or, posées en barre l'une sur l'autre, et un demi-lambel d'argent, mouvant de la partition en chef. — Pl. XIX.

Archives de la Nièvre. — Registres paroissiaux de Magny. — Armorial de la généralité de Moulins.

Ces armoiries, que nous donnons d'après l'Armorial général, ont évidemment été composées du blason d'un membre de cette famille et de celui de sa femme ; il est probable que l'écu primitif des Litault ne portait que la licorne et l'étoile.

⚜ ⚜ ⚜

DE LODINES, seigneurs de La Bouhe.

Châtellenie de Luzy.

Alliances : de La Perrière, de La Bussière.

Armoiries inconnues.

Marolles. — *Généalogie de Courvol.*

⚜ ⚜ ⚜

DE LOGÈRE, seigneurs de Lathenon, de Marancy.

Châtellenies de Champallement et de Saint-Saulge.

Alliance : Saulnier.

De sable, à trois lys de jardin d'or. — Pl. XIX.

Marolles. — Archives de la Nièvre.

⚜ ⚜ ⚜

LOISEAU, seigneurs de Monjou, de Villars, du Bouchet, de Champs, de Boisrond. Bourgogne, Nivernais et Champagne.

Châtellenies de Moulins-Engilbert, de Montreuillon, de Châteauneuf-au-Val-de-Bargis et de Donzy.

Alliances : de La Griffardière, du Boile, Le Bault, de Scoraillex, de Varigny, de Sapa, de Tirmache.

De sinople, à la fasce d'or, accompagnée en chef de trois cigognes, et en pointe d'une étoile, le tout d'argent. — Pl. XXXI.

Preuves au cabinet des titres de la Bibliothèque nationale. — Dey, *Armorial de l'Yonne*. — Armorial général. — Registres paroissiaux de Garchy. — Archives de l'Yonne.

M. Dey donne les armoiries de cette famille d'après l'Armorial de la généralité de Paris, avec trois cygnes au lieu de trois cigognes.

⚜ ⚜ ⚜

LOMBARD, seigneurs de Chaumien, de Marnay, de Réglois, du Parc, de Marcy. Bourgogne et Nivernais.

Châtellenie de Saint-Brisson.

D'argent, au chevron de gueules, accompagné de trois fleurs de lys de sable, au chef d'azur. — Pl. XIX.

Marolles. — *Le Morvand*. — *La Noblesse aux États de Bourgogne*.

⚜ ⚜ ⚜

DE LORGUE, seigneurs de Lorgue.

Châtellenie de Châteauneuf-sur-Allier.

Armoiries inconnues.

Inventaire des titres de Nevers.

⚜ ⚜ ⚜

DE LORME, seigneurs de Château-Chinon, de Saint-Martin-du-Puy, de Saint-Parize-le-Châtel ; barons de Lorme.

Châtellenies de Monceaux-le-Comte et de Châteauneuf-sur-Allier.

Échiqueté. — Pl. XIX.

Marolles. — *Gallia christiana*. — Manuscrits de D. Viole. — *Le Morvand*.

D. Viole, dans sa notice sur l'abbaye de Régny (à la bibliothèque d'Auxerre) nomme plusieurs barons de Lorme, de 1153 à 1230, parmi les bienfaiteurs de cette abbaye; il décrit le sceau de Hugues, l'un de ces seigneurs, du premier quart du XIIIe siècle, sur lequel se voyait un écusson *échiqueté*.

✤ ✤ ✤

DE LORME.

Châtellenies de Saint-Saulge et de Savigny-Poil-Fol.

Alliances : de Monclays, de Champrobert.

Armoiries inconnues.

Archives de la Nièvre.

✤ ✤ ✤

DE LORON, seigneurs de La Forest, d'Argoulois, de Chantereau, des Courtils, de Villers, de Veniol, de La Chaume, de Certaines, de Mont, de Cervon, de Marquereau, de Bernay, de Grenessay, de Sauzet, de Vilaines, de Crain, du Chailloux, de Ferrières, de Chaugy, de Champeroux, de Montperroux ; barons de Limanton. Bourgogne et Nivernais.

Châtellenies de Moulins-Engilbert, de Saint-Saulge et de Monceaux-le-Comte.

Alliances : de Gamaches, de Maumigny, de Lanvaux, Hodeneau, de Rieux, de Carroble, de Jaucourt, de La Rivière, de La Tournelle, de Houppes, Chevalier, du Verne, de Reugny, Robin, du Pré, de Bongars, de Blanchefort, de Certaines, Perreau, de Longueville, de Courtenay, Rochery, de Bar, etc.

De sable, à la fasce d'argent. — Pl. XIX.

Archives de la Nièvre. — Marolles. — Titres de Bourgogne. — *Dictionnaire de la noblesse.* — Collection nivernaise de l'auteur. — *La Noblesse aux États de Bourgogne.* — *Le Morvand,* etc.

✤ ✤ ✤

DE LUCENAY, seigneurs de La Jarrie, de Parzy, de La Tour-de-Chevenon, de Rigny, de Nogent, du Sausay, de Boisrappe.

Châtellenies de Nevers, de Decize et de Clamecy.

Alliances : Tenon, Berthelot, Olivier, Marion, des Jours, du Coing, Gascoing.

De gueules, à trois têtes de léopard d'or. — Pl. XIX.

Marolles. — Archives de la Nièvre, de Decize et de Clamecy. — *Le Roy d'armes.* — Segoing. — Paillot. — Magneney. — Armorial de Challudet.

D'après l'Armorial de Nevers de 1638, M. de Lussenay *(sic)*, seigneur de Rigny et de Chevenon, grand prévôt du Nivernais, écartelait : *aux 1 et 4*, de Lucenay ; *au 2, de sable, à deux lions léopardés d'or, et au 3, de sable, à la fasce d'or,* qui sont les écartelures des armes des Tenon. D'après le même Armorial, le seigneur de La Jarrie ne portait que les têtes de léopard.

⚜ ⚜ ⚜

LE LUCY, seigneurs de Lucy, de Montapas.

Châtellenie de Saint-Saulge.

Armoiries inconnues.

Inventaire des titres de Nevers.

⚜ ⚜ ⚜

DE LUPY, seigneurs de Lupy, de Molli.

Châtellenie de Montenoison.

Alliance : de Monceaulx.

Armoiries inconnues.

Archives de la Nièvre. — *Inventaire des titres de Nevers.*

⚜ ⚜ ⚜

DE LURCY, seigneurs de Lurcy-le-Bourg, de Charly.

Châtellenies de Montenoison et de La Marche.

Armoiries inconnues.

Gallia christiana. — Marolles. — Archives de la Nièvre.

❧ ❧ ❧

LURCY *al.* DE LURCY, seigneurs d'Azy, de Tabourneau.

Châtellenie de Châteauneuf-sur-Allier.

Alliances : Mittier, des Crais, Péringard.

Armoiries inconnues.

Inventaire des titres de Nevers.

❧ ❧ ❧

DE LUZY, seigneurs de Luzy.

Châtellenie de Luzy.

Armoiries inconnues.

Marolles. — *Histoire de la maison de Dreux.*

Famille de la haute noblesse féodale du Nivernais et de la Bourgogne,
qui prit son nom de la baronnie de Luzy et qui s'éteignit vers le milieu
du XIIIe siècle dans la maison de Châteauvillain.

❧ ❧ ❧

DE LUZY, seigneurs de Champetreux. Originaires du
Nivernais, Forez et Velay.

Châtellenies de Nevers, de Donzy, de Cuffy et de Luzy.

Alliances : de Montagne, Pitois, Roux.

FAMILLES.

JOLLY

JOUMARD

DES JOURS

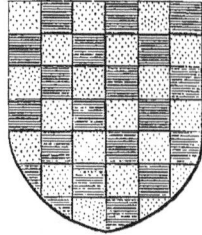

JUISARD

DE LAMOIGNON

DE LANGE

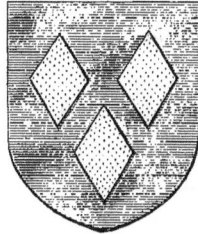

DE LENFERNAT

DE LANTY

DE LAS

LAULT

LEMPEREUR

DE LICHY

LE LIÈVRE DE LA GRANGE

LITAULT

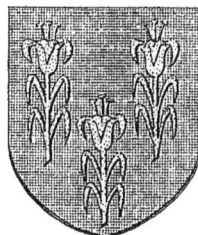

DE LOGERE

LOMBARD

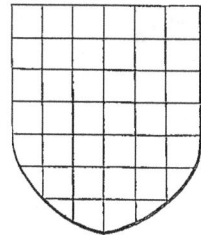

DE LORME

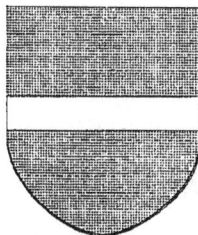

DE LORON

DE LUCENAY

DE LUZY

De gueules, au chevron d'argent, accompagné de trois étoiles d'or. — Pl. XIX.

Marolles. — Archives de la Nièvre. — Armorial de la généralité de Moulins.

La Chesnaye-des-Bois, dans la généalogie qu'il donne de cette famille, la fait descendre des anciens barons de Luzy ; cette origine n'est point admissible. Les Luzy, qui ont eu une grande position nobiliaire aux XVIIᵉ et XVIIIᵉ siècles, qui ont été premiers barons du Forez comme barons de Couzan,. prenaient peut-être leur nom de la ville de Luzy, mais ils ne descendaient point des seigneurs primitifs de cette ville. Le premier dont nous trouvions la mention est André de Luzy, bailli de Nevers en 1260 ; on voit ensuite en Nivernais d'autres Luzy, du XIVᵉ siècle au XVIIIᵉ, les uns exerçant des fonctions de magistrature, les autres portant des qualifications nobiliaires.

✤ ✤ ✤

DU LYS, seigneurs de Sichamps, de Montifaut, de Grenan, du Peschin, de Choulot, de La Plastrière, de Jailly, de Champmoreau ; barons de Poiseux.

Châtellenies de Montenoison, de Saint-Saulge, de Nevers et de Clamecy.

Alliances : David, Marié, de Cornillat, de Saint-Phalle, de Bonnet, de La Barre, du Verne, de Charry, Cotignon, du Deffend, Briçonnet.

D'azur, à trois chiens courants d'or, l'un sur l'autre, et une fleur de lys de même en chef. — Pl. III.

Archives de la Nièvre. — Preuves de Malte, à la Bibliothèque de l'Arsenal. — *Le Roy d'armes.* — Segoing. — Paillot. — Magneney. — Armorial de Challudet. — Titres de Bourgogne.

L'adjonction de la fleur de lys au blason des du Lys est postérieure à la première moitié du XVIᵉ siècle : on voit dans l'église de Sichamps, contre le meneau vertical d'une fenêtre de l'abside qui date de la dernière période ogivale, un écu des du Lys avec les trois chiens seulement.

Dans l'Armorial de Magnency, les chiens sont d'argent; dans l'Armorial de Challudet et dans le *Roy d'armes*, ces animaux sont d'or et la
fleur de lys d'argent.

❀ ❀ ❀ ❀ ❀

MACHAU *al.* DE MACHAU, seigneurs de Boisjardin.

Châtellenies de Châteauneuf-sur-Allier et de Donzy.

Armoiries inconnues.

Inventaire des titres de Nevers.

❀ ❀ ❀

DE LA MAGDELAINE, seigneurs de Cervon, de Rugny, de Moraches, d'Asnan, de Talon-Judas, de Tamnay, d'Epiry. Originaires du Charolais, Bourgogne et Nivernais.

Châtellenies de Monceaux-le-Comte et de Montenoison.

Alliances : de Marcilly, de Gondi, de Nicey, de Som-
mièvre, de La Rivière, d'Estutt, de Damas, de Loriol, de
Thiard.

*D'hermine, à trois bandes de gueules, celle du milieu chargée de
cinq coquilles d'or et les deux autres de trois de même. — Pl. XX.*

Marolles. — *Histoire des grands officiers de la couronne.* — *Dictionnaire de la
noblesse.* — Paillot. — *La Noblesse aux États de Bourgogne,* etc.

Les armes de dom Jean de La Magdelaine de Ragny, prieur de La
Charité au commencement du XVIe siècle, se voient sculptées au portail
de son ancienne église prieurale et dans l'église de Pouilly. François de
La Magdelaine, marquis de Ragny, gouverneur du Nivernais, créé
chevalier du Saint-Esprit en 1595, portait : *Écartelé, au 1, de La
Magdelaine; au 2, d'or, à la croix ancrée de gueules,* qui est de
Damas; *au 3, de gueules, à trois bandes d'argent,* qui est de Clugny;
et au 4, de Bourgogne ancien. D'autres membres de la famille adop-

tèrent ces mêmes quartiers, disposés autrement ou augmentés d'autres blasons d'alliance. La Chesnaye-des-Bois a donné une généalogie abrégée de La Magdelaine.

⚜ ⚜ ⚜

DU MAGNY *al.* DU MAIGNY, seigneurs du Magny, de Champrobert, de Fours.

Châtellenies de Cercy-la-Tour et de Moulins-Engilbert.

Armoiries inconnues.

Marolles. — Archives de M. Canat de Chizy.

Cette famille, que nous croyons différente de celle dont nous allons parler, prenait son nom du fief de Magny ou du Magny, de la châtellenie de Cercy-la-Tour, qui est actuellement un hameau de la commune de Fours, ou d'un autre Magny, fief de la châtellenie de Moulins-Engilbert.

⚜ ⚜ ⚜

DE MAGNY *al.* DU MAGNY, seigneurs de Magny, d'Hiry, de Pommeray, de Tazilly.

Châtellenies de Luzy et de Savigny-Poil-Fol.

Armoiries inconnues.

Inventaire des titres de Nevers. — Le Morvand.

⚜ ⚜ ⚜

MAIGNEN *al.* MAIGNIEN.

Châtellenie de Nevers.

Alliances : de Corbigny, du Plessis.

Armoiries inconnues.

Archives de la Nièvre. — Marolles. — *Archives de Nevers.*

⚜ ⚜ ⚜

MAIGNIEN *al.* MAGNEN, seigneurs de Chastel, de Pontcharault, de Grignon, de Chizelle-aux-Maignien, de Colombier.

Châtellenie de Donzy.

Alliances : Richer, Lasne, Gascoing.

Armoiries inconnues.

Archives de Donzy.

✤ ✤ ✤

MAILLARD.

Châtellenies de Nevers et de La Marche.

De gueules, à trois maillets d'or. — Pl. XX.

Marolles. — Armorial de la généralité de Bourges.

✤ ✤ ✤

DE MAINTENANT.

Châtellenie de Nevers.

Alliance : de Favardin.

Armoiries inconnues.

Archives de la Nièvre. — Marolles. — *Archives de Nevers.*

✤ ✤ ✤

DE MAISONCOMTE, seigneurs de Maisoncomte, de Villaines, de La Chaize, de Chaumard, de Corancy, de Thorigny, de Breteux, de Broces, de Villorgeul, de Bretignelles, de Guipy, de Brain, de Marigny, de Saint-Gremange.

Châtellenies de Montreuillon, de Saint-Saulge, de Monceaux-le-comte, de Donzy, de Châteauneuf-au-Val-de-Bargis et de Nevers.

Alliances : de Frasnay, de Villecendrier, de Champdiou, de Cervon, d'Essartines, de Bazoches, de Barges, du Vandel, de Lamoignon, de La Bussière.

Écartelé : aux 1 et 4, de gueules, à trois tours d'or, qui est de La Tournelle, *et de..., au lion.* — Pl. XX.

Marolles. — *Noms féodaux.* — Archives de la Nièvre et de M. Canat de Chizy. — *Le Morvand.*

Branche cadette de la maison de La Tournelle, qui prit son nom d'un château, autrefois très-fort, situé près de Château-Chinon.

Nous possédons le sceau original en bronze de Jean de Maisoncomte, seigneur de Thorigny en 1455, trouvé à Moulins-Engilbert, qui faisait partie du cabinet de M. Jaubert. Ce sceau, assez grossièrement gravé, porte un écu *écartelé, aux 1 et 4, de trois tours,* ou mieux *de trois châteaux donjonnés de trois pièces, et aux 2 et 3, d'un lion.* La légende est : ✝ s. iehan de messon conte en lettres capitales gothiques dégénérées entre filets, une étoile à la fin de cette légende. Ce petit monument nous fait connaître les armes des Maisoncomte et vient à l'appui de l'opinion que cette famille, marquante dans le Morvand aux XIVe et XVe siècles, était une branche de la maison de La Tournelle qui portait: *De gueules, à trois tours d'or.* Un manuscrit inédit de Blanchard intitulé : *Traicté de l'origine de la charge de maistre des requestes ordinaires de l'hostel du roi, avec la suite de tous ceux qui l'ont exercée soubs nos roys depuis sainct Lovis,* etc., qui fait partie de la riche bibliothèque de M. le baron Pichon, renferme le passage suivant relatif à Jean de Maisoncomte, chevalier, seigneur de Thorigny, conseiller au parlement de Paris, puis conseiller du roi et maître des requêtes de son hôtel dans la seconde moitié du XIVe siècle :

« Il estoit issu d'une tres antienne et noble famille de nom et darmes » du pais de Nivernois et les memoires de la chambre des comptes de » Nevers mont appris quil fut pere de quatre fils : Tristan, Georges, » Bureau et Bernard de Maisonconte qui partagèrent en 1402, et que » laisné, Tristan de Maisonconte, chevalier, rendit adveu denombre- » ment au comte de Nevers de ses terres de Thorigny, de Villorgeul et » de Bretignelles, et que de son mariage avec damoiselle Jeanne de

» Bazoches fille d'Alexandre de Bazoches, seigneur de Deuxville et
» de Paray en Nivernois laissa seulement deux filles dont laisnée
» nommée Alexandre de Maisonconte, dame de Thorigny, fut mariée
» avec Guyot de Lamoignon, chevalier, seigneur de Manay, de
» Rivière, de La Chastière et de Montifaut duquel descend la maison
» de Lamoignon, et la puisnée, nommée Alix de Maisonconte, fut
» mariée avec Pierre de La Bussière, écuyer. »

✤ ✤ ✤

DU MAIX. V. DU MEIX.

✤ ✤ ✤

DE MALEROY.

Châtellenies de Decize et de Cosne.

Armoiries inconnues.

Inventaire des titres de Nevers.

✤ ✤ ✤

DE MALVOISINE, seigneurs de Malvoisine.

Châtellenies de Châteauneuf-au-Val-de-Bargis et de
Montenoison.

Alliances : Pioche, d'Anlezy.

Armoiries inconnues.

Inventaire des titres de Nevers.

Nous pensons qu'une famille bourbonnaise du même nom,
mentionnée dans l'Armorial général, était tout à fait étrangère aux
Malvoisine du Nivernais dont on ne trouve plus de traces à partir de
la fin du XIVe siècle.

✤ ✤ ✤

DE MARAFIN, seigneurs de Guerchy, de Vieux-Moulin, du Coudroy, de Cessy, de Narcy, de Neuville, de Vielmanay, de La Rue-des-Foureaux. Originaires de Touraine, Berry et Nivernais.

Châtellenie de Nevers.

Alliances : de Blaisy, d'Autry, de Fontenay, Odier, de Troussebois, de Vielbourg, de La Châtre.

De gueules, à la bande d'or, chargée d'un croissant de sable en chef, accompagnée de six étoiles du second émail mises en orle. — Pl. XX.

Marolles. — Archives de la Nièvre. — *Histoire des grands officiers de la couronne.*

Le croissant sur la bande était la brisure propre à la branche cadette du Nivernais. Les armes des Marafin sont sculptées dans le tympan de la porte principale et sur le manteau d'une cheminée du château de Vieux-Moulin des premières années du XVIe siècle ; l'écu, timbré d'un casque avec lambrequins, a pour supports deux lions ; ces armoiries décorent aussi une clef de voûte de l'église de Vielmanay ; enfin on les trouve, dans la même église, gravées sur la dalle funéraire d'un membre de cette famille qui était, au XVIe siècle, *segretain* de l'abbaye de Saint-Léonard de Corbigny.

Une généalogie des Marafin se lit dans le tome II de l'*Histoire des grands officiers de la couronne.*

✤ ✤ ✤

DES MARAIS, seigneurs de La Goutte.

Châtellenie de Savigny-Poil-Fol.

Armoiries inconnues.

Archives de la Nièvre.

✤ ✤ ✤

MARAUDE, seigneurs de Berlière.

Châtellenie de Nevers.

Alliances : du Fort, Vyau, Bolacre.

D'azur, au chevron d'or, accompagné de trois roses d'argent.
— Pl. XX.

Archives de la Nièvre. — Armorial de Challudet.

✤ ✤ ✤

MARCEAU, seigneurs de La Vallée-Lureau, des
Aubus.

Châtellenies de Nevers et de Decize.

Alliance : Vyau de La Garde.

*D'azur, au chevron d'or, accompagné en chef de deux croissants
d'argent et en pointe d'un daim de même.* — Pl. XX.

Archives de la Nièvre et de Decize. — Armorial de la généralité de Moulins.

✤ ✤ ✤

DE MARCELANGES, seigneurs de La Grange, de
Juigny, de La Motte-Marceau, de Ferrières, de Montmar-
tinge, de Touvent, de Cossaye, de Ris, des Petites-
Oullières, de Laumoys, de Narcy, du Cormier, de Saulx,
de Chaumigny. Originaires du Bourbonnais, Nivernais et
Bourgogne.

Châtellenies de Decize et de Cercy-la-Tour.

Alliances : d'Omery, Breschard, Boisserand, Saulnier,
des Gentils, de Murat, d'Asson, Girard, des Crots, Le
Breton, de Maumigny, de Roffignac, de Saint-Hilaire, Le
Long, de La Mouilly, de Bonnay.

FAMILLES.

DE LA MAGDELAINE

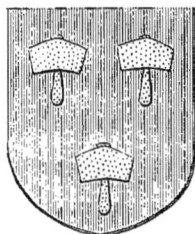

MAILLARD

DE MAISONCOMTE

DE MARAFIN

MARAUDE

MARCEAU

DE MARCELANGES

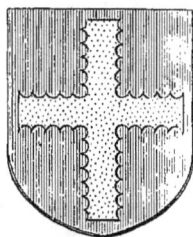

MARCHAND

DE MARCHANGY

LE MARECHAL

MARION

MARQUIS

DE MARS

DE MASIN

MASLIN

MASQUIN

MATHIEU

MAULNOURY

DE MAUMIGNY

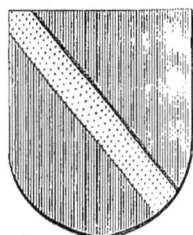

DE MENOU

Seon sculp.

Imp. Bayen Fils Lyon

D'or, au lion de sable, couronné, lampassé et armé de gueules.
— Pl. XX.

Noms féodaux. — Marolles. — Archives de la Nièvre, de Decize et du château de La Montagne. — Guillaume Revel. — Preuves de Malte aux archives du Rhône. — Preuves au cabinet des titres. — Armorial de la généralité de Moulins. — *Dictionnaire de la noblesse.* — Registres paroissiaux de Cossaye. — *Armorial du Bourbonnais.* — *Nobiliaire d'Auvergne.* — *La Noblesse aux États de Bourgogne,* etc.

Les armes de cette famille, dont une généalogie très-incomplète est dans La Chesnaye-des-Bois, se trouvent peintes dans une salle du château de Riéjot et sur la litre de l'église paroissiale de Cossaye.

⚜ ⚜ ⚜

MARCHAND, seigneurs du Gué, de La Fouchardière. Châtellenie de Nevers.

Alliances : de Lespinasse, du Four, Roux.

De gueules, à la croix engrêlée alaisée d'or al. *d'argent.* — Pl. XX.

Archives de la Nièvre. — *Inventaire des titres de Nevers.* — Armorial de Challudet. — Armorial de la généralité de Moulins.

⚜ ⚜ ⚜

DE MARCHANGY.

Châtellenies de Nevers et de Saint-Saulge.

D'azur, à la fasce d'or, accompagnée en chef de deux étoiles d'argent et, en pointe, de trois arbres de sinople. — Pl. XX.

Archives de Nevers. — Saint-Allais. — *Biographie universelle.* — Histoire manuscrite de Saint-Saulge.

A cette famille, d'ancienne bourgeoisie de Saint-Saulge, appartenait Louis-Antoine-François de Marchangy, magistrat et littérateur français, né en 1782, qui fut anobli sous la Restauration.

⚜ ⚜ ⚜

DE LA MARCHE, seigneurs de La Marche, de Prie.

Châtellenies de La Marche et de Nevers.

Armoiries inconnues.

Marolles. — Archives de la Nièvre. — *Gallia christiana*, etc.

⚜ ⚜ ⚜

DE LA MARCHE.

Châtellenie de Nevers.

Alliances : Le Bourgoing, de Maulnoury.

Armoiries inconnues.

Archives de la Nièvre. — *Inventaire des titres de Nevers.*

Cette famille, de la bourgeoisie de Nevers, n'avait aucun rapport avec la vieille famille féodale que nous venons de mentionner. *3 lignes*

⚜ ⚜ ⚜

DE MARCILLY, seigneurs du Gué, du Breuil, de Thaix.

Châtellenies de Châteauneuf-sur-Allier et de Cercy-la-Tour.

Alliances : Barbault, du Lac.

Armoiries inconnues.

Archives de la Nièvre. — *Inventaire des titres de Nevers.*

Peut-être cette famille pouvait-elle se rattacher aux Marcilly de Bourgogne qui portaient : *Bandé d'or et de sable, à la bordure de gueules.*

⚜ ⚜ ⚜

DE MARCY, seigneurs de Marcy, de Saint-Franchy.

Châtellenies de Montreuillon et de Montenoison.

Alliances : Chaluet, de Saint-Franchy, Le Bourgoing.

Armoiries inconnues.

Inventaire des titres de Nevers.

✣ ✣ ✣

DE MARCY. V. ANDRAS.

✣ ✣ ✣

LE MARÉCHAL, seigneurs du Port-d'Apremont, du Chastellier, du Meix, de Sermoise, de Bois, de Pully, de Villatte. Berry et Nivernais.

Châtellenies de Cuffy et de Nevers.

Alliances : de Ganay, Chaumeau, Fouet de Dorne, des Jours, du Cloz, Cherot, des Prés.

D'azur, à deux lions affrontés d'or, soutenant un triangle de même; al. *D'argent, à deux lions affrontés de sable, supportant un delta ou triangle d'azur.* — Pl. XX.

Marolles. — Archives de la Nièvre. — Collection nivernaise de l'auteur. — Armorial de Challudet. — *Recueil des priviléges de la ville de Bourges.* — *Histoire du Berry.*

Nous avons adopté le blason décrit le premier ci-dessus, parce qu'il se trouve ainsi figuré dans l'Armorial nivernais de Challudet, bien que les ouvrages sur le Berry indiquent les émaux du second.

✣ ✣ ✣

DE MARESCHAT, seigneurs de La Bastie.

Châtellenie de Decize.

Alliances : de Pireville, Gallot.

Armoiries inconnues.

Archives de Decize.

✤ ✤ ✤

MARESCHAUX, seigneurs de Tamnay.

Châtellenie de Montreuillon.

Armoiries inconnues.

Inventaire des titres de Nevers.

✤ ✤ ✤

MARIE, seigneurs de Vauclois, de L'Estang.

Châtellenie de Montreuillon.

Alliances : de L'Estang, de Reugny.

Armoiries inconnues.

Archives de la Nièvre. — Marolles. — *Le Morvand.*

✤ ✤ ✤

DE MARIGNY, seigneurs de Marigny.

Châtellenie de Nevers.

Armoiries inconnues.

Inventaire des titres de Nevers.

✤ ✤ ✤

MARION, seigneurs de Coude, du Lieu, des Barres, du Vernay, de La Môle, de Cours-les-Barres, de Boisvert, du Rózay; barons de Givry ; barons puis comtes de Druy. Nivernais, Provence et Paris.

Châtellenies de Nevers, de Cuffy et de Decize.

Alliances : Dijon, de Bouat, de Corbigny, Guillaume, Pinon, de Montescot, de Pluvinel, de Damas, de Saulx-Tavannes, de Montsaulnin, Abriot, Audrey, de Nouail, Guérard, de Lamoignon, du Lac, Closier, de La Fosse, de Lucenay, de Ruel, de Tripier, d'Estutt, de La Saigne-Saint-Georges, Dollet, Brisson, Le Bourgoing, Jacques, Millochin, Aupepin de La Motte de Dreuzy, de Martenne, de Danne, de Marcellus.

D'azur, au croissant d'argent surmonté d'une étoile d'or. — Pl. XX.

Marolles. — Archives de la Nièvre et de Decize. — Registres paroissiaux de Druy. — Dossier au cabinet des titres de la Bibliothèque nationale. — Archives de la famille. — *Dictionnaire de la noblesse.* — Moréri. — Armorial de Challudet. — Chevillard. — Du Buisson. — *Revue nobiliaire*, t. VI. — Roubet, *Épigraphie du canton de La Guerche.*

La terre de Druy, première baronnie de l'évêché de Nevers et l'un des fiefs les plus importants de la province, fut érigée en comté, en octobre 1658, en faveur de Claude Marion, seigneur de Villeneuve et de Massonvilliers. Les Marion portaient originairement les armes décrites ci-dessus, mais ce blason fut souvent modifié par certains membres de la famille; nous possédons, dans notre collection nivernaise, trois petits monuments originaux qui nous donnent les armes des Marion de trois manières différentes. Le plus ancien est un jeton d'argent de Miles Marion, père de Simon Marion, baron de Druy, jurisconsulte distingué, qui fit la fortune de sa famille; voici la description de cette pièce : MILLES. MARION. T. G. (trésorier général) DE. FRANCE., en lettres capitales romaines, grènetis au pourtour, une sorte de fleuron indiquant le commencement de la légende. Dans le champ, une palme et un rameau d'olivier formant une couronne, au milieu de laquelle se trouve un chevron surmonté d'une étoile et accompagné en pointe d'un croissant. ℞ GVTTA. CAVAT. LAPIDEM, grènetis au pourtour, un petit fleuron à la fin de la légende. Dans le champ, une pluie serrée, tombant de nuées sur des rochers; au-dessous, la date 1586. L'histoire du père de Simon Marion est fort peu connue; ce jeton, qui ne peut être attribué qu'à lui, puisqu'il est le seul membre de sa famille qui ait porté le prénom de Miles, nous indique qu'il exerçait en 1586 les fonctions de trésorier de France. Notre autre jeton est de Simon Marion et a dû être fabriqué vers 1600, peu de temps avant la mort de notre illustre avocat; en voici la description, déjà donnée par nous dans le *Bulletin* de la Société nivernaise (t. II, p. 365) : SIMON. MARION. BARON. DE. DRVY., grènetis au pourtour. Dans le champ, un écu ogival *écartelé, aux 1 et 4, d'un croissant surmonté d'une étoile, et aux 2 et 3, d'un arbre terrassé*; cet écu timbré d'un casque de trois quarts, orné de lambrequins et surmonté d'une figure de vieillard tenant de ses bras étendus deux couronnes, l'une d'épines, l'autre de laurier. ℞ NOS. THEMIS. ET. PAX. ALMA. FOVANT. BELLONA. FACESSAT., grènetis au pourtour. Dans le champ, la Justice, Bellone et la Paix debout sur une terrasse de gazon; Bellone tient une épée, la Paix une branche d'olivier, la Justice est sans attribut. Nous ne savons pourquoi Simon Marion écartela ses armes de cet arbre *de sinople sur champ d'or*. Cette écartelure fut conservée par sa branche, éteinte en 1729, et même quelques-uns des descendants de Simon compliquèrent encore leur blason. Le sceau de Charles Marion, abbé de Saint-Seine, mort en 1709, que nous possédons aussi, offre l'écu écartelé de l'arbre placé sur un grand écusson ovale écartelé lui-même des armes des Damas et des Montsaulnin, maisons auxquelles appartenaient la grand'mère et la mère de l'abbé.

Ajoutons que l'écu des Marion, avec l'écartelure, se voit, parti de celui de Damas, sur la litre intérieure de l'église paroissiale de Druy.

La Chesnaye-des-Bois donne une généalogie incomplète de cette famille.

⚜ ⚜ ⚜

MARQUIS, seigneurs de Chevigny.

Châtellenies de Nevers et de Decize.

D'azur, à la tour d'argent, accompagnée de trois molettes de même. — Pl. XX.

Archives de la Nièvre. — *Archives de Nevers.* — Armorial de la généralité de Moulins.

⚜ ⚜ ⚜

DE MARRY *al.* **DE MARY**, seigneurs de Marry, de Villaines, de La Bussière, de Montbaron, de Poissons, de Montécot, de La Bretonnière, des Bordes, de La Chaise, de Monceaux, de Buzon, de Morillon, de Chiddes, de Las, de Vaujoli, de Beaulieu, de Tazilly, de Chevannes, de Saint-Sulpice, de Patigny, d'Argoulais, de Cigogne, de Saincy, de Solière.

Châtellenies de Moulins-Engilbert, de Savigny-Poil-Fol et de Montreuillon.

Alliances : de Courvol, de Poissons, Boutillat, de Saint-Aubin, du Deffend, de La Bussière, de Ferrières, Breschard, de La Perrière, de Tasy, de Lamoignon, de Lodines, de Pierrepont, Berthelon, Paris, Doigeot, d'Autricourt.

Armoiries inconnues.

Marolles. — Archives de la Nièvre. — Collection de M. Lory. — *Noms féodaux.* — *Le Morvand.*

Selon M. l'abbé Baudiau, cette famille, connue depuis le XIIᵉ siècle, dont quelques membres portèrent le nom ou le surnom de Testefort, serait la même que celle de La Bussière mentionnée à la page 180 du tome Iᵉʳ de cet ouvrage; cela est possible. L'*Inventaire des titres de Nevers* attribue à Perrin de Marry, écuyer, seigneur de Villaines en 1575, l'écusson suivant, qui nous paraît singulier et que nous ne donnons que pour mémoire : *Tranché d'azur, à un demi-sautoir d'or, dessoubs d'argent, à trois hermines de sable.*

⚜ ⚜ ⚜

DE MARS *al.* **DE MART**, seigneurs de Mars.

Châtellenie de Châteauneuf-sur-Allier.

D'hermine, à trois chevrons. — Pl. XX.

Marolles. — Archives de la Nièvre. — Collection nivernaise de l'auteur.

Nous donnons les armes de cette famille d'après un sceau de Robert de Mart, écuyer, appendu à une charte de 1299 de notre Collection de documents originaux. Ce sceau offre un écu ogival dont le champ, garni de moucheures d'hermine assez mal formées, est chargé de *trois chevrons, celui du chef écimé*; la légende est en lettres capitales gothiques; elle a été en partie détruite, on ne voit plus que. . BERT : DE : MA...

⚜ ⚜ ⚜

DE MARZY, seigneurs de Marzy.

Châtellenie de Nevers.

Armoiries inconnues.

Archives de la Nièvre. — *Inventaire des titres de Nevers.*

⚜ ⚜ ⚜

MASCRANY ou MASCARANY, marquis de Paroy; comtes de Château-Chinon, etc. Originaires du pays des Grisons, Lyonnais, Paris et Nivernais.

Châtellenie de Montreuillon.

Alliances : de Vassan, de La Roche-Aymon, Picot, Barbin, de Murat, Douet de Vichy, Pianelli de La Valette, Phélippeaux, etc.

De gueules, à trois fasces vivrées d'argent, au chef cousu d'azur, à l'aigle d'argent, adextrée d'une clef et sénestrée d'un casque de même, chargé en abîme d'un écu d'azur, à une fleur de lys d'or. (Concession royale de 1635.) — Pl. XXIX.

Dictionnaire de la noblesse. — *Le Morvand.* — Paillot. — Steyert, *Armorial général du Lyonnais, Forez et Beaujolais,* etc.

La famille Mascrany ne porta pas toujours le blason au chef compliqué décrit ci-dessus; parfois les pièces héraldiques de ce chef et la fleur de lys royale figurèrent parmi les ornements extérieurs de l'écu. Nous connaissons deux *ex Libris,* du milieu du XVIIIᵉ siècle, aux armes de François-Marie de Mascrany, deuxième et dernier comte de Château-Chinon de sa famille, sur lesquels l'écusson ne porte que les *trois fasces vivrées*, mais il a pour supports deux aigles couronnées, tenant une clef dans leur bec et ayant, suspendu au col, un petit écu à une fleur de lys.

La généalogie de la famille Mascrany se trouve dans le *Diction-naire de la noblesse.*

⚜ ⚜ ⚜

DE MASIN, seigneurs de Dampierre, de Bitry ; barons de Bouhy ; comtes d'Arquian. Originaires du Piémont.

Châtellenie de Saint-Verain.

Alliances : Lebret, de Béchon, de Valori, de Corps, de Moreton de Chabrillan, de La Salle-Louvois.

Fascé d'or et de gueules, à la tige de chanvre de sinople brochant sur le tout. — Pl. XX.

Guichenon. — Paillot. — *Revue historique de la noblesse.* — *Annuaire de la noblesse pour 1856.* — *Cahier de la noblesse du Nivernais.*

Ces armes sont celles de la maison de Valparga de Piémont, tige des comtes de Masin établis en France ; quelquefois cependant cette branche, comme cadette, a brisé les armoiries primitives en portant simplement : *D'or, à une tige de chanvre de sinople.*

Dans le Recueil d'armoiries manuscrit de Gilles Le Bouvier, on trouve au nom *Valpergues* (en Dauphiné) ces armes : *Fascé d'or et de gueules de huit pièces, à la tige de chanvre de sinople brochant sur le tout.* Dans Paillot : *Fascé d'or et de gueules de six pièces, à la tige de chanvre d'argent brochant sur le tout* ; l'écu accosté de deux étriers d'or suspendus à leurs étrivières d'argent, avec cette devise : FERME TOY, et, pour cimier, un bouc issant au naturel.

⚜ ⚜ ⚜

MASLIN ou mieux THOMAS-MASLIN, seigneurs de La Motte, de Bourgneuf.

Châtellenie de Nevers.

Alliances : de La Forest, Mayeux, de Villardet, de Saulieu, Prisye.

D'argent, à trois abeilles de sable. — Pl. XX.

Archives de la Nièvre. — *Archives de Nevers.* — Armorial de la généralité de Moulins.

✤ ✤ ✤

MASQUIN, seigneurs de Malefontaine, de Maupertuis.
Châtellenie de Druyes.

Alliance : de Mullot.

Écartelé : au 1 et 4, d'azur, au lion d'or, armé et lampassé de gueules ; et aux 2 et 3, de gueules, à trois croix patriarcales recroisetées et potencées d'or. — Pl. XX.

Inventaire des titres de Nevers.

✤ ✤ ✤

MATHE, seigneurs de Vincelles, de Prunevaux.

Châtellenies de Decize, de Nevers et de Châteauneuf-sur-Allier.

Alliances : Bouchard, Barbeau.

Armoiries inconnues.

Marolles. — Archives de la Nièvre et de Decize.

✤ ✤ ✤

MATHIEU, seigneurs d'Échenault, de Varennes, de La Vallée-de-Millay, de La Montagne, de Marsandey, du Gué, de Champclos, de Thars, de Rodon, de Villars, de Mezeray, du Brouillat, de La Cœuldre. Nivernais et Bourgogne.

Châtellenies de Luzy et de Moulins-Engilbert.

Alliances : de Chargère, de Chandon, Cotignon, de Courvol, de Sève, de Reugny, de La Rouzière.

De gueules, au chevron d'or, accompagné de trois croissants d'argent. — Pl. XX.

Marolles. — Archives de La Montagne. — *La Noblesse aux États de Bourgogne.* — *Le Morvand,* etc.

⚜ ⚜ ⚜

DE MAUBOUX, seigneurs de Mauboux.

Châtellenie de Châteauneuf-sur-Allier.

Armoiries inconnues.

Archives de la Nièvre. — Marolles.

⚜ ⚜ ⚜

MAULNOURY, seigneurs de Lesperon, de Sury, de Neufond, de La Baratte, de Pignolle, d'Apiry, d'Aubigny-le-Chétif, de Romenay, de Dienne, du Mont-de-Dienne, de Vaujoly, de Langy, d'Appacy, du Gué, de La Cour-des-Prés, des Chaises, de Chevannes.

Châtellenies de Nevers, de Cercy-la-Tour et de Decize.

Alliances : de La Marche, Sellier, de Vaulx, des Prés, de Ladehors, Pierre, Brisson.

D'argent, à trois têtes de loup arrachées de sable, lampassées de gueules. — Pl. XX.

Archives de la Nièvre, de Decize et du château de La Chassaigne. — Armorial de Challudet. — Paillot. — Dubuisson. — *Revue nobiliaire,* t. VI.

Les armes de cette famille, surmontées d'une couronne de comte, sont gravées au-dessus d'une inscription relatant diverses fondations faites par *messire Claude Mavlnori, seigneur d'Aubigny et conseiller dv roy en sa covr des aydes*, mort en 1721, dans les ruines de l'église d'Aubigny, près de Decize. Nous les retrouvons aussi sur le jeton dont voici le dessin :

❧ ❧ ❧

DE MAUMIGNY, seigneurs de Maumigny, de Boux, du Loron, de La Boue, de Saint-Michel-en-Longue-Salle, de Rivière, de La Brosse, de Vielmanay, de Champromain, de Chevannes, de La Mothe, de Villecray, de Riéjot, de Morand, de Verneuil, d'Avrilly, de Montaultier, de Selines-sur-Loire, de Patinges, de Fontjudas ; comtes de Maumigny.

Châtellenies de Cercy-la-Tour, de Luzy, de Nevers, de Donzy, de Decize et de Châteauneuf-sur-Allier.

Alliances : de Boux, de Chevenon, Breschard, de La Perrière, de Courvol, du Verne, du Pontot, de Juisard, Le Long, Lamoignon, de Reugny, de Babute, de Bar, de Charry, d'Ymonville, du Pré, des Prés, Berthier, du Four, de Bongars, de Lichy, de La Rochette, de Marcelanges, de La Bussière, de Bonnay, Girard, de Las, Bouzitat, de Barentin-Montchal, de Marsanges, de Loyac de La Bachellerie, de Châteauneuf, des Maisons du Paland, de Bouillé, du Pré de Saint-Maur, de Caissac, de Falaizeau, de Cordon.

D'argent, au chevron de sable, accompagné en pointe d'une étoile de gueules, au chef cousu d'or. — Pl. XX.

Archives de la Nièvre, de Decize et de la famille de Maumigny. — *Inventaire des titres de Nevers*. — Armorial de la généralité de Moulins. — Preuves de page du roi au cabinet des titres. — Lainé.

Les armoiries de cette famille sont peintes au château de Riéjot et gravées sur une épitaphe de 1727 dans le chœur de l'église de Verneuil ; sa généalogie très-complète se trouve dans les *Archives de la noblesse de France*.

⚜ ⚜ ⚜

DE MEAUCE, seigneurs de Meauce.

Châtellenies de Châteauneuf-sur-Allier et de Moulins-Engilbert.

Alliances : de Varigny, de Monturuc.

Armoiries inconnues.

Marolles. — Archives de M. Canat de Chizy.

⚜ ⚜ ⚜

MECHINE, seigneurs de Mingot, de Montanteaume.

Châtellenies de Decize et de Luzy.

Armoiries inconnues.

Archives de la Nièvre.

⚜ ⚜ ⚜

DU MEIX, seigneurs du Meix, de Crot-de-Fol. Bourgogne et Nivernais.

Châtellenie de Monceaux-le-Comte.

Alliances : de Gissey, de Saint-Aubin, Rateau, de Montmoyen, de Busson.

Armoiries inconnues.

Inventaire des titres de Nevers. — Le Morvand.

On trouve dans les actes des XIIIe, XIVe et XVe siècles un certain nombre de gentilshommes de ce nom du Meix, du Meiz ou du Mes (*de Manso*), qu'il n'est pas facile de classer. Nous croyons toutefois pouvoir rattacher ces du Meix à trois familles des châtellenies de Monceaux-le-comte, de Donzy et de Cercy-la-Tour. La première prenait son nom d'un fief situé en Bourgogne, près de Quarré-les-Tombes ; elle s'éteignit vers 1300 dans la famille Rateau, de Quarré, qui en releva le nom.

⚜ ⚜ ⚜

DU MEIX, seigneurs du Meix, de La Motte-de-Pastoureau.

Châtellenies de Donzy et de La Marche.

Alliance : Gavans.

Armoiries inconnues.

Inventaire des titres de Nevers.

Le sceau d'un chevalier de cette famille nommé Geoffroy du Meix, seigneur de La Motte-du-Meix en 1309, décrit par Marolles, portait un crucifix.

⚜ ⚜ ⚜

DU MEIX, seigneurs du Meix *al.* du Metz-Vignault, de Saincy.

Châtellenies de Decize, de Cercy-la-Tour et de Moulins-Engilbert.

Alliances : de Vaulserre, d'Anisy.

Armoiries inconnues.

Archives de Decize. — *Inventaire des titres de Nevers.* — Bulliot, *Histoire de Saint-Martin d'Autun.*

⚜ ⚜ ⚜

DE MELLO, barons de Lorme et de La Roche-Millay, seigneurs de Château-Chinon, de Pouques, de Saint-Parize-le-Châtel, de Sosay, de Saint-Martin, de Vaux, de Chazeuil, de Villiers-le-Bois, de Chevroches, de La Forest-de-Lorme. Originaires de Picardie, Bourgogne et Nivernais.

Châtellenies de Monceaux-le-Comte, de Montreuillon, de Clamecy et de Châteauneuf-sur-Allier.

Alliances : de Lorme, de Montréal, de Châlon, de Lezignem, de Toucy, de Châtillon-en-Bazois, de Savoie, de Brienne, de L'Espinasse, d'Aumont, de Bournan, de Ventadour, de Grancey, de Damas.

D'or, à deux fasces de gueules et neuf merlettes de même en orle. — Pl. XXX.

Marolles. — Archives de la Nièvre. — *Histoire des grands officiers de la couronne.* — *Le Morvand*, etc.

Nous donnons ici les armes pleines de l'illustre maison de Mello, mais les seigneurs des branches nivernaises de cette maison modifièrent souvent leur blason primitif. Le P. Anselme parle du sceau de Dreux III, seigneur de Lorme, dont l'écu était brisé d'un franc-quartier à un lion ; Marolles décrit le sceau de Jean, seigneur de Saint-Parize-le-Châtel en 1361, sur lequel les armes de Mello étaient chargées d'un lambel.

⚜ ⚜ ⚜

MELON, seigneurs du Verdier, de Thaix, de Coueron, de Vendonne, de Martigny, de Cossaye, de La Motte-Grillon.

Châtellenies de Decize et de Cercy-la-Tour. Originaires du Limousin.

Alliances : Girault des Echerolles, Rapine de Saxy.

D'azur, à trois melons d'or, al. *D'argent, à trois melons de sinople, tigés et feuillés de même, les tiges en haut.* — Pl. XXX.

Archives de Decize et de la Nièvre. — Armorial général du Limousin.

✣ ✣ ✣

DE MENOU, seigneurs de Nanvignes, de Menestreau; marquis de Menou. Originaires du Perche, Touraine, Berry, Poitou, Normandie, Bretagne et Nivernais.

Châtellenie de Donzy.

Alliances : Brisson, de Clère, Cornuau de La Grandière de Meurcé, de Damas, de Lambert, Chapelle de Jumilhac, Andrault de Langeron, etc.

De gueules, à la bande d'or. — Pl. XX.

Archives de la Nièvre et du château de Menou. — Gilles Le Bouvier. — *Histoire des grands officiers de la couronne.* — *Dictionnaire de la noblesse.* — Armorial de Challudet, etc.

Les fiefs de Nanvignes et de Menestreau, de la châtellenie de Donzy, furent érigés en marquisat, sous le nom de Menou que la commune a conservé, par Louis XIV en juin 1697, en faveur de François-Charles de Menou de Charnizay.

La généalogie des Menou se trouve dans La Chesnaye-des-Bois.

✣ ✣ ✣

MÉRIGOT, seigneurs de Meauce, d'Eugny. Berry, Paris et Nivernais.

Châtellenies de La Marche, de Châteauneuf-sur-Allier et de Monceaux-le-Comte.

Alliances : Voiland, de Neuchèze.

FAMILLES.

MERIGOT

DU MERLIER

DE MESGRIGNY

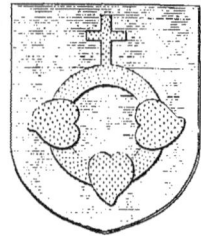

MICAULT

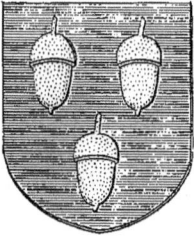

MIGE

MILLET

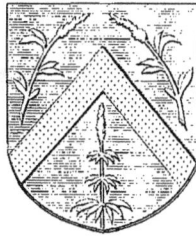

MILLIN

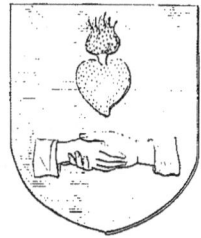

MILLOT

MIRAILLET

MOIGNE

DU MONCEAU

DE MONCORPS

MONNOT

DE MONTJOURNAL

DE MONTMORILLON

DE MONTS

DE MONTSAULNIN

MOQUOT

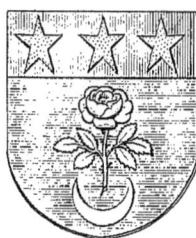

MOREAU

MOREAU

De gueules , au chevron d'or, accompagné de trois trèfles de même.
— Pl. XXI.

La Thaumassière. — Archives de la Nièvre. — Armorial de la généralité de Bourges.

L'Armorial général donne aux Mérigot, sur lesquels nous avons peu de renseignements, un écu *d'azur, au chevron accompagné en chef de deux étoiles et en pointe d'une coquille, le tout d'or.* Nous avons adopté de préférence les armes que portait Jean-Baptiste-François Mérigot, seigneur de Meauce au milieu du XVIIIᵉ siècle.

⚜ ⚜ ⚜

DU MERLIER, seigneurs de Villecray, de Montigny-sur-Canne, de Bussière, de Mirebeau.

Châtellenies de Cercy-la-Tour et de Champvert.

Alliances : de Pernay, Le Tort, de Chaugy.

D'or, à la fasce de sable, accompagnée de trois merlettes de même.
— Pl. XXI.

Archives de la Nièvre. — *Inventaire des titres de Nevers.* — *Répertoire archéologique de la Nièvre.*

Nous connaissons les armes des du Merlier par la description de l'écusson de Jacques du Merlier, écuyer, seigneur de Montigny-sur-Canne, qui figurait sur un aveu et dénombrement de 1575, dont parle l'*Inventaire des titres de Nevers.* Ces armes, parties de celles des Le Tort, sont sculptées, avec la date 1563, à la clef de voûte d'une pièce du château du Marais, près de Nevers ; ce double blason rappelle le souvenir de François du Merlier, marié à Anne Le Tort, dame du Marais.

⚜ ⚜ ⚜

DE MERRY al. DE MÉRY, seigneurs de Narcy, de Poiseux, de Frasnay, de Lamenay, de Cigogne, de Giry, d'Island. Nivernais et Bourgogne.

Châtellenies de Decize, de Nevers, de Cosne, de Montenoison et de Saint-Brisson.

Alliances : du Bouchet, de Lenfernat.

Armoiries inconnues.

Archives de la Nièvre. — *Inventaire des titres de Nevers.* — *Le Morvand.*

✤ ✤ ✤

DE MÉRU, seigneurs de Thil, de Magny, de La Planche.

Châtellenies de Montreuillon et de Nevers. Nivernais et Bourgogne.

Alliances: Gentil, de Chanlon, Berger, Sallonnier, du Ligondez.

D'azur, au chien passant d'argent, surmonté de deux alérions de même rangés en chef. — Pl. XXX.

Archives de la Nièvre. — *Le Morvand.* — Registres paroissiaux de Poil. — Armorial général de Bourgogne. — *Armorial de la ville d'Autun.*

✤ ✤ ✤

DE MESANGARBE, seigneurs du Vernay.

Châtellenie de Nevers.

Alliances: Sardet, Faulconnier.

Armoiries inconnues.

Archives de la Nièvre. — *Inventaire de titres de Nevers.*

✤ ✤ ✤

DE MESGRIGNY, seigneurs de Marcilly, de La Chaume, d'Epiry, de Cervon, de Saint-Péreuse ; comtes d'Aunay. Originaires de Champagne, Paris, Normandie et Nivernais.

Châtellenies de Montenoison et de Montreuillon.

Alliances : Le Prestre de Vauban, de Grandry, Ragnier de Poussey, Le Peletier de Rosambo, de Meun de La Ferté.

D'argent, au lion de sable. — Pl. XXI.

D'Hozier. — *Dictionnaire de la noblesse.* — Vertot. — Recueil de généalogies à la bibliothèque Sainte-Geneviève. — Moréri, etc.

La généalogie de cette famille se trouve dans Moréri et dans La Chesnaye-des-Bois.

⚜ ⚜ ⚜

DE MEUN DE LA FERTÉ *al.* DE LA FERTÉ-MEUN, seigneurs de Boisjardin, de Minières, de Saligny, de Saint-Germain, de Villaines, de Bidon, des Minerottes, du Crot, de Villiers-le-Sec, de Chaumont, de Fouronne, de Sichamps, de La Cave, de Beaumont-sur-Sardolle, de Solière, de Challement, de Chevannes, de Crenay, de Champdiou, de Margot, de Maleurty, de Maux, du Monceau, d'Ettevaux, de Poil, de Corcelles, de Cuzy, de La Thibert ; barons de Poiseux ; barons et comtes de La Roche-Millay ; marquis de La Ferté-Meun. Originaires du Berry, Bourgogne et Nivernais.

Châtellenies de Donzy, de Monceaux-le-Comte et Neuf-fontaines, de Clamecy, d'Entrains, de Druyes, de Decize, de Moulins-Engilbert et de Nevers.

Alliances : de La Rivière, de Troussebois, du Verne, Belin, de Barbançon, de Chastellux, Gentil, du Port, de Ferrière, de Verneuil, Le Carruyer, de Saint-Quentin, de

Galmet, de Richeteau, de Chéry, de Clèves, de La Barre, de Chevigny, de La Bussière, Sallonnier, de Sauvages, de Carroble, Le Grand, de Barry, Le Roy, de Vallery, du Clerroy, de Saulieu, Pitoys, de La Duz, de Commeau, de Jacquinet, Guillier, Marceau, de Mulot, Andras de Marcy, de Clermont-Tonnerre, Molé, etc.

Écartelé : aux 1 et 4, d'hermine, au sautoir de gueules, qui est de La Ferté ; *et aux 2 et 3, contr'écartelé d'argent et de gueules*, qui est de Meun. — Pl. XXX.

Archives de la Nièvre. — *Inventaire des titres de Nevers.* — Dossier et preuves au Cabinet des titres de la Bibliothèque nationale. -- D'Hozier. — *Dictionnaire de la noblesse. — La Noblesse aux États de Bourgogne. — Cahier de la noblesse du Nivernais de 1789.*

En 1480, la famille de La Ferté fut substituée au nom et aux armes des Meun, dont elle dut écarteler le blason. Toutefois cette écartelure ne fut pas prise par la famille, ou du moins par ses branches nivernaises, avant le XVIIe siècle. On trouve dans l'église de Challement, de la première moitié du XVIe siècle, les armes des La Ferté, parties de celles des du Verne, avec le sautoir seul ; c'est aussi sans l'écartelure de Meun que l'*Inventaire* de Marolles décrit le blason en question, d'après des aveux de 1575 et de 1584. Généalogie dans La Chesnaye-des-Bois.

⚜ ⚜ ⚜

MICAULT, seigneurs de Saint-Léger, de La Boue, de Chevannes, des Chaises.

Châtellenies de Decize, de Nevers et de Châteauneuf-sur-Allier.

Alliances : Vincent, Guynet, Gobillot.

D'azur, au cercle, sommé d'une croix haussée, et trois cœurs, brochant sur le cercle, posés deux couchés en fasce et un en pointe, le tout d'or. — Pl. XXI.

Archives de la Nièvre. — Manuscrit de la Chambre des comptes de Nevers. — Armorial de la généralité de Moulins.

Nous reproduisons les armes données par l'Armorial général au nom d'André Micault, seigneur de Saint-Léger, maître des comptes à Nevers; mais on trouve, dans le même recueil, le blason suivant attribué à Pierre Micault, procureur au bailliage et pairie de Nivernais : *D'or, au sautoir de sinople, cantonné de quatre mâcles de même.* Nous croyons cette famille Micault, peut-être encore représentée à Paris, tout à fait étrangère à une autre famille du même nom mentionnée par le *Dictionnaire de la noblesse.*

⚜ ⚜ ⚜

DE MICHAUGUES, seigneurs de Michaugues, de Mazignen, de Dun.

Châtellenies de Montenoison et de Monceaux-le-Comte et Neuffontaines.

Alliances : de Saint-Aubin, de Beaumont, d'Aveure, Quarré, Saulnier.

Armoiries inconnues.

Archives de la Nièvre. — *Inventaire des titres de Nevers.* — *Le Morvand.* — *Noms féodaux.*

⚜ ⚜ ⚜

LA MICHE.

Châtellenie de Nevers.

Alliance : Cotignon.

Armoiries inconnues.

Archives de la Nièvre. — *Inventaire des titres de Nevers.*

Il existe aux archives de la Nièvre un petit sceau de Pierre La Miche, lieutenant du bailli de Saint-Pierre-le-Moûtier au milieu du XVᵉ siècle. Ce sceau, appendu à une charte de 1435, est trop fruste pour que nous puissions donner ici le blason exact de celui qui en faisait usage; l'écu, tenu par un ange, nous semble être parti d'un dauphin et d'une tour ou d'un arbre.

⚜ ⚜ ⚜

MICHEL, seigneurs de Chazeau, de Fonzay, du Marais, de Roetard.

Châtellenie de Decize.

Armoiries inconnues.

Archives de Decize. — Armorial de la généralité de Moulins.

Nous ne pensons pas qu'il faille rattacher à cette famille, possessionnée près de Decize aux XVII° et XVIII° siècles, un bourgeois de Nevers mentionné dans l'Armorial général comme portant le blason suivant : *D'argent, au chevron de gueules, accompagné de trois coquilles de sinople.*

✤ ✤ ✤

MIGE, seigneurs de Coulon, de Pouques, de Lupy, des Chaumes, de Cours-les-Barres.

Châtellenies de Nevers, de Châteauneuf-sur-Allier, de Monceaux-le-Comte et de Cuffy.

Alliances : Tixier, Basin, Garnier, etc.

D'azur, à trois glands versés d'or. — Pl. XXI.

Archives de la Nièvre. — Archives de Nevers. — *Inventaire des titres de Nevers.* — Armorial de Challudet.

✤ ✤ ✤

MIGNOTIE, seigneurs de Tamnay.

Châtellenie de Montreuillon.

Alliance : d'Osnay.

Armoiries inconnues.

Inventaire des titres de Nevers.

✤ ✤ ✤

DE MIGNY, seigneurs de Migny.

Châtellenies de Montenoison et de Donzy.

Armoiries inconnues.

Inventaire des titres de Nevers.

⚜ ⚜ ⚜

MILLEREAU, seigneurs de Vauban. Bourgogne et Nivernais.

Châtellenie de Monceaux-le-Comte.

Alliances : Le Prestre de Vauban, de Bongars, Le Roy, etc.

Armoiries inconnues.

Titres de Bourgogne. — Le Morvand.

⚜ ⚜ ⚜

MILLET, seigneurs de La Chastellette, de Champlin, de La Tuillerie, de Tramboulin.

Châtellenies de Châteauneuf-sur-Allier, de Montenoison et de Decize.

Alliances : Le Bourgoing, Semeton, Sémelier, des Prés, Salomon, Seguin, Bolacre.

D'azur, à trois plantes de millet d'or. — Pl. XXI.

Archives de Decize. — *Inventaire des titres de Nevers.* — Armorial de la généralité de Moulins.

⚜ ⚜ ⚜

MILLIN, seigneurs des Bruères, des Ecots, de Chassenay, de Saux, de Garchy, des Chanais, de Marigny, de Mont, de La Vallée, de Marcoux, de Pitié, de Montgirard, de Sauvigny, de Balleray, de Bellisle.

Châtellenies de Nevers, de Decize et de Châteauneuf-au-val-de-Bargis.

Alliances: des Prés, des Champs, Carpentier, Brisson, Picardelle, Lithier, Challemoux, Quentin, Guyon, Tillot, Cochet, Paillard, Berthelot, Dollet, Bergeron, Moquot, du Plessis, Gascoing, Sallonnier, Petitier, Le Grand, Palierne.

D'azur, au chevron d'or, accompagné en chef de deux plantes de millet d'argent, et en pointe d'une tige de lin de même. — Pl. XXI.

Archives de Nevers. — Collection nivernaise de l'auteur. — Armorial de Challudet. — *Noms féodaux.* — Armorial de la généralité de Moulins.

On trouve quelquefois les armes de cette famille : *D'azur, au chevron d'or, accompagné de trois tiges de millet de même,* ou *De gueules, au chevron d'or, accompagné en chef d'une étoile de même à dextre, d'une rose d'argent boutonnée d'or à senestre, et en pointe d'une plante de millet d'argent.* La branche de Garchy et des Chanais portait *une tige de millet soutenue d'un croissant, et un chef chargé de trois besants,* comme on peut le voir sur une cloche de 1684 de l'église paroissiale de Garchy. Nous avons adopté le blason décrit dans l'Armorial général parce qu'il figure le plus souvent sur les anciens cachets de la famille.

⚜ ⚜ ⚜

MILLOT, seigneurs de La Brosse, de La Flaguette, de Savigny-sur-Canne, de Vroux, de Vernière, de La Motte-Tramboulin, des Houx, de Poussery, de Montaron, de Montjardin, de Chaumigny, de Pouligny, du Bazoy, de Chalonnière, du Cloître.

Châtellenies de Decize et de Cercy-la-Tour.

Alliances: de Nourry, Carpentier, Gascoing, Cotignon, Le Breton, de Reugny.

D'azur, à la foi d'argent, surmontée d'un cœur enflammé d'or. — Pl. XXI.

Archives de Decize et de Poussery. — Armorial de Challudet. — *Généalogie de Courvol.*

Nous donnons ces armes telles qu'on les voit sur les cachets des membres de cette famille du XVIIIe siècle; mais dans l'Armorial de 1638 elles sont figurées : *D'azur, au chevron d'or, accompagné en chef de deux étoiles de même, et en pointe d'un cœur de gueules, tenu par deux mains d'argent, surmonté d'un croissant de même.* On les trouve aussi dans l'Armorial général : *D'azur, à l'épi de millet renversé et couché en fasce d'or, accompagné de trois glands d'argent, tigés et feuillés d'or.*

⚜ ⚜ ⚜

DE MILLY, seigneurs de La Charnaye et d'Arragon.
Châtellenie de Cuffy.

Armoiries inconnues.

Inventaire des titres de Nevers.

⚜ ⚜ ⚜

MINARD, seigneurs du Perroux.
Châtellenies de Ganay et de Decize.
Alliance : des Champs.

Armoiries inconnues.

Archives de Decize.

Peut-être cette famille se rattachait-elle à une autre du même nom qui habitait Avallon et qui portait, suivant l'Armorial général de Bourgogne : *D'hermine, au pont à trois arches de gueules maçonné de sable.*

⚜ ⚜ ⚜

DE MINERS *al.* COIGNARD, seigneurs de Miners, d'Acilly, d'Archellay, de Sauzy, de Montois.

Châtellenie de Montenoison.

Alliance : du Verne.

Armoiries inconnues.

Inventaire des titres de Nevers.

❖ ❖ ❖

DE MINGOT, seigneurs de Mingot, de Rateau, de Maltaverne, de Brain.

Châtellenie de Decize.

Alliances: de La Grenouillère, de Marcigny, de Grandchamp.

Armoiries inconnues.

Archives de Decize et de la Nièvre. — *Inventaire des titres de Nevers.*

❖ ❖ ❖

DE MINIERS, seigneurs de Miniers, de L'Étang-du-Maroir, de Souines, de Champiniers, de La Breuille.

Châtellenies de Donzy, d'Entrains et de Billy.

Armoiries inconnues.

Inventaires des titres de Nevers.

❖ ❖ ❖

MIRAILLET.

Châtellenie de Châteauneuf-sur-Allier.

De... à trois oiseaux. — Pl. XXI.

Inventaire des titres de Nevers.

Charles de Bourgogne, comte de Nevers, avait eu un enfant naturel dont la légitimation, de 1463, nous a été conservée par Marolles ; cet enfant était fils d'Heliette Miraillet, fille de Huguenin Miraillet, lieutenant du bailli de Saint-Pierre-le-Moûtier. Il existe un sceau de Huguenin aux archives départementales de la Nièvre : ce sceau, en cire rouge, sur queue de parchemin, est attaché à une charte de 1436 ; il offre un écu chargé de trois oiseaux, tenu par un ange ; la légende en est entièrement détruite.

⚜ ⚜ ⚜

DE MIREBEAU, seigneurs de Prunevaux, de Matonges, de Reugny.

Châtellenies de Montenoison et de Cercy-la-Tour.

Alliance : de Raix.

Armoiries inconnues.

Inventaires des titres de Nevers.

⚜ ⚜ ⚜

DE MIREUL al. DE MIROL, seigneurs de Faye, de Sauseaul, de Tavençay, de Pommereux, de Monnier, de La Motte-du-Chastel.

Châtellenie de Decize.

Alliance : de Senneterre.

Armoiries inconnues.

Inventaire des titres de Nevers.

⚜ ⚜ ⚜

MOARD, seigneurs de Challement.

Châtellenie de Monceaux-le-Comte.

Armoiries inconnues.

Collection nivernaise de l'auteur. — *Inventaire des titres de Nevers.*

⚜ ⚜ ⚜

MOIGNE, seigneurs de Marcy.

Châtellenie de Monceaux-le-Comte et Neuffontaines.

De..., au chevron, accompagné en chef de deux fleurs de pensée et d'une coquille en pointe. — Pl. XXI.

Inventaire des titres de Nevers.

Nous donnons ces armoiries d'après le sceau de Léonard Moigne, seigneur de Marcy en 1575, décrit par Marolles.

⚜ ⚜ ⚜

DU MONÇEAU *al.* DE MONCEAUX, seigneurs du Monceau, de Prépocher, de L'Étang-de-La-Planche, de Vénissien, du Tartre-de-Vauclois, de La Noue.

Châtellenies de Luzy, de Nevers, de Montreuillon et de Moulins-Engilbert.

Alliances : de Bousson, Dando de Pars, de Lupy, de Sauvages, de La Forest, de Bongars.

De..., à la bordure et une bande brochant sur le tout. — Pl. XXI.

Inventaire des titres de Nevers. — Le Morvand.

Cette famille prenait son nom du fief du Monceau, paroisse de Poil. Beaucoup de lieux du Nivernais portent les noms du Moncceau, de Monceaux et de Mousseaux, que l'on trouve généralement l'un pour l'autre. Il y eut sans doute plusieurs familles du Monceau et de Monceaux ; nous croyons toutefois ne pouvoir en déterminer d'une manière à peu près positive que deux : celle dont nous venons de parler et dont Marolles décrit le blason, sans toutefois en mentionner les émaux, et celle qui suit.

✤ ✤ ✤

DE MONCEAUX, seigneurs de Monceaux.

Châtellenies de Decize et de Nevers.

Alliance : de Cresancy.

Armoiries inconnues.

Archives de la Nièvre. — *Inventaire des titres de Nevers.*

✤ ✤ ✤

DE MONCORPS *al.* DE MONTCORPS, seigneurs de Mars, du Bouchet, de La Motte-Josserand ; comtes de Moncorps. Bourgogne et Nivernais.

Châtellenies de Monceaux-le-Comte et de Donzy.

Alliances : de Langeac, de Gisors, de Montreuil, de Ribatton, Boyeau, de L'Étang, des Paillards, de La Bussière, de Cure, d'Assigny, de Sauvages, de Baron, Le Pain de Bussy, de Courvol, du Verne, Regnault de Savigny.

D'argent, à sept mouchetures d'hermine de sable, posées 3, 3 et 1. — Pl. XXI.

Titres de Bourgogne. — *Généalogie de Courvol.* — Preuves pour l'École militaire. — *Dictionnaire de la noblesse.* — *La Noblesse aux États de Bourgogne.* — *Cahier de la Noblesse du Nivernais.*

La Chesnaye-des-Bois donne la généalogie de cette famille qu'il dit originaire du Bourbonnais, à tort selon nous. Nous pensons que les Moncorps sont originaires de l'Auxerrois, ou ils possédèrent pendant les quatre derniers siècles des seigneuries importantes. (V. Regnault de Savigny de Moncorps.)

✤ ✤ ✤

MONNOT, seigneurs de La Forest-de-Lorme, du Chailloy, des Granges, de Mannay.

Châtellenie de Donzy.

Alliances: de Troussebois, de Chabannes, Hotmann, de La Helle, de La Due.

D'azur, au chevron d'or, accompagné en chef de deux étoiles d'argent et en pointe d'un croissant de même. — Pl. XXI.

Archives du château des Granges.— *Inventaire des titres de Nevers.* — Registres paroissiaux de Donzy et de Garchy.

Les armes de cette famille sont peintes à la clef de voûte de la chapelle du château du Chailloy, au milieu d'ornements du XVIe siècle dans le style italien.

⚜ ⚜ ⚜

DE MONT, seigneurs de Mont-sur-Arron, de Montjou.

Châtellenies de Moulins-Engilbert et de Decize.

Alliance : du Donjon.

Armoiries inconnues.

Marolles. — Archives de la Nièvre. — Collection de M. Canat de Chizy.

⚜ ⚜ ⚜

DU MONT *al.* DE MONT, seigneurs du Mont.

Châtellenie de Luzy.

Armoiries inconnues.

Inventaire des titres de Nevers.

⚜ ⚜ ⚜

DE MONTAIGNES. V. DE SALLAZAR.

⚜ ⚜ ⚜

DE MONTANTHEAUME, seigneurs de Montantheaume, d'Avril, de Huez. (V. DE LANTY.)

Châtellenies de Luzy et de Moulins-Engilbert.

Armoiries inconnues.

Inventaire des titres de Nevers. — Noms féodaux.

✤ ✤ ✤

DE MONTAPAS, seigneurs de Montapas.

Châtellenie de Montenoison.

Armoiries inconnues.

Collection nivernaise de l'auteur. — Bulliot, *Histoire de Saint-Martin d'Autun.*

✤ ✤ ✤

DE MONTARMIN, seigneurs de Montarmin, de Chassaigne.

Châtellenie de Luzy.

Alliances : de La Chapelle, de Bongars.

Armoiries inconnues.

Inventaire des titres de Nevers. — Le Morvand.

✤ ✤ ✤

DE MONTCHEMIN, seigneurs de Montchemin. Bourbonnais et Nivernais.

Châtellenie de Châteauneuf-sur-Allier.

Alliance : de Chambon.

Armoiries inconnues.

Inventaire des titres de Nevers. — Noms féodaux.

✤ ✤ ✤

DE MONTCOQUIER. V. DE BEAUJEU.

✤ ✤ ✤

DE MONTENOISON, seigneurs de Montenoison.

Châtellenie de Montenoison.

Armoiries inconnues.

Inventaire des titres de Nevers.

✤ ✤ ✤

DE MONTESCHES, seigneurs de Lamenay. Nivernais et Bourbonnais.

Châtellenie de Decize.

Alliance : de Chaugy.

Armoiries inconnues.

Inventaire des titres de Nevers. — Archives du château de La Montagne. — Collection de titres originaux de l'auteur. — *Ancien Bourbonnais.*

Cette famille est peut-être la même que celle de Lamenay.

✤ ✤ ✤

DE MONTGAZON *al.* DE MAULGAZON, seigneurs de Montgazon.

Châtellenie de Montenoison.

Alliances : Tureaul, de Sancy, Coilhette, Godin de Saint-Franchy.

Armoiries inconnues.

Archives de la Nièvre et de Decize. — *Inventaire des titres de Nevers.*

✤ ✤ ✤

DE MONTJARDIN, seigneurs de Montjardin, de Préluys, de Vauchisson.

Châtellenie de Cercy-la-Tour.

Alliance : de Lancray.

Armoiries inconnues.

Archives de la Nièvre et de Decize. — *Inventaire des titres de Nevers.*

⚜ ⚜ ⚜

DE MONTJOU, seigneurs de Montjou.

Châtellenie de Moulins-Engilbert.

Alliance : de Mont.

Armoiries inconnues.

Inventaire des titres de Nevers. — *Le Morvand.*

⚜ ⚜ ⚜

DE MONTJOURNAL, seigneurs de Montjournal, de Drapcy, de Lucenay-les-Aix, des Haies, de Lurcy, de La Brosse. Nivernais et Bourbonnais.

Châtellenies de Decize et de Cuffy.

Alliances : Bréchard, des Granges, de Colons, Mareschal.

Écartelé : aux 1 et 4 de sable, à trois fleurs de lys d'argent ; et aux 2 et 3 d'argent, au lion de sable, armé et lampassé de gueules. — Pl. XXI.

Marolles. — Archives de Decize. — *Noms féodaux.* — Guill. Revel. — *Le Roy d'armes.* — Segoing. — Vertot. — *Armorial du Bourbonnais.*

Selon M. de Courcelles, qui mentionne cette famille à l'article de la maison de Vichy dans son *Histoire généalogique des pairs de France,*

son nom primitif aurait été Aubert; cette opinion nous paraît dénuée de tout fondement.

Les armes des Montjournal sont sculptées, accolées à celles des Beaucaire, dans la chapelle seigneuriale de l'église de Saint-Martinien, en Bourbonnais ; le lion s'y trouve couronné.

⚜ ⚜ ⚜

DE MONTMORILLON, seigneurs de Vésigneux, de Breugny, de Chalaux, du Meix-Richard, de Dun, de La Chaux, de Gouloux, de Villette, de Bazoches, du Mont-de-Marigny, du Bouchet, de Mazignien, d'Athée, d'Urbigny, de Ville-Urbain, de Saint-Martin-du-Puy ; comtes et marquis de Montmorillon. Originaires du Bourbonnais, Bourgogne et Nivernais.

Châtellenies de Monceaux-le-Comte et de Metz-le-Comte.

Alliances : de Vésigneux, de Chastellux, de L'Hôpital-Saint-Mesme, de Bourbon-Busset, de La Perrière, etc.

D'or, à l'aigle de gueules. — Pl. XXI.

Marolles. — *Noms féodaux.* — Guill. Revel. — Archives de l'Allier. — *Nobiliaire d'Auvergne.* — *Dictionnaire de la noblesse.* — *Armorial du Bourbonnais.* — *La Noblesse aux États de Bourgogne.*

Les ouvrages généalogiques donnent pour berceau à cette famille la ville de Montmorillon en Poitou ; nous ne savons sur quelles preuves on peut appuyer cette origine. Ce qui est positif, c'est que les Montmorillon possédaient, aux XIIIe, XIVe et XVe siècles, des fiefs considérables dans les montagnes du Bourbonnais, entre autres le château de Montmorillon, dont les ruines, en partie du XIIIe siècle, en partie du XVe, sont fort imposantes, et la baronnie de Châtel-Montagne. Quelques membres de la famille qui nous occupe portèrent exclusivement le nom de Châtel-Montagne. Un sceau de Guy, sire de Châtel-Montagne, appendu à une charte de 1374 conservée aux archives de l'Allier, porte un écu à une aigle. Dans l'Armorial de Guillaume Revel, on trouve Loys de Montmorillon, dont l'écu est *d'or, à l'aigle de gueules,* avec ce cri de guerre : *Chasteau de Montaigne !*

Saladin de Montmorillon, seigneur de Bazoches et de Vésigneux, baron de Saint-Martin-du-Puy, etc., et Jacqueline de Vésigneux, sa femme, sont représentés de chaque côté d'un crucifix sur un tableau dans la chapelle du château de Vignes (commune de Neuffontaines) ; Saladin, en costume militaire du XVIe siècle, porte une cotte d'armes semée d'aigles ; il est assisté de saint Jean-Baptiste ; sa femme est accompagnée de saint Jacques-le-Majeur.

L'écu de Louise de Montmorillon, héritière de la branche nivernaise de sa famille, femme du comte de Bourbon-Busset, est ainsi peint sur un aveu de 1600, mentionné par Marolles : *Écartelé: aux 1 et 4 d'azur, à la croix engrêlée d'argent; et aux 2 et 3 d'or, à l'aigle de gueules, becquée et membrée de sable.* Il est probable que cette écartelure était propre à la branche nivernaise ; peut-être était-elle au blason de la famille de Vésigneux éteinte au XVIe siècle dans les Montmorillon en la personne de Jacqueline, femme de Saladin. Un fragment généalogique sur cette famille se trouve dans le *Dictionnaire de la noblesse.*

⚜ ⚜ ⚜

DE MONTREUILLON, seigneurs de Montreuillon.

Châtellenie de Montreuillon.

Armoiries inconnues.

Inventaire des titres de Nevers. — Le Morvand.

⚜ ⚜ ⚜

DE MONTS, seigneurs de Monts, de Lys.

Châtellenies de Metz-le-Comte et de Monceaux-le-Comte.

Alliances : de Montjou, d'Angeliers.

De..., semé de billettes, au lion brochant sur le tout. — Pl. XXI.

Inventaire des titres de Nevers. — Répertoire archéologique de la Nièvre, article de Lys.

La famille de Monts, fort puissante dès le commencement de la féodalité, prenait son nom d'un fief situé dans la paroisse de Ruages. Elle descendait probablement de Bodo de Monts qui, selon les historiens du Nivernais, fit don, à la fin du Xe siècle, de terres situées près de son fief à son parent Landri, de qui sont descendus les premiers comtes de Nevers. Il est à remarquer que le blason des de Monts est le même que celui de ces comtes, qui portaient : *D'azur, semé de billettes d'or, au lion de même brochant sur le tout*. Nous pensons que ces seigneurs de Monts étaient une branche de la première race de nos comtes, dont l'histoire est si peu connue.

Les armes de cette famille sont reproduites sur la curieuse dalle funéraire qui recouvrait, dans l'église paroissiale de Lys, la tombe de Jean de Monts, seigneurs de Lys, mort en 1328, et de sa femme Marguerite d'Angeliers, et qui est conservée sous le porche de cette église. La tombe est en dos d'âne et porte, gravées au trait, les représentations des deux époux placées sous des arcades trilobées garnies de crochets. De chaque côté de la dalle, un ange balance un encensoir; un autre ange, sortant d'une nuée, entre les deux frontons, tient une couronne de chacune de ses mains étendues vers les personnages.

Le chevalier porte le harnois de guerre du XIVe siècle, et la femme est vêtue de la cotte et du surcot; leurs mains sont jointes et leurs pieds reposent sur des chiens.

Quatre écussons ogivaux sont gravés à la hauteur des épaules des personnages: deux, aux armes du mari, portent un *semé de billettes et un lion brochant sur le tout*; un autre, *à trois tierce-feuilles*, reproduit sans doute le blason des Thianges, avec lesquels Jean de Monts avait des rapports de parenté; le quatrième, *à une bande, accompagnée en chef d'une molette*, est celui de la famille d'Angeliers.

L'inscription, dont une partie est brisée, est double : l'épitaphe du mari commence à la tête de la dalle, continue sur le côté inférieur de la moulure carrée à gauche, puis aux pieds, pour venir se terminer sur une autre face de cette même moulure. Celle de la femme se voit sur les deux côtés de la moulure, du côté droit.

Voici ce que l'on peut lire de ces épitaphes, qui sont en lettres capitales gothiques : CI. GIT. MES. SIRES. IEHANS. DE. MONZ. SIRE. DE. LIE. Q. TRESPASSA. LAN. DE. GRACE. M. CCC. XXVIII. LEV. IEVDI. AMPRES. LA. SAINT. MARTIN. DATE. DEX..... CI. GIT. NOBLE. DAME. DAME. MARGVERITE. DANGELIERS: DAME..... SIRE : IEHAN : DE : MONZ : CHLR : SIRE : DE : LIE : LAQVELLE: TRESPASSA : LAN.....

❧ ❧ ❧

DE MONTSAULNIN, seigneurs de Montsaulnin, de Bouteloing, de Coulon, des Aubus, de La Terre-au-Maire, des Grandes-Fourches, du Montal, des Trapis, des Gaumonts, des Avoinières, d'Outre-Cure, de Gouloux, de Saint-Brisson, des Blanlasses, de Fontaine-Blanche, de Dun, de Bonnard, des Anglois, de Magny, de Thil, de Montigny-en-Morvand, de Chaumard, de Gien-sur-Cure, de Thôtes ; comtes et marquis de Montal ou mieux du Montal. Bourgogne, Nivernais et Berry.

Châtellenies de Metz-le-Comte, de Monceaux-le-Comte et de Montenoison.

Alliances : de Basso, de Buffévent, Le Tort, de Chassy, de Fontenay, de Charry, Berthelon, d'Angeliers, de Courvol, de Rabutin, de Solages, Renaud d'Avesne des Méloizes, Heurtault, des Blins, Baillet, Marion de Druy, de La Venne, de Saulx, Colbert de Villacerf, de Brun, du Bois de La Rochette, de La Rivière.

De gueules, à trois léopards d'or, couronnés de même, l'un sur l'autre. — Pl. XXI.

Inventaire des titres de Nevers. — La Thaumassière. — Dictionnaire de la noblesse. — Le Morvand. — Calendrier de la noblesse de 1762.

Des généalogies abrégées de cette famille se trouvent dans l'*Histoire du Berry* et dans La Chesnaye-des-Bois.

⚜ ⚜ ⚜

DE MONTURUC *al.* DE MONTRUC ou DE MONTERU, seigneurs de Bouy, de Druy, de Meauce. Originaires du Limousin.

Châtellenie de Châteauneuf-sur-Allier.

Alliances : de Meauce, de Roffignac, de Bonnay.

De gueules, au chevron d'argent, accompagné en chef de deux étoiles d'or, et en pointe d'une montagne de même, mouvant de la pointe. — Pl. XXXI.

Archives de la Nièvre. — *Inventaire des titres de Nevers.* — Archives du château de Bully (Rhône). — *Gallia christiana.* — *Revue nobiliaire.*

Les seigneurs de Meauce du nom de Monterut ou Monturuc étaient de la même famille que Hugues, évêque d'Agde de 1371 à 1408, nommé dans le *Gallia christiana : Hugo, filius Stephani, fratris Petri de Monteruco presbyteris cardinalis... nepotis ex sorore Innocentii VI summi pontificis*, qui portait, selon l'*Armorial des évêques du diocèse de Montpellier (Revue nobiliaire) : Parti de gueules, au chevron d'argent accompagné en chef de deux étoiles d'or, et d'une montagne de même, mouvant de la pointe ; et de gueules, au rameau d'or en pal.* Cet évêque d'Agde était probablement le beau-frère de Marguerite de Meauce, dernier rejeton de sa famille, dont elle porta les biens aux Monturuc, par son mariage avec Étienne de Monturuc *(nobilis vir Stephanus de Monturico miles)*, et l'oncle de Galienne de Monturuc mariée, en 1403, à Philippe de Bonnay, chevalier. Une généalogie de la famille de Bonnay, conservée dans les archives du château de Bully, donne les armes de Monturuc telles que nous les avons décrites ci-dessus, et dit que Galienne était nièce du pape Innocent VI.

❧ ❧ ❧

MOQUOT, seigneurs d'Agnon, de Roussy, de La Moussière, de Chazelles, de Mâchy.

Châtellenies de Decize, de Nevers et de Châteauneuf-sur-Allier.

Alliances : Raynaud, Pommereuil, Quartier, Le Breton, Brisson, Gascoing, de Bard, de Cotignon, Palierne, Millin, du Pleix, Gueneau, Carpentier, des Colons, Prisye, Vyau.

De gueules, au chevron d'argent al. d'or, accompagné de trois roses de même. — Pl. XXI.

Archives de Decize et de la Nièvre. — *Inventaire des titres de Nevers.* — *Armorial de Challudet.* — Armorial de la généralité de Moulins.

Au-dessous d'un beau portrait de Jacques Moquot, avocat au Parlement, gravé vers 1710 par Simon Thomassin, figure un écu *de gueules, au chevron d'or, accompagné de trois roses d'argent,* timbré d'un casque avec lambrequins. L'écu des Moquot reproduit dans l'Armorial de 1638 est de même. Quelquefois aussi les roses sont d'or.

⚜ ⚜ ⚜

MOREAU, seigneurs de Frasnay.

Châtellenie de Montreuillon.

Alliances : Buyat, de Druy.

Armoiries inconnues.

Archives de la Nièvre. — *Inventaire des titres de Nevers.*

Nous pensons que cette famille, qui faisait partie de la noblesse militaire du Nivernais au XVᵉ siècle, n'a aucun rapport avec les familles suivantes du même nom.

⚜ ⚜ ⚜

MOREAU, seigneurs de Trigny.

Châtellenies de Nevers et de Montenoison.

Alliance : Dien.

D'azur, à la rose tigée et feuillée d'argent, soutenue d'un croissant de même, au chef cousu de gueules, chargé de trois étoiles d'or. — Pl. XXI.

Inventaire des titres de Nevers.

Cette famille Moreau, d'ancienne bourgeoisie de Nevers, possédait, aux XVIᵉ et XVIIᵉ siècles, des biens à Champlin; nous avons remarqué, dans une chapelle de l'église de cette paroisse, deux écussons du XVIᵉ siècle à une *fleur soutenue d'un croissant* qui offrent peut-être ses armes primitives.

Nous possédons un portrait gravé d'un Philibert M... (Moreau) *sieur de La Tovche, natif de Nevers,* qui doit être rattaché à cette famille. Le sieur de La Touche était, en 1670, *maître en fait d'armes* des pages de la reine; il est représenté en cuirasse, entre deux écussons timbrés d'un casque, l'un à un *chevron accompagné de trois têtes de maure de sable, tortillées d'argent*, qui doit porter son blason parlant; l'autre chargé de deux fleurets, emblême de sa profession. L'Armorial de la généralité de Moulins donne ainsi le blason de Nicolas Moreau, bourgeois de Nevers : *De gueules, au pal d'argent, chargé d'une tête de maure de sable.*

☙ ☙ ☙

MOREAU, seigneurs de Lavault, des Rivaux.

Châtellenie de Montreuillon.

Alliance : de Champs.

D'azur, au franc quartier d'argent, chargé d'une tête de maure de sable. — Pl. XXI.

Le Morvand. — Armorial de la généralité de Moulins.

Peut-être cette famille, dont nous donnons les armes d'après l'Armorial général, doit-elle être rattachée à la famille Moreau, d'Autun, qui portait : *D'argent, à trois flammes de gueules*, ou *D'azur, à trois flammes de...* (*Armorial de la ville d'Autun* par Harold de Fontenay.)

☙ ☙ ☙

MOREAU, seigneurs de Montalin, de Meauce, de Bouhy, de Travant, de Passansay, de Trémigny, de Montmigny. Originaires de Paris.

Châtellenies de La Marche, de Nevers, de Châteauneuf-sur-Allier et de Decize.

Alliance : Tiersonnier.

De sable, au chevron d'argent, chargé d'une étoile de gueules et accompagné en pointe d'une rose du second émail. — Pl. XXII.

Archives de la Nièvre.

Nous donnons ce blason d'après des cachets de cette famille.

☙ ☙ ☙

MOREAUL, seigneurs de Magny.

Châtellenie de Cercy-la-Tour.

Armoiries inconnues.

Inventaire des titres de Nevers.

✤ ✤ ✤

MORINAT, seigneurs de Pitié *al.* La Grange-Morinat.

Châtellenie de Decize.

Alliances : Greslé, Coquille.

Armoiries inconnues.

Œuvres de Guy Coquille. — Archives de Decize et de la famille Coquille.

✤ ✤ ✤

DE MORNAY, seigneurs de Villaines, de Boisjardin, de Beauvoir, des Fontaines, des Bourdes, de Flavry. Auxerrois et Nivernais.

Châtellenies de Clamecy, d'Entrains et de Druyes.

Alliances : de Champlemy, d'Argenton, de Lamoignon

Armoiries inconnues.

Inventaire des titres de Nevers.

✤ ✤ ✤

✝ DE MOROGUES, seigneurs de Landes, de Sauvages, de Thorery, de La Forest, de La Celle, de Fonfaye, de Dreigny, de Guichy, d'Ouvrault. Originaires du Berry, Nivernais et Orléanais.

Châtellenies de Montenoison, de Nevers et de Château-neuf-au-Val-de-Bargis.

Alliances : Pomereu, Perreau, Bochetel, de Mouchy, L'Hoste, Le Vallois, de Roffignac, de Neuchèses, de Caramanne, de Ventérolle, de Jaucourt, du Faur.

D'azur, au chevron d'or, accompagné en pointe d'une étoile d'argent, et un chef cousu de gueules, chargé de trois étoiles d'or. — Pl. XXII.

Marolles. — Archives de la Nièvre. — *Inventaire des titres de Nevers.* — *Dictionnaire de la noblesse.* — *Mémoires de Castelnau.*

Dans les *Mémoires de Castelnau,* où se trouve une généalogie incomplète de cette famille, l'étoile de la pointe de l'écu est indiquée comme étant d'or. La généalogie des Morogues donnée par La Chesnaye-des-Bois est beaucoup plus complète que celle de l'ouvrage précédent.

⚜ ⚜ ⚜

DE LA MOTTE, seigneurs de La Motte-de-Cougny, du Sallé.

Châtellenies de Nevers et de Châteauneuf-sur-Allier.

Alliance : de Talaye.

Armoiries inconnues.

Inventaires des titres de Nevers.

⚜ ⚜ ⚜

DE LA MOTTE, seigneurs de La Motte-Saint-Jean, de Lomoy, de Ragny, de Varonnette, des Renards.

Châtellenie de Decize.

Alliances : de Rille, Railly, Le Bourgoing.

Armoiries inconnues.

Inventaires des titres de Nevers. — Archives de Decize.

⚜ ⚜ ⚜

DE MOUDUIN al. DE MONDUIN, seigneurs de Mouduin, de Lantroy, de Chanteol, du Bruit, de Chaillo.

Châtellenies de Decize et de Montreuillon.

Alliance : de Murat.

Armoiries inconnues.

Archives de Decize. — *Inventaire des titres de Nevers.*

✣ ✣ ✣

DE MOULINS, seigneurs de Jonchery, de Chaignot.

Châtellenie de Liernais et Saint-Brisson.

Alliance : de Jonchery.

Armoiries inconnues.

Inventaire des titres de Nevers.

✣ ✣ ✣

DE MOULINS.

Châtellenie de Moulins-Engilbert.

De gueules, à la croix ancrée d'or. — Pl. VII.

Archives de M. Canat de Chizy et de M. Pougault de Mourceau. — *Histoire des grands officiers de la couronne.* — *Généalogie de Courvol.*

Cette famille, connue par deux évêques d'Évreux du XIV⁰ siècle, dont l'un, fondateur du chapitre de Moulins-Engilbert, fut évêque et comte-pair de Noyon en 1388, prit sans doute son nom de la ville de Moulins-Engilbert dont elle était originaire.

La ville et la famille qui nous occupe portèrent les mêmes armes, armes parlantes du reste, puisque les croix ancrées semblent à quelques héraldistes avoir été formées de fers de meules de moulin. Le blason de l'évêque Philippe de Moulins nous est donné par le P. Anselme tel que nous l'avons décrit, d'après les sceaux de ce prélat et d'après plusieurs monuments contemporains qui étaient conservés à Noyon. On trouve une croix ancrée, qui peut être aussi bien le blason de la ville que celui de l'évêque Philippe, aux clefs de voûte de la crypte de l'église de Moulins-Engilbert datant du XV⁰ siècle; le tympan de l'une des portes occidentales de cette église est décoré d'un écusson sculpté au XVI⁰ siècle, lors de la reconstruction partielle du monument, qui est écartelé d'un *semé de fleurs de lys à deux crosses brochant sur le tout*, qui est de l'évêché de Noyon, et *de la croix ancrée*

☙ ☙ ☙

LE MUET, seigneurs de Maupertuis, de Turigny, de Corbelin, de Molin. Originaires du Nivernais, en Auxerrois.

Alliances : Le Clerc, d'Estutt, de Lenfernat, Camuzat.

Châtellenies de Donzy, de Cosne et de Clamecy.

D'azur, au cygne d'argent, ayant au col une écharpe nouée de même, au chef d'or chargé de trois roses de gueules. — Pl. XXII.

Inventaire des titres de Nevers. — Armorial général de Bourgogne. — Archives de l'Yonne et de la Nièvre. — *Armorial historique de l'Yonne.*

Nous avons vu, aux archives de la Nièvre, un petit sceau plaqué de Claude Le Muet, écuyer, conseiller du roi, prévôt des maréchaux à Vézelay en 1645, dont l'écu, timbré d'un casque avec lambrequins, porte un cygne et un chef chargé de trois trèfles ou tiercefeuilles. Nous décrivons les armes de cette famille d'après l'Armorial général.

☙ ☙ ☙

DE MULLOT DE VILLENAUT, seigneurs de Mullot *al.* Mulot, du Colombier, du Parc-Nardin, de La Motte, de Monfroy, de Sougnère, de Maupertuis, d'Aubigny, de Saint-Étienne-lez-Billy, du Fay, de Villenaut, de La Gaillarderie, de Champignolles, de Reugny, du Tremblay, de La Motte-Froussard, de Billy, de Montillot, du Charmoy. Nivernais et Auxerrois.

Châtellenies de Clamecy, de Druyes et d'Étais.

FAMILLES

MOREAU

DE MOROGUES

LE MUET

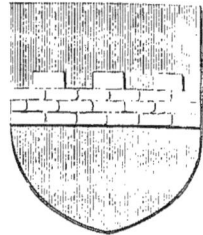
MURE

DE MUSSY

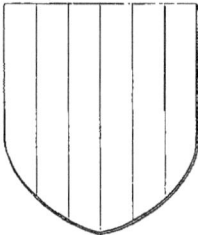
DE NEUVY

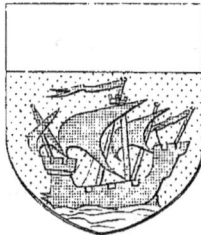
NAULT

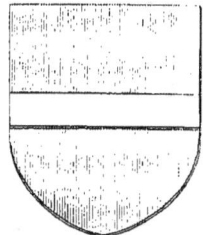
DE NOURRY

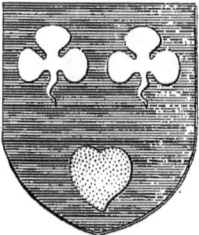
PELLÉ

PELLETIER DE CHAMBURE

DE PERGUES

P.ETITIER

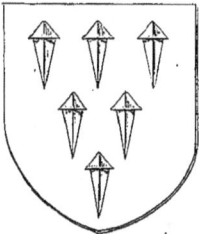
DE PIERREPERTUIS

PILLOUX

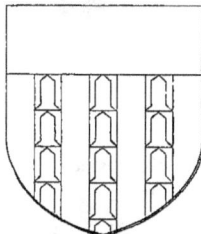
PIOCHE

PION

DE LA PLATIERE
L'IMBERT

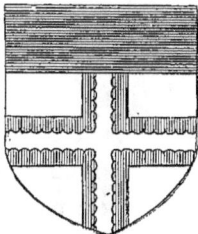
DU PLESSIS

DU PLESSIS

DE LA PORTE

SEDN SCULP.

Alliances : du Deffand , d'Espeuilles , de Lauvaulx , Pelletier, Vaget, de Corguilleray, Lamoignon, de Montigny, Berthier, de Sarmant, de Châlons, Vignon, Margues, de Ravin, Hodeneau de Brévignon , de Savelli, Drouard , Fontier, de Courvol, de La Borde, de Juisard, de Meun de La Ferté, Masquin, de Charry, de Chabannes, Chambrun d'Uxeloup de Rosemont, d'Ennery de La Chesnaye, de Comeau, Maublanc de La Vesvre, de Saint-Innocent.

D'azur, à la bande d'argent, chargée de trois coquilles de gueules et accostée de deux étoiles du second émail, l'une en chef et l'autre en pointe. — Pl. XXIII.

Archives de la Nièvre. — Dossier au cabinet des titres. — Marolles. — Archives de la famille. — D'Hozier. — Armorial général. — *Généalogie de Courvol.*

L'*Inventaire des titres de Nevers* décrit ainsi le blason de Charles de Mulot, écuyer, seigneur de La Motte, etc. , tel qu'il était peint sur un aveu et dénombrement de 1575 : *De sable, à la bande d'argent, chargée de trois coquilles de gueules, accompagnée de deux étoiles d'or.*

⚜ ⚜ ⚜

MURE.

Châtellenie de Châteauneuf-sur-Allier.

De gueules, à la fasce d'argent, maçonnée de sable, crénelée de trois pièces. — Pl. XXII.

Archives de la Nièvre et de Saint-Pierre-le-Moûtier. — Armorial de la généralité de Moulins.

L'Armorial général donne ce blason tel que nous le décrivons nous-même; mais ce sont des armes parlantes qui devraient être: *De gueules, au mur d'argent, maçonné de sable, crénelé de trois pièces.*

⚜ ⚜ ⚜

DE MUSSY, seigneurs de Mussy, du Meuge.

Châtellenies de Decize et de Montreuillon.

Alliances : des Fossés, du Vandel.

D'azur, à l'étoile d'or en pointe, surmontée de deux croissants d'argent rangés en chef. — Pl. XXII.

Archives de Decize. — *Inventaire des titres de Nevers.*

⚜ ⚜ ⚜

MUZAULT *al.* MUZEAU.

Châtellenie de Châteauneuf-sur-Allier.

Armoiries inconnues.

Inventaire des titres de Nevers.

⚜⚜⚜⚜⚜

DE NANVIGNES, seigneurs de Nanvignes, des Paillards.

Châtellenie de Montenoison.

Armoiries inconnues.

Inventaire des titres de Nevers. — Gallia christiana, t. XII. — Archives de la Nièvre.

⚜ ⚜ ⚜

DE NARCY, seigneurs de Narcy.

Châtellenie de Nevers.

Armoiries inconnues.

Archives de la Nièvre.

⚜ ⚜ ⚜

NAULT, seigneurs de Trésillon.

Châtellenies de Luzy et de Montreuillon.

D'or, au navire de sable, au chef cousu d'argent. — Pl. XXII.

Registres paroissiaux de Luzy. — *Statistique monumentale de la Nièvre.* — Armorial de la généralité de Moulins. — *Cahier de la noblesse du Nivernais.* — *Le Morvand.*

Nous adoptons les armes attribuées par l'Armorial général à Nicolas Nault, maire de Luzy. Le même recueil décrit ainsi le blason de Denis Nault, avocat à Château-Chinon, conseiller ordinaire du prince de Condé: *D'azur, au lion d'or.* C'est ce dernier blason que portait Claude Nault de Champagny, maréchal des camps et armées du roi avant la révolution de 1789, qui siégea à l'assemblée de la noblesse du bailliage de Saint-Pierre-le-Moûtier.

⚜ ⚜ ⚜

NÉE, seigneurs de Durville, de La Rochelle, de Vaux, de Vaupepin.

Châtellenies de Clamecy et de Monceaux-le-Comte.

D'argent, au cerf élancé de..., accompagné en chef d'un croissant et en pointe d'une étoile. — Pl. XXXI.

Archives de la Nièvre. — *Inventaire des titres de Nevers.* — Armorial de la généralité de Moulins. — *Mémoires pour servir à l'histoire du Nivernais et Donziois.*

Nous croyons tout à fait de fantaisie les blasons que l'Armorial général attribue à trois membres de cette famille, à laquelle nous devons deux historiens du Nivernais; l'un de ces blasons est: *D'azur, à trois nés d'argent;* un autre, inscrit au nom de Louis Née, avocat à Tannay: *De sinople, à trois chevrons d'argent,* se trouve à la suite de beaucoup d'écussons portant les mêmes pièces héraldiques avec des émaux différents; enfin le troisième, attribué à Née de Vaupepin, bourgeois de Cuncy-sur-Yonne, est: *D'or, à quatre bandes de sinople.* Nous donnons les armes véritables, nous le croyons du moins, de la famille Née d'après des cachets du XVIIIᵉ siècle sur lesquels les émaux des meubles héraldiques ne sont point indiqués.

⚜ ⚜ ⚜

DE NEUFMOULIN, seigneurs de Montigny.

Châtellenie de Montenoison.

Alliance : d'Aubrion.

Armoiries inconnues.

Archives de la Nièvre. — *Inventaire des titres de Nevers.*

⚜ ⚜ ⚜

DE NEUVY, seigneurs de Neuvy-sur-Loire, de Mige, de Saint-Germain-des-Bois.

Châtellenies de Saint-Verain, de Montreuillon et de Clamecy.

Palé de six pièces. — Pl. XXII.

Archives de la Nièvre. — *Gallia christiana,* t. XII. — *Inventaires des titres de Nevers.*

L'*Inventaire* de Marolles nous fait connaître les armoiries de cette famille par la description du sceau de Jean de Neuvy, chevalier, seigneur de Neuvy en 1302.

⚜ ⚜ ⚜

DE NEVERS.

Châtellenies de Donzy, de Druyes et de Decize.

Armoiries inconnues.

Inventaire des titres de Nevers.

L'*Inventaire* de Marolles mentionne des chartes du XIII⁰ siècle et du commencement du XIV⁰ dans lesquelles il est fait mention de personnages du nom de Nevers, qualifiés chevaliers et damoiseaux. Nous ne savons quelle peut être cette famille, certainement étrangère aux maisons qui ont régné sur notre province.

Il y eut aussi, aux XIV⁰ et XV⁰ siècles, à Nevers, une famille bourgeoise nommée de Nevers.

Nous ne mentionnons point ici certains bâtards de nos Comtes du XVᵉ siècle, qui ont porté le nom de Nevers. Nous ne leur connaissons pas d'armoiries particulières, et aucun d'eux n'a eu de postérité (Voir, au sujet de ces bâtards, l'*Inventaire* de Marolles.)

✤ ✤ ✤

DE NOISON, seigneurs de Noison.

Châtellenie de Montenoison.

Alliance : d'Oulon.

Armoiries inconnues.

Inventaire des titres de Nevers.

✤ ✤ ✤

DE NOURRY *al.* DE NORRY, seigneurs de Nourry, de Givry, de Pouligny-le-Boux, de Brèves, de Tamnay, de Vandenesse, de Jailly, d'Asnan, de Valery, de Montigny, de Moraches, de Champallement.

Châtellenies de Moulins-Engilbert, de Metz-le-Comte, de Monceaux-le-Comte et de Champallement.

Alliances : de Thianges, de Montboissier, de Beaufort, de Damas.

De gueules, à la fasce d'argent. — Pl. XXII.

Archives de la Nièvre, de Decize et du château de Vandenesse. — *Inventaire des titres de Nevers.* — *Le Morvand.* — *Ancien Bourbonnais.* — Palliot. — Guichenon, *Histoire de la souveraineté de Dombes.* — *Nobiliaire d'Auvergne.* — Chorier, *L'Estat politique de la province de Dauphiné.*

Nous connaissons plusieurs sceaux de la famille de Nourry ou Norry : Pierre, seigneur de Vandenesse à la fin du XIVᵉ siècle et dans les premières années du XVᵉ, usa d'un sceau chargé d'un écu *à une fasce,* timbré d'un casque avec lambrequins et soutenu par deux lions, dont une empreinte bien conservée est appendue à une pièce de la collection des quittances scellées de la Bibliothèque nationale ; l'*Inventaire* de Marolles décrit un autre sceau du même personnage, de 1403, portant un chevalier debout, s'appuyant sur un écu *à une fasce*. Le petit sceau de Jean de Nourry, archevêque de Vienne, fils de Pierre, offre l'écu à la fasce placé sur une croix.

⚜ ⚜ ⚜

DE NOURRY *al.* DE NOURY, seigneurs de Paluaul, de Taconnay, de Turigny, de Chevannes, de Chaumigny, de Vroux, de Vaujoly.

Châtellenies de Moulins-Engilbert, de Montreuillon, de Cercy-la-Tour et de Decize.

Alliances : de Brevillard, Bonault, d'Angeliers, d'Anlezy, de La Rivière, de Thoury, de Virgile, des Prés, de La Croix, Millot, de Closse, Pinet.

D'azur, au sautoir d'or, cantonné de quatre couronnes à l'antique de même. — Pl. XXIII.

Archives de la Nièvre. — *Inventaire des titres de Nevers.* — Armorial de la généralité de Moulins.

Bien que cette famille ne porte pas les mêmes armes que la précédente, il nous paraît à peu près certain qu'elle en est une branche cadette.

⚜ ⚜ ⚜

DE NUITS *al.* DE NUYS, seigneurs du Boucquin, d'Eugny.

Châtellenies de Monceaux-le-Comte et de Clamecy.

Armoiries inconnues.

Inventaire des titres de Nevers.

Cette famille a peut-être une origine commune avec la suivante.

⚜ ⚜ ⚜

DE NUYS, seigneurs de Beaumont, de La Motte-aux-Girauds.

Châtellenies de Châteauneuf-sur-Allier et de Decize.

Alliances : Bonfils, de Chevigny, Bourgeois.

Armoiries inconnues.

Inventaire des titres de Nevers.

✤ ✤ ✤

DE NUZY *al.* DE NEUZY, seigneurs de Nuzy.

Châtellenie de Saint-Verain.

Armoiries inconnues.

Archives de la Nièvre, fonds de Roches. — *Inventaire des titres de Nevers.*

✤ ✤ ✤ ✤ ✤

ODART, seigneurs de Boisjardin.

Châtellenie d'Entrains.

Alliance : de La Forest.

Armoiries inconnues.

Inventaire des titres de Nevers.

✤ ✤ ✤

OFFROY, seigneurs de Jussy.

Châtellenie de Donzy.

Armoiries inconnues.

Inventaire des titres de Nevers.

✤ ✤ ✤

OGIER, seigneurs de Saint-Franchy.

Châtellenie de Montenoison.

Armoiries inconnues.

Inventaire des titres de Nevers.

✤ ✤ ✤

OLIVIER, seigneurs du Cholet, de Surpalis, de La Baratte, de La Vallée, de Saint-Éloi, des Granges, d'Eugny, de Chicry-les-Mines, de Chouye, des Meurs, de Vernizy, de Bernières, de Sardy, du Boisfranc, de Mezières, de Chaumot, d'Arreaux, d'Avrigny, de Bouteille, de Monceaux, de La Brosse, d'Urlin, des Écots, de Montigny-sur-Canne, de La Jarrie.

Châtellenies de Nevers, de Montreuillon, de Monceaux-le-Comte, de Saint-Saulge et de Cercy-la-Tour.

Alliances : Le Breton, Galoppe, Perreau, Bolacre, Pinet, des Trappes, Gascoing, de Chaugy, de Lucenay, de Lamoignon, des Joux, Coquille.

Coupé : au 1 d'azur, à trois étoiles d'argent rangées en fasce, au chef d'argent, chargé d'un lion issant de sable; au 2 d'argent, à une molette de gueules, surmontée de quatre emmanchés de même, mouvant du trait du coupé. — Pl. XXIII.

Archives de la Nièvre et de Decize. — Marolles. — Armorial de Challudet. — Collection nivernaise de l'auteur. — Titres de Bourgogne.

Les anciennes armes de cette famille étaient, d'après l'Armorial de Challudet : *D'argent, à l'olivier de sinople, au chef d'azur, chargé de trois étoiles d'or.* M. l'abbé Boutillier possède un petit monument décoré de ce dernier blason : c'est une boîte en cuivre qui contenait sans doute des reliques, avec inscription datée de 1511, relative à la consécration d'un autel ; on lit autour de l'écusson, *à un arbre arraché et un chef chargé de trois étoiles*, en lettres fleuronnées : *iehan : olive : bovrgoys et : marchant : de nevers.* Jean Olivier était, en 1524, élu à Nevers.

Les armes primitives des Olivier, de Nevers, sont assez semblables à celles de la famille Olivier du Puy et de Beaujarry, mentionnée dans La Chesnaye-des-Bois comme étant originaire du Nivernais ; nous ne croyons pas toutefois que ces deux familles aient une souche commune.

Voici comment l'*Inventaire* de Marolles décrit, d'une façon peu correcte, les armes de Louis Olivier, seigneur de Chitry, bailli du comté d'Eu au milieu du XVIe siècle : *Écartelé : aux 1 et 4 d'argent, à la fasce de gueules emmanchée d'argent, et un lion de sable, avec une bande d'azur chargée de trois étoiles d'or et une étoile à six rais de gueules en pointe ; et aux 2 et 3 d'argent à trois hermines de sable, au chef fretté de même.* L'écartelure est aux armes des Lamoignon, reproduites inexactement. Un écusson des Olivier, parti de du Broc, décorait une chapelle de l'église de Pouilly ; cet écusson a été conservé dans un caveau de cette même église.

⚜ ⚜ ⚜

D'ONLAY, seigneurs d'Onlay.

Châtellenie de Moulins-Engilbert.

Alliance : de Villescot.

Armoiries inconnues.

Inventaire des titres de Nevers.

⚜ ⚜ ⚜

D'ORDON *al.* D'ORDONS, seigneurs de Chanay, des Bordes, du Meix.

Châtellenies de Châteauneuf—au—val—de—Bargis et d'Estais.

Alliance : de Champlemy.

Armoiries inconnues.

Inventaire des titres de Nevers.

⚜ ⚜ ⚜

D'ORGÈRES, seigneurs de Bornay, de Vanzé, de La Pelée, de Chevigny.

Châtellenie de Decize.

Alliances : Bresson, de Thelis.

Armoiries inconnues.

Archives de Decize. — *Inventaire des titres de Nevers.*

⚜ ⚜ ⚜

D'ORMEAUX, seigneurs d'Ormeaux, de Villiers.

Châtellenies de Donzy et de Clamecy.

Armoiries inconnues.

Inventaire des titres de Nevers.

⚜ ⚜ ⚜

D'OULON *al.* DU TREMBLAY, seigneurs d'Oulon, du Tremblay, de La Motte-de-Feuille.

Châtellenies de Montenoison et de Champallement.

Armoiries inconnues.

Marolles. — Collection nivernaise de l'auteur.

Cette famille, souvent mentionnée dans l'*Inventaire des titres de Nevers*, semble avoir porté indifféremment le nom du fief d'Onlay, actuellement commune du canton de Prémery, et celui du Tremblay, ancien fief, dont il ne reste plus de traces, qui se trouvait dans la paroisse d'Oulon.

⚜ ⚜ ⚜

D'OUROUER, seigneur de Fossegilet, de Pesselières, de Champagne, du Tremblay.

Châtellenies de Druyes, de Montenoison et de Corvol.

Alliances : Mochet de Thory, de Carroble, de Champs.

Armoiries inconnues.

Inventaire des titres de Nevers. — Archives du château des Bordes.

✤ ✤ ✤ ✤ ✤

PAGANI *al.* DE PAGANY, seigneurs de La Chaise, d'Eugny, de Montbaron, de Narcy, de Blain, de Saint-Parize-le-Châtel, de Villars, des Granges, de Mont.

Châtellenies de Monceaux-le-Comte, de Nevers et de Châteauneuf-sur-Allier et comté de Château-Chinon.

Alliances : Bargedé, Rolland, Berthier, de Courvol, Sallonnier.

D'argent, à deux lions d'azur affrontés, soutenant de leurs pattes de devant un casque d'acier, surmonté d'une fleur de lys de gueules. — Pl. XXIII.

Archives de la Nièvre et du château d'Uxeloup. — Armorial de la généralité de Moulins.

Les armes de cette famille sont écartelées d'un *bandé d'azur et d'or, au chef d'hermine chargé d'un lambel de sable* sur un aveu et dénombrement de la terre d'Eugny, de 1762, aux archives de la Nièvre.

✤ ✤ ✤

PAILLART, seigneurs de Goulnot, de Fertotot, de Rozelin, de Baugy.

Châtellenies de Saint-Saulge, de Nevers et de Decize.

Alliances : Sagot, Millin, Palierne, Le Pain de Bussy.

De sable, à la fasce d'argent, accompagnée en pointe d'une gerbe d'or. — Pl. XXIII.

Archives de la Nièvre et de Decize. — Armorial de la généralité de Moulins.

D'après des documents en la possession des héritiers de cette famille, éteinte dans les Le Pain, les armes des Paillard auraient été: *D'azur, au chevron d'or, accompagné de trois poissons de même.* Nous avons donné la préférence au blason, à peu près parlant (Paillart, gerbe de *paille*), inscrit dans le recueil officiel.

⚜ ⚜ ⚜

PAILLARD *al.* DES PAILLARDS, seigneurs des Paillards, de Rodon, de Giverdy, de Saint-Parize, de Beaudéduit, de Charmes, de Ratilly, de La Varenne, du Mont-de-Dienne, de Bussière. Originaires de Bourgogne.

Châtellenies de Montenoison et de Decize.

Alliances: des Granges, d'Ardance, de Baudoin, de La Porte, de Champrobert, de Boutheury, de Varigny, de Mauroy, de Villeneuve, de Courvol, des Jours.

D'argent, à la croix ancrée de sable. — Pl. XXIII.

Archives de la Nièvre, de Decize et de Vandenesse. — D. Plancher. — *Inventaire des titres de Nevers.* — Paillot. — *La Noblesse aux États de Bourgogne.*

Cette famille, à laquelle appartenait Miles des Paillards qui joua un assez grand rôle en Nivernais dans la seconde moitié du XV° siècle, se nommait en réalité Paillard et était originaire de la ville de Beaune. (D'Arbaumont.) Une de ses branches resta en Bourgogne, une autre s'établit en Nivernais et donna son nom à un fief des environs de Saint-Saulge.

Les armes des Paillard nous sont données de diverses manières: MM. Beaune et d'Arbaumont les décrivent ainsi: *D'argent, à trois tourteaux de sable, au chef de gueules;* ou *D'argent, à une étoile*

à six rais de sable, au chef de gueules chargé de trois roses d'or. Voici ce qu'en dit Paillot : « De Paillard, archidiacre de
» Noyon, preuost de l'église de Sainte-Walburge de Furnes en
» Flandres, conseiller et secrétaire du roy, qui mourut en M.CD.XVIII.
» et inhumé au chœur des célestins de Paris, portoit *D'argent, à*
» *trois tourteaux de sable, au chef de gueules chargé d'une croix*
» *patée mise au quartier dextre d'or, adextrée d'une estoille de*
» *mesme,* qu'il mit pour brisure à la différence de Germain de
» Paillard son frère, euesque de Luçon, lequel deceda la mesme
» année et enterré au mesme lieu, ayant l'vn et l'autre chargé cette
» croix à cause de leur mère, sœur de Philippe de Moulins, euesque
» de Noyon. (Voir l'article DE MOULINS). » Enfin l'*Inventaire* de
Marolles décrit deux fois les armes de Jacques des Paillards, écuyer,
seigneur de Ratilly, reproduites sur des aveux et αénombrements de
1582 : *D'argent, à l'étoile à six rais, accostée d'une demi-croix
ancrée, le tout de sable.*

Le blason donné par Marolles est certainement un écu d'alliance,
mais quel est le meuble héraldique des Paillard ? Il semblerait naturel
de penser que c'est l'*étoile de sable sur champ d'argent,* attribuée à
cette famille par MM. Beaune et d'Arbaumont ; mais le château de
Giverdy, près de Saint-Saulge, bâti par un des Paillard vers 1500,
offre plusieurs écussons sculptés d'une *croix ancrée,* et ces monuments
nous paraissent concluants. Notre opinion est donc que si les blasons
indiqués ci-dessus furent ceux des divers membres bourguignons de la
famille qui nous occupe, et que si l'étoile fut son blason primitif, la
branche nivernaise des seigneurs de Giverdy, de Ratilly, etc., porta,
peut-être en mémoire de l'évêque de Noyon, la *croix ancrée de sable
en champ d'argent ;* à moins qu'on ne veuille admettre que cette branche
ait joint parfois dans son écu l'étoile du blason primitif à la croix
qu'elle avait adoptée.

⚜ ⚜ ⚜

LE PAIN *al.* **PAIN**, seigneurs de Bussy, de Charly,
des Bordes, de La Verrerie, de Soultrait. Originaires du
Berry.

Châtellenies de Châteauneuf-sur-Allier et de Nevers.

Alliances : Belin, Frisque, du Sauzay, Mercier, Galand,
Esterlin, de La Chastre, Le Tellier, Riffardeau de Rivière,

Prisye , Paillard de Goulnot , Chaussin d'Hurly , de Moncorps, Ferrand de La Forest.

De gueules, au rencontre de taureau d'or, accorné d'argent. — Pl. XXIII.

Archives du Cher. — *Éloge historique de la ville de Bourges.* — *Cahier de la noblesse du Nivernais.* — Registres paroissiaux de Saint-Ouën.

⚜ ⚜ ⚜

PALIERNE DE CHASSENAY, seigneurs de Marigny, de Saulx, de Chassenay, de Marcou, de La Vallée, de La Brosse , de Montviel , de Baugy. Originaires du Bourbonnais.

Châtellenie de Decize.

Alliances : Millin , Morel de Trezet , Gigot , Beraud, Moquot, Paillard, Sallonnier, Perrotin, de Chéry, Ferrand, de Bardonenche.

D'azur, à trois globes d'or cintrés et croisés d'argent, et trois larmes d'argent mal ordonnées. — Pl. XXIII.

Noms féodaux. — Archives de Decize et de l'Allier. — *Tableau chronologique.* — Armorial de la généralité de Moulins. — *Armorial du Bourbonnais.*

Nous donnons les armes de cette famille telles qu'elle les portait en dernier lieu et telles qu'elles se voient à la clef de voûte de la chapelle du château de L'Écluse, près de Neuilly-le-Réal (Allier), construite au commencement du XVIIᵉ siècle ; mais il est probable que les larmes ne figuraient point dans l'écusson primitif. Au XVIIᵉ siècle, la plupart des membres de la famille portaient simplement : *D'azur, à trois globes d'or,* comme on peut le voir dans l'Armorial général. On conserve, au musée de la Société d'émulation de l'Allier, une pierre du XVIIᵉ siècle qui porte les armes des Palierne sculptées avec les trois globes.

⚜ ⚜ ⚜

PANTIN, seigneurs de Beaulieu.

Châtellenies de Montenoison et de Châteauneuf-sur-Allier.

Alliance : de La Chaume.

Armoiries inconnues.

Inventaire des titres de Nevers.

✤ ✤ ✤

DE PARAIZE, seigneurs de Paraize.

Châtellenie de Châteauneuf-sur-Allier.

Armoiries inconnues.

Archives de la Nièvre. — *Inventaire des titres de Nevers.*

✤ ✤ ✤

DE PARAY, seigneurs de Grossesaulne, de Fontjudas.

Châtellenie de Decize.

Armoiries inconnues.

Inventaire des titres de Nevers.

✤ ✤ ✤

DE PARIS, seigneurs de La Longe, d'Arthel, de Beuvron, de La Bussière, de Prélichy, du Mée, de Couloise, de La Chatonnière, de Saint-Gremange, du Chailloux, de La Verchère, du Port-Aubry, du Port-à-la-Dame.

Châtellenies de Nevers, de Decize, de Donzy, de Montenoison, de Luzy et de Cosne.

Alliances : d'Avril, de La Forest, de Marry, de Druy, de Champs, de La Bussière, de Brain, de Chéry, de La

Brau, de Vallerot, de Rochechouart, Courtois, du Ruel, Sallonnier, Favre de La Verne.

Écartelé : aux 1 et 4 d'argent, au chevron de gueules, accompagné en pointe d'une fleur de lys de même; et aux 2 et 3 coupé d'or et d'azur, au lion de l'un en l'autre. — Pl. XXIII.

Archives de la Nièvre, de Decize et du château de La Bussière. — *Inventaire des titres de Nevers.* — *Généalogie de Courvol.* — Armorial de la généralité de Moulins.

Dans l'Armorial général, les armes de N. de Paris, seigneur de La Bussière, ne portent que le chevron et la fleur de lys ; mais l'écartelure du lion se retrouve sur le sceau de Guillaume de Paris, official de Névers, décrit dans les *Titres de Bourgogne* d'après une empreinte appendue à un acte de 1562, et sur le blason d'un aveu et dénombrement de la seigneurie d'Arthel rendu, en 1575, par Imbert de Paris. (Marolles.)

⚜ ⚜ ⚜

DE PARIS.

Châtellenie de Saint-Saulge.

Alliances : Dhéré, Barraut, de La Croix, Dufour, de La Resse, Tallard, Martel.

D'azur, au chevron, accompagné de trois étoiles, le tout d'argent. — Pl. VIII.

Histoire manuscrite de Saint-Saulge. — Archives de Saint-Saulge.

Rien ne prouve qu'il y ait communauté d'origine entre cette famille et la précédente ; toutefois cela est possible, bien que les de Paris, seigneurs de La Bussière, aient toujours eu, depuis le milieu du XVIe siècle, une position aristocratique bien supérieure à celle de leurs homonymes de Saint-Saulge. Nous donnons les armoiries des de Paris de Saint-Saulge d'après deux cachets, l'un du XVIIe siècle, l'autre du XVIIIe.

⚜ ⚜ ⚜

DE PASSY, seigneurs de Chastelle-sur-Arron.

Châtellenie de Decize.

Armoiries inconnues.

Inventaire des titres de Nevers.

✤ ✤ ✤

DE PATINGES, seigneurs de Patinges.

Châtellenie de La Marche.

Armoiries inconnues.

Marolles. — *Gallia christiana*, t. XII.

✤ ✤ ✤

DE PAVIE.

Châtellenie de Nevers.

Armoiries inconnues.

Archives de la Nièvre — *Archives de Nevers.*

✤ ✤ ✤

LE PELETIER D'AUNAY, seigneurs de Marcilly, de Saint-Péreuse, de Besne, de La Chaume, d'Epiry, de Cervon ; comtes d'Aunay ; barons et comtes de l'Empire. Originaires du Mans, Paris, Bourgogne, Nivernais, etc.

Châtellenies de Montreuillon et de Montenoison.

Alliances : de Mesgrigny, etc.

Écartelé : aux 1 et 4 d'azur, à la croix pattée d'argent, chargée en cœur d'un chevron de gueules, accompagné en chef de deux molettes de sable et, en pointe, d'une rose du troisième émail, qui est de Le Peletier ; *et aux 2 et 3 d'argent, au lion de sable,* qui est de Mesgrigny. — Pl. XXIII.

Dictionnaire de la noblesse. — Archives du château de Marcilly. — Armorial de l'Empire français, etc.

✣ ✣ ✣

PELLÉ DE CHAMPIGNY, seigneurs de Chausse, de Monchanin, de Poussains, de La Motte, de Chaumigny, de Poussignol, de Mussy.

Châtellenies de Decize et de Montreuillon.

Alliances : Girard, de Chardenou, etc.

D'azur, au cœur d'or, surmonté de deux trèfles d'argent rangés en chef. — Pl. XXII.

Archives de Château-Chinon et de Decize. — Armorial de la généralité de Moulins. — *Le Morvand.*

✣ ✣ ✣

PELLETIER, seigneurs de Chaumont.

Châtellenie de Luzy.

Alliances : de Maret, Le Doyen, Bouton.

Armoiries inconnues.

Archives de Decize et de Luzy.

✣ ✣ ✣

PELLETIER DE CHAMBURE, seigneurs de La Chaux, de Saint-Léger. Bourgogne et Nivernais.

Châtellenie de Liernais et Saint-Brisson.

Alliances : Guijon, Febvre de Maurepas, Maleteste, Sallier, Pelletier de Cléry, Landes, Dareau, de Balathier-Lentage, d'Erpt d'Holt.

D'azur, au chevron d'or, accompagné de trois pommes de pin de même et surmonté d'une étoile d'argent. — Pl. XXII.

Courtépée. — Armorial général de Bourgogne. — *Le Morvand.*

Les armoiries données à cette famille par l'Armorial général sont : *D'argent, à l'ancre de sable.*

⚜ ⚜ ⚜

DE PERGUES, seigneurs de Villiers–sur–Yonne, d'Auverly.

Alliance : de Villaines.

Châtellenie de Clamecy.

D'azur, au portail crénelé, flanqué de deux tours d'argent, placé sur un arbre arraché d'or, dont les branches surmontent le portail et dont la tige et les racines paraissent par l'ouverture de ce portail, au chef d'or, chargé d'une aigle de sable. — Pl. XXII.

Inventaire des titres de Nevers.

Nous copions, à peu près textuellement, dans Marolles la description de ce singulier blason qui était peint sur un aveu et dénombrement des fiefs de Villiers-sur-Yonne et d'Auverly rendu, en 1575, par Nardin de Pergues.

⚜ ⚜ ⚜

DE PERNAY, seigneurs du Magny, de Chasnay, de Suilly, de Nannay, de Presle.

Châtellenies de Nevers, de Donzy et de Châteauneuf-au-val-de-Bargis.

Alliances : de Saint-Savin, de Gouste, de Bréchard, de Thoisy, de Clèves (bâtards), du Broc, de Bongards, du Merlier, Fradet, de Chabannes, de Laurière.

De..., à trois tours. — Pl. XXXI.

Archives de la Nièvre et du château des Granges (Suilly-la-Tour). — *Inventaire des titres de Nevers.* — *Revue historique nobiliaire,* t. XII.

Les armes de cette famille, dont nous ne connaissons pas les émaux, se voient, avec la date 1545, dans deux des caissons ornementés qui décorent le portail de l'église de Suilly-la-Tour ; on les retrouve aussi à l'une des clefs de voûte de la partie la plus moderne de cette même église.

⚜ ⚜ ⚜

PERNIN, seigneurs de Mont, de Lomoy, de Moran, de Touvents, de La Motte, de Villebourse, de La Garde, des Sauves, des Verdières.

Châtellenies de Decize et de Nevers.

Alliances : du Coing, Vaget, du Broc, Challudet, Pinet, des Prés, Roux, de Saulieu, Sirot, des Trappes, Tonnelier.

D'or, à trois roses de gueules. — Pl. XXIII.

Archives de la Nièvre et de Decize. — Armorial de Challudet. — Segoing. — *Inventaire des titres de Nevers.*

⚜ ⚜ ⚜

PERREAU, seigneurs d'Agriez, de Catillon, de Villiers, du Boucquin. Nivernais et Normandie.

Châtellenie de Monceaux-le-Comte.

Alliances : Guillemère, Laurens, Bouchard, de Loron, de Romesoire, de Prie, Olivier, de Tintry, de Tournes, Le Breton, Cheval, Garnier, Goymont, de Corbigny, de Morogues, de Clèves (bâtards), de Carroble, des Jours.

D'or, au chevron d'azur, accompagné de trois roses de gueules. — Pl. XXIII.

Archives de la Nièvre. — *Inventaire des titres de Nevers.* — *Mémoires de Castelnau.*

⚜ ⚜ ⚜

DE LA PERRIÈRE, seigneurs de La Perrière, d'Anlezy, de Saalières, de Verneuil, de Pouilly, de La Boue, de La Cave, de Monts-en-Genevray, de Chiffort, de La Celle-sur-Loire, de Coude, de Saint-Michel-en-Longue-Salle, de Chaignon, de Billy, de Frasnay-le-Ravier, de Champcourt, de Beaumont-sur-Sardolle, de Saint-Franchy, de Bazoches, du Bouchet, de Moissy-Molinot, de Champignolle, du Meix-Richard, de La Chaume-de-Cervon, de Vaux, du Marais, de Gimouille, de Soulangy, de Lancy, de Semelins, de La Bretonnière, du Mont-de-Cizely, de Champrobert, de Bouvesson, du Boucquin, de Mary, de Chitry-sous-Monsabot, de Nuars, de Saint-Thibault, du Meix-de-Chevannes, de Chalaux, de Sermages, de Villacot, de Dumphlun, de La Grande-Cour, de Champagne, du Mont-de-Marigny, de Chasseigne, du Chemin, de Saint-Christophe, de Fins, de Mussy, d'Aglan, de Grosboux, des Chamons-Maillots. Originaires du Nivernais ou du Forez, Bourgogne, Aunis et Saintonge

Châtellenies de Luzy, de Cercy-la-Tour, de Moulins-Engilbert, de Saint-Saulge, de Monceaux-le-Comte, de Metz-le-Comte, de Nevers et de Cercy-la-Tour.

Alliances : de Lichy, Augier, de La Rivière, de Sancy, de Chambon, de Charry, Rousset, de Billy, de Courvol, de Pontailler, des Ulmes, de Lodines, de Bertholon, de Laval, de Carillon, de Montmorillon, de Las, d'Orléans, de Bonnay, Le Prestre, Pellisson, de Maumigny, de Marry, Le Tort, de Gard, de Ferrières, de Fromentières, de Vieure, de Jaucourt, de Rémigny.

D'argent, à la fasce de gueules, surmontée de trois têtes de léopard de même, couronnées d'or, rangées en chef; ou D'or, à la fasce de gueules, surmontée de trois têtes de léopard couronnées de même. — Pl. XXIII.

Archives de la Nièvre, de Decize et des châteaux de Bazoches et de Quincize. — Collection nivernaise de l'auteur. — *Inventaire des titres de Nevers.* —

Dictionnaire de la noblesse. — Armorial du Lyonnais, Forez et Beaujolais. — Le Morvand. — Armorial du Forez. — Essai sur l'histoire de la ville de Roanne. — La Noblesse de Saintonge et d'Aunis en 1789.

La Chesnaye-des-Bois, ordinairement si facile à admettre l'antique origine des familles, a singulièrement diminué, dans son *Dictionnaire de la noblesse*, l'importance et l'ancienneté de la famille de La Perrière, qu'il dit ne connaître que depuis le XV⁰ siècle. Les La Perrière étaient, dès le XII⁰ siècle, de noblesse chevaleresque. Les auteurs qui se sont occupés de cette maison ne sont pas d'accord sur le lieu de son origine : M. Baudiau *(Le Morvand,* t. II, p. 378,) pense qu'elle tire son nom d'un fief actuellement compris dans la commune d'Étang-sur-Arroux (Saône-et-Loire), où se voient encore les restes d'un château fort bâti, selon M. Bulliot *(Essai sur le système définitif des Romains dans le pays éduen)*, sur un *castellum* romain. Cette hypothèse est d'autant plus probable que les premiers La Perrière, authentiquement connus en Nivernais au XIII⁰ siècle, étaient possessionnés dans les environs de Luzy.

D'un autre côté, les historiens foréziens seraient tentés de faire venir la famille qui nous occupe d'une seigneurie de La Perrière, située près de Roanne, que possédait Guy de La Perrière *(Guido de Petraria)*, mentionné dans la charte de fondation du prieuré de Baulieu, en 1115. Ce Guy fut, dans tous les cas, l'auteur de la branche la plus marquante de sa famille qui posséda, au XIII⁰ siècle, la moitié de la seigneurie de Roanne, qui contracta d'illustres alliances et qui s'éteignit en la personne d'Eudes de La Perrière *(Oddo de Perreria)*, abbé de Cluny, mort en odeur de sainteté en 1457. *(Bibliotheca Cluniacensis.)*

Les armes de cette famille sont sculptées au-dessus de la porte du château et dans l'église de Frasnay-le-Ravier ; on les trouve aussi aux châteaux du Bouchet, de Riejot et de Saint-Franchy.

✤ ✤ ✤

DE PERRIGNY, seigneurs de Thart.

Châtellenie de Moulins-Engilbert.

Armoiries inconnues.

Inventaire des titres de Nevers.

✤ ✤ ✤

DE LA PERRINE, seigneurs de La Perrine.

Châtellenies de Châteauneuf-sur-Allier et de Decize.

Alliance : d'Alligny.

Armoiries inconnues.

Archives de la Nièvre, de Decize et du château du Ryau (Allier). — *Inventaire des titres de Nevers.*

La collection des quittances scellées de la Bibliothèque nationale renferme une pièce d'un Henri de La Perine, datée de Paris, 1353, scellée d'un sceau très-fruste portant un écu *à un lion.* Nous ne savons si cet Henri peut être rattaché à la famille qui nous occupe.

⚜ ⚜ ⚜

PERRUDE, seigneurs de Melin.

Châtellenies de Nevers et Châteauneuf-sur-Allier.

Alliances : Roy, Tillot, Pinet, Fontaine, Laubespin, Bernard, Gascoing, Sacré.

Armoiries inconnues.

Archives de la Nièvre et de Decize. — *Archives de Nevers.*

⚜ ⚜ ⚜

DE PESSELIÈRES, seigneurs de Pesselières, de Vitry, de Fontenoy-en-Puisyae, de Vassy. Nivernais et Bourgogne.

Châtellenies de Metz-le-Comte et de Druyes.

Armoiries inconnues.

Inventaire des titres de Nevers.

⚜ ⚜ ⚜

PETITIER, seigneurs du Breuil, de Neuvelle, de L'Huis–Belin, de Bois-Franc, de Moulinette.

Châtellenie de Moulins-Engilbert et comté de Château-Chinon.

Alliances : Bidault, Pannetrat, Millin, Borne, Changarnier, Gagnereau, de Moret, de Chabannes.

D'argent, à l'aigle de sable. — Pl. XXII.

Archives de Château-Chinon. —· Armorial de la généralité de Moulins. — *Le Morvand.*

⚜ ⚜ ⚜

PIEMÈRE *al.* DE PIEMÈRE, seigneurs de Blaisy, de Vaumignon, de Montbaron, de Sermages, de La Manille, de Ruère, de Champfeur.

Comté de Château-Chinon et châtellenies de Montreuillon et de Moulins–Engilbert.

Alliance : de Bussière.

Armoiries inconnues.

Le Morvand.

⚜ ⚜ ⚜

PIERRE DE FRASNAY et DE CHAMPROBERT, seigneurs de Dienne, du Mont-de-Dienne, de Vaujoli, des Ulmes, de Saisy, de La Noue, de Champvert, de Montjardin, de La Bouille, de Saint-Cy, du Chailloux, de Frasnay-le-Ravier, de La Vallée, de Montigny, de La Barre, des Vesvres, de Neuvy-le-Barrois, de Langy, des Chaises, de Chevannes-les-Crots, de La Garenne-de-Mornay, de La Tournelle, de Jarland. Nivernais et Bourbonnais.

Châtellenies de Cercy-la-Tour, de Decize, de Saint-Saulge, de Cuffy et de Nevers.

Alliances : Gobert, Coquille, d'Anlezy, de Ponard, Pigot, Mauclère, Ferrand, de La Chasseigne, Goussot, de Courvol, Guyonin, Veron, de Vauvrille, de Maulnoury, des Bravards d'Eissat du Prat.

D'azur, à la clef d'argent et au bourdon d'or passés en sautoir, accompagnés en chef d'une étoile du second émail, et en pointe d'une coquille du troisième. — Pl. XXIII.

Archives de la Nièvre et de Decize. — *Inventaire des titres de Nevers.* — *Noms féodaux.* — *Tableau chronologique.* — *Armorial de la généralité de Moulins.* — *Généalogie de Courvol.* — *Armorial du Bourbonnais.*

Ces armoiries, ou les meubles de ces armoiries, sont gravés en tête de diverses épitaphes et inscriptions commémoratives de fondations de la famille Pierre, de la fin du XVe siècle et des premières années du XVIe, qui se voient dans l'église de Dienne. On trouve ce même blason, gravé sur une épitaphe, dans la chapelle seigneuriale de l'église de Saint-Pourçain-de-Malchère, près de Moulins (Allier).

✤ ✤ ✤

DE LA PIERRE, seigneurs de Champagne.

Châtellenies de Champallement et de Montenoison.

Alliances : Le Tort, de Sancy.

Armoiries inconnues.

Archives de Decize. — *Inventaire des titres de Nevers.*

✤ ✤ ✤

DE PIERRE-PERTUIS, seigneurs de Pierre-Pertuis, de Bassou, du Bouchet, du Mont-de-Marigny, de Charrin. Bourgogne et Nivernais.

Châtellenies de Monceaux-le-Comte, de Metz-le-Comte, de Saint-Brisson et de Decize.

Alliances : de Chastellux, Chauderon.

De..., à six clous, 3, 2 et 1. — Pl. XXII.

Archives de l'Yonne. — *Inventaire des titres de Nevers.* — D. Plancher. — *Cartulaire général de l'Yonne.* — *Recueil de Pérard.* — Gagnard, *Histoire de l'église d'Autun.* — *Histoire de la maison de Chastellux.* — *Le Morvand.*

Les armoiries de cette famille, de haute noblesse féodale, qui posséda d'importantes seigneuries dans notre province, nous sont connues par un sceau d'Hervé de Pierre-Pertuis, appendu à une charte de 1262, décrit dans l'*Inventaire des sceaux* de M. Douët d'Arcq. Voici la légende de ce sceau, dont l'écu est chargé de *six clous, 3, 2 et 1*, sans doute de clous de la Passion : ✝ : s : DNI : HERVEI : DE : PETRA : PERTVSA. Ce sont ces mêmes armoiries que décrit ainsi Marolles, parlant du sceau de Hugues de Pierre-Pertuis, chevalier, seigneur du Bouchet en 1269 : « Sceau aux armes de Pierre-Perthuis, qui portent *six pointes de pic* » avec une bordure. » La bordure était une brisure de cadet.

Le *Cartulaire général de l'Yonne* (t. II, p. 404) mentionne le sceau d'Étienne de Pierre-Pertuis, appendu à une charte de 1189, qui porte un château flanqué de deux tours crénelées et surmonté d'un donjon. Ce sceau, d'une époque antérieure à l'adoption des armoiries, offre un type qui se retrouve très-souvent sur les sceaux du XIIᵉ siècle et de la première moitié du XIIIᵉ.

⚜ ⚜ ⚜

PIGA, seigneurs de Vaux, de Mussy, du Chastellier, de Magny, de Bisy.

Châtellenie de Decize.

Alliances : Carpentier, Guillaume, Charot, Chouet.

Armoiries inconnues.

Archives de Decize. — *Inventaire des titres de Nevers.*

⚜ ⚜ ⚜

DE PILES, seigneurs de Champsimon, de Chivre, de Courteille.

Châtellenie de Clamecy.

De gueules, à trois flèches d'argent posées en bande. — Pl. XXIII.

Archives de la Nièvre. — Dictionnaire des anoblissements. — Paillot. — Mercure armorial. — Mémoires pour servir à l'histoire du Nivernois et Donziois.

✠ ✠ ✠

PILLOUX, seigneurs de Lichy, de Verrières. Nivernais et Berry.

Châtellenie de Decize.

Alliances : Cotignon, Belard.

D'azur, au lévrier d'argent, accompagné en chef d'une étoile d'or et en pointe d'un croissant du second émail. — Pl. XXII.

Archives de Decize. — Registres paroissiaux de Cossaye. — Recueil des priviléges de la ville de Bourges.

✠ ✠ ✠

PINET, seigneurs des Écots, de Mantelet, de Tabourneau, des Perrins, de Chouy, de Baune, de Tronssin, de Montigny-aux-Amognes, des Barbets, de Champrobert, de La Tanche, des Ulmes, de Marsi.

Châtellenies de Nevers, de Decize, de Cercy-la-Tour et de Châteauneuf-sur-Allier.

Alliances : Nicot, Cotignon, Pernin, Châtelain, Olivier, Chiffard, Moquot, Tonnelier, Pérude, Ferrand, Pintard, Masou de Commercy, Carpentier de Changy, Le Bourgoing, Richard de Soultrait, Berthelot, Godin, Quartier, Simonnin, Croiset de Verville, Prisye, de Noury, de Toytot, etc.

D'azur, à trois pommes de pin d'or. — Pl. XXIII.

Archives de la Nièvre et de Decize. — *Archives de Nevers.* — Armorial de la généralité de Moulins.

Le blason de cette famille figure dans l'ornementation de balustrades en fer de la cathédrale de Nevers, placées du temps de Jean Pinet, doyen du chapitre de Nevers de 1693 à 1707.

⚜ ⚜ ⚜

PIOCHE, seigneurs d'Aunay, de Beauregard, de Brinon, de Riogier, de Challement, de Paloinches, de Bouy, de La Fouillouse, de Lucenay-les-Aix, de La Cour-du-Bois, de Montjournal, de Vero. Nivernais et Bourgogne.

Châtellenies de Montreuillon, de Montenoison, de Monceaux-le-Comte, de Clamecy, de Donzy, de Decize, de Nevers et de Cercy-la-Tour.

Alliances : de Chasteaux, des Barres, de Malvoisine, de Lugny, de Ferrières, des Loges, de Rouvray.

De..., à trois pals de vair et un chef. — Pl. XXII.

Archives de la Nièvre et de Decize. — *Inventaire des titres de Nevers.*

Nous attribuons aux Pioche du Nivernais, non sans une certaine hésitation, le blason qui figure sur le contre-sceau de Huet Pioche, sire de Poussange en Bourgogne en 1256, décrit par M. Douët d'Arcq dans son *Inventaire des sceaux.* Le chef de cet écu est en outre chargé d'un lambel qui n'est sans doute qu'une brisure de cadet.

⚜ ⚜ ⚜

PION.

Châtellenie de Nevers.

Alliances : Ardoin, Gascoing, Cadier.

D'azur, au lion, accompagné en chef d'une étoile à dextre, et d'une croix patriarcale de même à senestre, le tout d'or. — Pl. XXII.

Archives de la Nièvre. — Marolles. — Armorial de Challudet.

⚜ ⚜ ⚜

FAMILLES.

DE MULLOT DE VILLENAULT.

DES PAILLARDS.

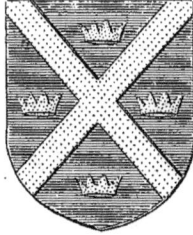

DE NOURRY.

LE PAIN.

OLIVIER.

PAGANI.

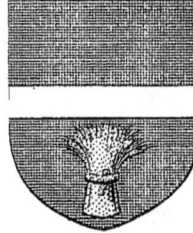

PAILLART.

PALIERNE DE CHASSENAY.

DE PARIS.

LE PELETIER D'AUNAY.

PERNIN.

PERREAU.

DE LA PERRIÈRE.

PIERRE.

DE PILES.

PINET.

PITOIS.

POMMEREUIL.

REGNARD DES COUORÉES.

DE PONTAILLIER.

PITOIS *al.* PITOYS, seigneurs de La Charnaye, de Saint-Germain, de La Creuze. Originaires de Bourgogne.

Châtellenies de Cuffy et de Châteauneuf-sur-Allier.

Alliances : Bréchard, de Pradine, Cellerier, de Marcilly, de Bouvret.

D'azur, à la croix ancrée d'or. — Pl. XXIII.

Inventaire des titres de Nevers. — D'Hozier. — *Dictionnaire de la noblesse.* — Vertot.

Nous trouvons dans l'*Extrait de l'histoire du bon chevalier Jacques de Lalain* que « dans une passe d'armes, en 1450, on » remarquoit un escuyer, nommé Claude Pitoys, dont les armes étoient » escartelées d'une croix ancrée d'or sur fond d'azur et d'un chevronné » d'or et d'azur à la bordure de gueules. Un autre escuyer, Jean Pitoys, » escarteloit sa croix ancrée d'un losangé d'or et d'azur. » Dans l'Armorial manuscrit de Guillaume Revel, on voit un écusson *d'azur, à une croix ancrée d'or, cantonnée au 1 d'un croissant de même,* avec une banderolle où se lit : *Jehan Pitoye crie Pitoye !*

✤ ✤ ✤

PITOIS, seigneurs de Chaligny, de Blismes, de Quincize, d'Estoulle, de Bussy, de Saint–Maurice, du Bruit, des Ranglaux, de La Thibert, du Part, de Montsaulnin.

Châtellenie de Montreuillon.

Alliances : Coujard, de Champs, Goussot, Vaucoret, Gascoing, de Torcy, de Certaines, Le Bourgoing, de Fradel, de Paris, Gevalois, Brenot, de La Ferté-Meun.

D'azur, à la croix ancrée d'or. — Pl. XXIII.

Archives de la Nièvre et du château de Quincize. — D'Hozier. — *Dictionnaire de la noblesse.* — *Armorial de la généralité de Moulins.* — *Le Morvand.*

Une généalogie détaillée, donnée par d'Hozier *(Armorial général,* reg. III, 2ᵉ partie), rattache cette dernière famille, bien qu'avec certaines restrictions, à la première qui était de noblesse chevaleresque de Bourgogne; tandis que celle des seigneurs de Quincize, bien alliée et assez marquante du reste aux XVIIᵉ et XVIIIᵉ siècles, ne remonte authentiquement qu'à Guy Pitois, seigneur de Chaligny, procureur du roi en l'élection de Château-Chinon en 1565, fils ou frère de Denis, receveur au grenier à sel de cette ville.

⚜ ⚜ ⚜

DE LA PLATIÈRE, seigneurs de Sauvages, de La Grange, des Bordes, de La Bretonnière, de Prie, de Marrault, de Bourdillon, de Révillon, de Montigny, d'Imphy, de Saint-Martin-d'Ourouer, de Saint-Aubin, de Contres, de Villaines, de Montifaut, de Torcy, de Saint-Sulpice-le-Châtel, de Tresaigues, de Chevenon, de Coudray, de Semelins; barons de Frasnay-les-Chanoines.

Châtellenies de Montenoison, de Saint-Saulge et de Nevers.

Alliances: des Bordes, de Fontenay, de Châteauvieux, des Ulmes, d'Avantois, de Chassy, de Jaucourt, de Damas, de Birague, Mottier de La Fayette, de L'Hôpital, d'Ancienville, d'Estutt.

Écartelé: aux 1 et 4 d'argent, au chevron de gueules, accompagné de trois anilles ou fers de moulin de sable, qui est de La Platière; *et aux 2 et 3 de gueules, à trois molettes d'éperon d'or,* qui est des Bordes. — Pl. XXII.

Archives de la Nièvre et du château des Bordes. — Marolles. — *Histoire des grands officiers de la couronne.* — *Dictionnaire de la noblesse.* — Paillot, etc.

Les armes de cette famille, avec et sans l'écartelure des Bordes, sont sculptées en plusieurs endroits de l'église paroissiale de Saint-Martin-d'Heuille.

On les trouve aussi sur deux jetons du maréchal de La Platière-Bourdillon, dont voici les dessins. Au revers de ces jetons se lit la devise du maréchal.

✤ ✤ ✤

DU PLESSIS, seigneurs du Plessis, du Bois-Rousseau.

Châtellenie de Châteauneuf-sur-Allier.

Alliance : de Tertres.

Armoiries inconnues.

Inventaire des titres de Nevers.

✤ ✤ ✤

DU PLESSIS, seigneurs de La Motte-du-Plessis, de La Brosse.

Châtellenies de Moulins-Engilbert, d'Entrains et de Cosne.

Alliance : Ponceau.

Armoiries inconnues.

Marolles. — Archives de M. Canat de Chizy. — *Le Morvand.*

✤ ✤ ✤

DU PLESSIS, seigneurs du Plessis.

Châtellenie de Montreuillon.

Alliance : Tridon.

D'argent, à la croix de gueules, chargée d'une croix engrêlée du champ, au chef d'azur. — Pl. XXII.

Inventaire des titres de Nevers.

❀ ❀ ❀

DU PLESSIS.

Châtellenie de Nevers.

Alliances : Dollet, Maignan, Coquille, Millin, Robin.

D'azur, au chevron surmonté d'une croisette et accompagné de trois roses, le tout d'argent. — Pl. XXII.

Archives de la Nièvre. — *Archives de Nevers.* — Armorial de la généralité de Moulins.

❀ ❀ ❀

DE POISEUX, seigneurs de Poiseux, de Crux, de Chanay.

Châtellenies de Nevers et de Saint-Saulge.

Alliance : de Lamoignon.

Armoiries inconnues.

Archives de la Nièvre.

❀ ❀ ❀

DE POISSONS, seigneurs de Poissons, de La Forest-des-Chaumes, de Précy.

Châtellenies de Moulins-Engilbert, de Nevers et de Saint-Saulge.

Alliance : de Surgy.

Armoiries inconnues.

Archives de la Nièvre et du château de Vandenesse. — *Inventaire des titres de Nevers.*

✠ ✠ ✠

DE POMMAY, seigneurs de Pommay, des Réaux. Châtellenie de Châteauneuf-sur-Allier.

Armoiries inconnues.

Inventaire des titres de Nevers.

✠ ✠ ✠

POMMEREUIL, seigneurs de La Motte-Charente, de La Jarrye, de Langy, de Beaudéduit, de Romenay, d'Appacy, de Baugy, de La Belouse, de Vernesson.

Châtellenies de Decize et de Nevers.

Alliances : Carpentier, Baillart, Coquille, Cardin, Berthier, Gouneau, Fornier, Gornereau, Moquot, Vincent.

D'azur, à trois pommes d'or, tigées et feuillées de sinople. — Pl. XXIII.

Archives de Decize. — Marolles. — *Archives de Nevers.* — Armorial de Challudet.

Une famille du parlement de Paris a porté le même nom et presque les mêmes armes : *D'azur, au chevron d'or, accompagné de trois pommes de même, tigées et feuillées de sinople.* Nous ne savons s'il y a communauté d'origine entre ces deux familles. (Baron, *l'Art héraldique.*)

⚜ ⚜ ⚜

DE PONARD ou mieux **PONARD**, seigneurs des Crests, de La Verrerie-de-La-Boue, de Giverdy, de Marié, de Chevrette, de Fougère.

Châtellenies de Luzy et de Montenoison.·

Alliances : Jacquinet, de Reugny, Denay, de Grandval, Jacquier, du Crest, de Raffin, de Fieubert, de Chargère, Berthelot, du Branchet, de Crisy, Perroset, Pierre.

D'azur, à trois pals d'or. — Pl. XV.

Archives de la Nièvre, de Decize et du château de Vandenesse. — *Inventaire des titres de Nevers.* ⸺ Armorial général. — *Le Morvand.*

L'*Inventaire* de Marolles attribue à Jean de Ponard, écuyer, vivant en 1582, le blason suivant : *D'azur, à trois bandes d'argent.* On trouve aussi dans l'Armorial général : *D'or, à deux pals d'azur.*

⚜ ⚜ ⚜

DE PONT *al.* **DU PONT**, seigneurs de La Vallée-de-Cours, d'Aringette, de Bussy, de Corancy, de Chaligny.

Châtellenie de Montreuillon.

Alliances : d'Aringette, de Breuillard.

Armoiries inconnues.

Le Morvand.

⚜ ⚜ ⚜

DU PONT, seigneurs d'Épiry.

Châtellenie de Montenoison.

Armoiries inconnues.

Inventaire des titres de Nevers.

✤ ✤ ✤

DU PONT, seigneurs de Bois-en-Donziois, de Château-du-Bois, de Villeneau, de Fondelin. Originaires de Bretagne.

Châtellenies de Donzy et de Billy.

Alliances : d'Arcy, de Merry, de Blanchefort.

D'argent, à cinq cotices d'azur. — Pl. XXXI.

Inventaire des titres de Nevers. — *Mémoires de Castelnau.*

✤ ✤ ✤

DU PONT, seigneurs de Châlon.

Châtellenies de Châteauneuf-sur-Allier et de Decize.

Alliance : du Port.

Armoiries inconnues.

Archives de la Nièvre et de Decize. — *Inventaire des titres de Nevers.*

✤ ✤ ✤

DE PONTAILLER, seigneurs de Châtillon-en-Bazois, de Bernières, de Vaux, de Mouche, de Lâché. Originaires de Bourgogne.

Châtellenies de Saint-Saulge et de Montenoison.

Alliances : de Rochefort, de Ternant, de Cléron, de Chastellux, de La Perrière.

De gueules, au lion d'or. — Pl. XXIII.

Archives de la Nièvre. — Collection nivernaise de l'auteur. — *Inventaire des titres de Nevers.* — D. Plancher. — *Histoire de la maison de Vergy.* — *Histoire des grands officiers de la couronne.* — Paillot. — Moréri. — *Dictionnaire de la noblesse.* — *La Noblesse aux États de Bourgogne,* etc.

Les armes de cette famille se voient accolées à celles des La Perrière, avec la date 1597, à la clef de voûte d'une pièce du château de Saint-Franchy, bâti par Léonard de La Perrière et Antoinette de Pontailler, sa femme. Quelquefois le lion du blason des Pontailler est figuré *armé et lampassé d'azur.*

❖ ❖ ❖

DU PONTOT, seigneurs du Pontot, de Montbaron, de L'Epau, de La Forest-des-Chaumes, du Bouchet, de Charency, de Bouvesson, de Vaucloix, de Rosay, de Poligny-sur-Arron, de Viry, de Cervon, de Mhère, de Poussery, de Lanty, de Rémilly, de Maré, de Montgrinbault, de Saint-Eloi, d'Arlaut, de Grangebault.

Châtellenies de Moulins-Engilbert, de Metz-le-Comte, de Nevers, de Decize et de Savigny-Poil-Fol.

Alliances : Maulmain, de Maumigny, de Bauldoin, Le Bourgoing, de Montolieu, de La Croix, de Giverlay, de Fontenay, Regnier.

Écartelé : aux 1 et 4 d'azur, au lion d'argent, à la bande de gueules brochant sur le tout ; et aux 2 et 3 losangé d'argent et d'azur. — Pl. XXIV.

Archives de la Nièvre. — Marolles. — Dossier au cabinet des titres. — *Le Morvand.*

❖ ❖ ❖

DU PORT, seigneurs de Giry, du Port-Obry.

Châtellenies de Montenoison et de Cosne.

Alliance : Bouquaut.

Armoiries inconnues.

Marolles. — Archives de la Nièvre (fonds de l'abbaye de Roches) et du château de Giry.

⚜ ⚜ ⚜

DU PORT, seigneurs de Chevannes, du Coudray, d'Aglan, de Roche, d'Aubigny-le-Chétif.

Châtellenies de Nevers et de Decize.

Alliances: du Pont, d'Aisy, Le Tort, de La Ferté-Meun.

Armoiries inconnues.

Archives de la Nièvre. — *Inventaire des titres de Nevers.*

⚜ ⚜ ⚜

DE LA PORTE, seigneurs de Saincaize, de La Forest, des Chaumes.

Châtellenies de Châteauneuf-sur-Allier, de Nevers, de Donzy et de Saint-Saulge.

Alliances : Mareschal, de Bressolles.

Armoiries inconnues.

Archives de la Nièvre. — *Inventaire des titres de Nevers.*

⚜ ⚜ ⚜

DE LA PORTE, seigneurs de Suilly, de Magny, de Champlivault.

Châtellenie de Donzy.

Alliances : de Boisjardin, d'Autry, Le Bouc.

Armoiries inconnues.

Inventaire des titres de Nevers.

✤ ✤ ✤

DE LA PORTE, seigneurs de Chevannes, de Pesselières, de Servanday. Nivernais et Auxerrois.

Châtellenies de Clamecy, d'Estais, de Monceaux-le-Comte, de Druyes et de Saint-Saulge.

Alliances : Audebert, Postaillier, des Paillards, de Bèze.

De gueules, au château ou mieux *à la porte de ville d'or.* — Pl. XXII.

Inventaire des titres de Nevers. — Armorial de la généralité d'Orléans. — *Mémoires pour servir à l'histoire du Nivernais et Donziois.*

✤ ✤ ✤

POTRELOT DE GRILLON, seigneurs du Plessis, de Montescot, de Fremouset, de La Cornée, de Montcharlon. Nivernais et Bourbonnais.

Châtellenies de Moulins-Engibert, de Savigny-Poil-Fol et de Luzy.

Alliances : de Boulon, du Saray, Faure de La Ferté, de Virgile, de Ribert, de Montalivaut, Viennot de Vaublanc, de Chargère, Pelé, Pesselière, de La Coûture, de Sarrazin.

D'azur, au chevron d'or, accompagné de trois étoiles de même et surmonté d'un croissant d'argent. — Pl. XXIV.

Collection nivernaise de l'auteur. — Archives de l'Allier, registres des provisions. — *Cahier de la noblesse du Nivernais.* — *Armorial du Bourbonnais.*

⚜ ⚜ ⚜

POUGAULT.

Châtellenie de Moulins-Engilbert.

D'or, à la molette d'éperon de sinople, au chef de gueules chargé d'une tête de licorne d'argent. — Pl. XXIV.

Archives de Moulins-Engilbert. — Armorial de la généralité de Moulins.

On trouve dans l'Armorial général un personnage de cette famille dont les armes sont décrites ainsi : *De sable, à la poulie d'argent, au chef de même.*

⚜ ⚜ ⚜

DE POUGUES, seigneurs de Pougues.

Châtellenie de Nevers.

Armoiries inconnues.

Archives de la Nièvre. — *Inventaire des titres de Nevers.*

Cette famille, qui posséda la seigneurie de Pougues dès l'origine de la féodalité, a fourni l'un des deux sénéchaux de Nevers dont l'histoire nous ait conservé le nom : Geoffroy de Pougues, qui vivait en 1193.

⚜ ⚜ ⚜

DE POUGUES.

Châtellenies de Nevers et de Champallement.
Alliances : de La Loe, Coquille, de Veaulce.

Armoiries inconnues.

Archives de la Nièvre. — *Inventaire des titres de Nevers.*

Nous croyons qu'il n'y a aucun rapport entre cette famille, de la bourgeoisie de Nevers, à laquelle appartenait sans doute Pierre de Pougues, élu évêque de Nevers en 1430, et la famille dont nous venons de parler.

⚜ ⚜ ⚜

DE POUSSERY. V. BIDAUD.

⚜ ⚜ ⚜

DE PRACOMTAL, seigneurs de Vesvres, de Rouy, de Moussy, de Chevannes-Gazeaux, de Deuville, de Busseaux, de Châtillon-en-Bazois, de Bernières; marquis de Pracomtal. Originaires du Dauphiné, Bourgogne et Nivernais.

Châtellenies de Saint-Saulge, de Champallement et de Montenoison.

Alliances : d'Armes, Boucher d'Orsay, Thiroux de Montregard, de Perthuis, de Damas.

D'or, au chef d'azur chargé de trois fleurs de lys du champ. — Pl. XXIV.

Archives de la Nièvre et du château de Châtillon. — *État politique du Dauphiné.* — D'Hozier. — *Dictionnaire de la noblesse.* — Paillot. — Chevillard. — Vertot. — *Cartulaire de Montélimart.*

On trouve dans le troisième registre de d'Hozier une longue généalogie de cette famille, à laquelle La Chesnaye-des-Bois a aussi consacré un article du *Dictionnaire de la noblesse.*

⚜ ⚜ ⚜

DU PRÉ, seigneurs de Guipy, de La Breuille, de Beaumont, de Saincy, de Fertrève, du Gloseau, de Bussière-sous-Thianges, des Joleaux, de La Brosse, de Beaugachon. Originaires de l'Orléanais.

Châtellenies de Montenoison, de Decize, de Cercy-la-Tour et de Saint-Saulge.

Alliances : de Rivières, de Nuys, de Champrobert, Le Bourgoing, du Cheau, de Courtenay, Chenu, de Maumigny, de La Rivière, Bérard, Boille, de Boni, de Dortans.

Losangé d'or et de gueules. — Pl. XXIV.

Archives de la Nièvre et de Decize. — Marolles. — *Généalogie de Courvol.* — Armorial de la généralité de Moulins. — Preuves au cabinet des titres.

Dans les preuves de Saint-Cyr du cabinet des titres, le blason des du Pré est décrit : *D'or, fretté de gueules, au franc quartier d'azur, papelonné d'argent.*

✤ ✤ ✤

DE PRENAY al. DE PRUNAY, seigneurs de Prenay, de Charmoy, d'Arthel, du Port-à-la-Dame, de Chanay, de Nannay.

Châtellenies de Châteauneuf-au-val-de-Bargis, de Cosne et de Montenoison.

Alliances : de La Porte, Lamoignon, Bureaul, de Saint–Savin.

Armoiries inconnues.

Inventaire des titres de Nevers.

✤ ✤ ✤

DES PRÉS, seigneurs des Prés.

Châtellenies de Decize et de Châteauneuf-sur-Allier.

Armoiries inconnues.

Archives de Decize. — *Inventaire des titres de Nevers.*

✤ ✤ ✤

DES PRÉS, seigneurs des Prés, de Chambutin.

Châtellenies de Montreuillon et de Champallement.

Armoiries inconnues.

Archives de la Nièvre. — *Inventaire des titres de Nevers.*

✤ ✤ ✤

DES PRÉS *al.* **DES PREZ**, seigneurs de La Motte, de Cougny-aux-Amognes, de Châlon, du Grateiz, de Bruzeaux, de Charly, de La Pointe, des Barres, des Coques, de Mourond, de Bornay, de Bussière–sous–Thianges, de La Boue, d'Aubigny-le-Chétif, de Torteron, de Latigny, de Montgazon, de Saint-Firmin, de Bussy, de Beauregard, de Montigny-sur-Canne, du Bouchet, de La Jarrie, du Perreux, de Poissons, des Boureaux, de Lancray, de Mirebeau, de La Loge, de Bligny, du Perron, du Tounin, de Chandoux, de Roche-sur-Arron, de Vesvre, de Marcy.

Châtellenies de Nevers, de La Marche, de Decize, de Cercy–la–Tour, de Châteauneuf-sur-Allier et de Montenoison.

Alliances : Perron, Millet, Grêne, de Charpaigne, Rapine, des Jours, de Champs, de Clèves (bâtards), des Prés, Tenon, du Coing, Gascoing, Alixand, Couillard, du Broc, Pernin, Gillot, Galline, du Chemin, Le Bautz, de Faroux, Alexandre de Bausson, Bouzitat, de La Chasseigne, Pierre, de Maumigny, de Chéry, Le Maréchal, Pion, Maignen, de La Porte, Millin, Garnier, Moreau, Royse, Le Bourgoing, Brisson, Vaillant, de Noury, du Crest, Mabire, Maulnoury, Brunet, de Chargère, de Paris, Andras de Marcy, de Troussebois, Esmalle.

D'azur, au chevron d'argent, accompagné de trois coquilles d'or,
al. *D'azur, au chevron d'or, accompagné de trois coquilles d'argent.*
— Pl. XXIV.

Archives de la Nièvre et de Decize. — *Inventaire des titres de Nevers.* —
Preuves de page du roi au cabinet des titres. — Collection nivernaise de l'auteur.
— Armorial de Challudet. — Armorial de la généralité de Moulins. — La
Chesnaye-des-Bois.

On trouve indifféremment le chevron et les coquilles d'or ou
d'argent ; toutefois la famille paraît avoir définitivement adopté les
premiers émaux indiqués par nous.

L'Armorial de Challudet donne aux des Prés, seigneurs de La
Pointe, un écu écartelé aux 1 et 4 des Prés, au 2 de Clèves-Nevers,
et au 3 de Bourbon-Vendôme. Ces écartelures avaient été adoptées par
cette branche à cause d'une alliance avec une bâtarde de Clèves, sœur
de l'évêque de Bethléem Louis de Clèves.

⚜ ⚜ ⚜

LE PRESTRE DE VAUBAN, seigneurs de Champignolle, de Vauban, d'Ettevaux, du Meix-Richard, de
Bazoches, de Pierre-Pertuis, de Pouilly, de La Chaume,
d'Epiry ; comtes et marquis de Vauban. Originaires du
Nivernais, Bourgogne.

Châtellenies de Monceaux-le-Comte, de Montenoison,
de Luzy et de Montreuillon.

Alliances: de Frasnay, de Vesle, Arnaud, de La
Perrière, de Sauvages, de Roumier, Guesdin, de Busseuil,
de La Queuille, Millereau, de Carmignolle, d'Osnay, de
Mesgrigny, Bernin de Valentine.

*D'azur, au chevron d'or, accompagné de trois trèfles de même,
et un croissant d'argent en chef.* — Pl. XXIV.

Archives des châteaux d'Aunay et de Marcilly. — *Histoire des grands officiers
de la couronne.* — *Dictionnaire de la noblesse.* — Dubuisson, etc.

Des généalogies de la famille de l'illustre maréchal de Vauban se trouvent dans l'*Histoire des grands officiers de la couronne* et dans le *Dictionnaire de la noblesse*.

✤ ✤ ✤

PRÉVOST, seigneurs d'Aisy, du Tremblay.

Châtellenie de Montenoison.

Alliance : de Chassy.

Armoiries inconnues.

Inventaire des titres de Nevers.

✤ ✤ ✤

DE PRÉVOST DE LA CROIX, seigneurs du Chasnay, de Crécy, de Germancy ; comtes de Prévost ; marquis de La Croix. Originaires du Poitou, Bourgogne et Nivernais.

Châtellenies de Decize et de Nevers.

Alliances : de Grange, des Houlières, de Brèche, Petit, Fabry, Vitier, de Clermont-Tonnerre, de Blanot, de Vaulx, Viel d'Espeuilles, de Bourgoing, Richard de Soultrait, Sallonnier de Tamnay, de Champs.

Écartelé : aux 1 et 4 d'argent, à trois hures de sanglier de sable, qui est de Prévost ; *aux 2 et 3 de gueules, à deux clefs d'argent adossées et passées en sautoir,* qui est de Clermont-Tonnerre. — Pl. XXIV.

Archives de la Côte-d'Or et de la Nièvre. — Preuves pour l'admission aux États de Bourgogne. — Lainé. — *La Noblesse aux États de Bourgogne.* — *Cahier de la noblesse du Nivernais.*

✤ ✤ ✤

Pl. XXIV

FAMILLES.

DU PONTOT.

POTRELOT.

POUGAULT.

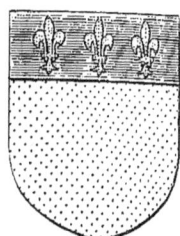

DE PRACOMTAL.

DU PRÉ.

LE PRESTRE DE VAUBAN.

DE PREVOST DE LA CROIX.

DES PRES

DE PRIE.

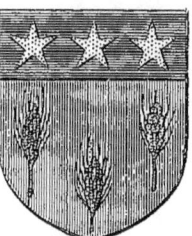

PRISYE.

RAPINE DE Ste MARIE.

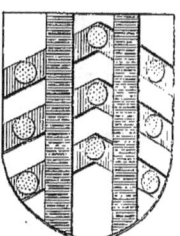

DES RÉAUX

DE RÉMIGNY.

REGNAULT DE TOUTEVILLE.

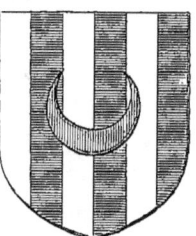

DE REUGNY.

DE RÉVEILLON.

RICHARD DE SOULTRAIT.

DE LA RIVIÈRE.

DE LA ROCHE DE LUPY.

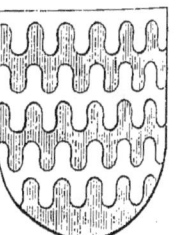

DE ROCHECHOUART

Imp. Fugère Frres Lyon

DE PRIE *al.* DE PRYE, seigneurs de Prye, de La Motte-sur-Loire, de Bornay, de Taiche, de Villette, de Chauvigny, d'Estang, de Martigny, d'Achun ; comtes et marquis de Prye. Originaires du Nivernais, Berry et Normandie.

Châtellenies de Nevers, de Metz-le-Comte, de Montreuillon et de Decize.

Alliances : de Sainte-Maure, Courault, d'Amboise, Anceau, de Salazar, de Bourbon–Montpeyroux, de Beauvau, de Choiseuil, de Rochefort, de Selles, de Hautemer, Brochart, de Serres, Berthelot de Pleneuf, Loquet de Tolleville, de Villette, etc.

De gueules, à trois tiercefeuilles d'or, au chef de même chargé d'une aigle éployée de sable. — Pl. XXIV.

Archives de la Nièvre. — *Inventaire des titres de Nevers.* — Guillaume Revel. — Gilles Le Bouvier. — *Histoire des grands officiers de la couronne.* — Paillot. — *Dictionnaire de la noblesse.* — Vertot, etc.

Le sceau de Jean de Prie, seigneur de Prie, de Busançois et de Gargilesse en 1383, portait un écu à *trois tiercefeuilles* ; Antoine de Prie, chevalier, seigneur de Busançois, fils de Jean, porta *écartelé : aux 1 et 4 de gueules, à trois tiercefeuilles d'or,* qui est de Prie ; *aux 2 et 3 d'or, à l'aigle éployée de sable, couronnée de gueules,* qui est de Busançois. *(Histoire des grands officiers de la couronne.)* Plus tard cette famille, au lieu d'écarteler l'aigle de Busançois, la mit en chef, et porta ses armes telles que nous les donnons ici. Dans l'Armorial manuscrit de Guillaume Revel, on lit : « Le timbre de » Prye est la teste d'un esgle, et crye cans d'oyseaulx. » Tel était, en effet, le cri de guerre des sires de Prie.

La généalogie de cette famille illustre, qui habita fort peu le Nivernais où cependant elle conserva la terre dont elle tirait son nom, se trouve dans l'*Histoire des grands officiers de la couronne* et dans le *Dictionnaire de la noblesse.*

Le château de Prye, en grande partie reconstruit au XVIIe siècle, offre encore une tour et des portions de courtines très-fortes du XIIIe.

⚜ ⚜ ⚜

PRISYE, seigneurs de Curty, de Drassy, de La Marche, de Mâchy, de Nifond, d'Azy-le-Vif, du Grateis, de Froidefond, de Chazelle, du Ris, de Paranche, de Chabbé, de Tabourneau, de La Vallée. Nivernais et Comtat-Venaissin.

Châtellenies de Nevers, de Châteauneuf-sur-Allier et de Decize.

Alliances : Roux, Challudet, Pinet, Dupin, Dollet, Cesset, Moquot, Girard, Maslin, Le Pain, Simonin du Vernay, Flamen, Gondier, de Chabrol.

De gueules, à trois épis de bled d'or, au chef cousu d'azur, chargé de trois étoiles du second émail. — Pl. XXIV.

Archives de la Nièvre. — Armorial de Challudet. — Pithon-Curt. — *Archives de Nevers. — Recherches historiques sur Nevers.* — Armorial de Challudet. — Armorial de la généralité de Moulins.

L'Armorial de Challudet, les *Étrennes de la noblesse de 1775* et le *Nobiliaire* de Pithon-Curt donnent les armes de cette famille d'une façon un peu différente : quelquefois le champ est d'azur et le chef de sable ; les épis sont tantôt couchés l'un sur l'autre, tantôt disposés 2 et 1.

Le musée céramique de Nevers possède de belles pièces de faïence du XVIIIe siècle aux armes des Prisye.

⚜ ⚜ ⚜

DE PRUNEVAUX, seigneurs de Prunevaux, du Plessis.

Châtellenie de Montenoison.

Armoiries inconnues.

Marolles — Archives de Prunevaux et de Giry.

⚜ ⚜ ⚜

DU PUIS, seigneurs d'Aurigny.

Châtellenies de Nevers et de Châtel-Censoy.

De gueules, au chevron d'or, accompagné de trois roses d'argent, au chef cousu d'azur, chargé de trois étoiles du second émail. — Pl. XXV.

Archives de la Nièvre. — Armorial de Challudet.

⚜ ⚜ ⚜

DU PUY, seigneurs de Saint-Sulpice-le-Châtel, de Chastelier, de Vernizy, de Busson.

Châtellenies de Nevers et de Cercy-la-Tour.

Échiqueté, à la bordure chargée de besants. — Pl. XXV

Archives de Decize. — *Inventaire des titres de Nevers.*

⚜ ⚜ ⚜ ⚜ ⚜

QUANTIN, seigneurs des Caillots.

Châtellenie de Decize.

Alliances : Boulon, Belard.

Armoiries inconnues.

Archives de Decize.

⚜ ⚜ ⚜

QUARRÉ, seigneurs de Chazeuil.

Châtellenie de Montenoison.

Alliance : de Michaugues.

Armoiries inconnues.

Archives de la Nièvre. — *Inventaire des titres de Nevers.*

⚜ ⚜ ⚜

QUARRÉ D'ALLIGNY, seigneurs d'Alligny-en-Morvand, de La Tour-d'Ocle, de Gouloux ; barons et comtes d'Alligny. Bourgogne et Nivernais.

Alliances : d'Alligny, de Cerveau, de Malain, de Boucanson, Berbis, Langlois, Perrault, Bernard de Montessus.

Échiqueté d'argent et d'azur, au chef d'or, chargé d'un lion léopardé de sable, armé et lampassé de gueules. — Pl. XXV.

Archives de la Nièvre. — *Dictionnaire de la noblesse.* — *La Noblesse aux États de Bourgogne.* — *Annuaire de la noblesse.*

La généalogie de cette famille se trouve dans le *Dictionnaire de la noblesse* et dans l'*Annuaire de la noblesse.*

⚜ ⚜ ⚜

QUARRÉ.

Châtellenie de Châteauneuf-sur-Allier.

De....., à trois tours, à la bande componée brochant sur le tout. — Pl. XXV.

Archives de la Nièvre.

Les armes de cette famille nous sont données par le sceau de Nicolas Quarré, sergent royal à Saint-Pierre-le-Moûtier, appliqué à un acte de 1523 des Archives de la Nièvre.

⚜ ⚜ ⚜

QUARTIER, seigneurs de Trangy.

Châtellenies de Decize et de Nevers.

Alliances : Gascoing, Flamen, Girard, Moquot, du Feuilloux, Le Bourgoing, Pinet.

D'azur, au chevron, accompagné en chef de deux étoiles et en pointe d'un cœur, le tout d'or. — Pl. XXV.

FAMILLES.

DU PUIS

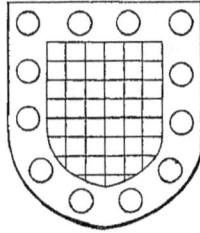

DU PUY

QUARRÉ D'ALIGNY

QUARRE

QUARTIER

QUESNAY DE BEAUREPAIRE

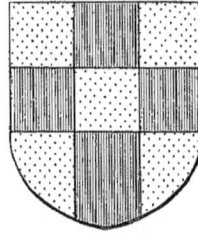

DE RABUTIN

RAVISY

REGNARD

REGNAULT

RICHOU

ROBELIN

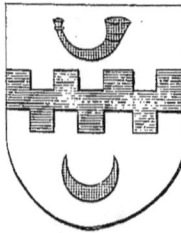

ROBERT

DE ROCHEFORT

DE ROLAND

ROLLOT

ROUSSEAU

ROUSSEL

DU RUEL

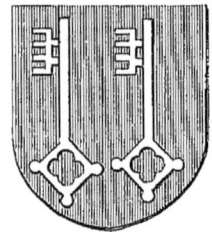

DE St PERE

Archives de la Nièvre et de Decize. — Armorial de Challudet. — Armorial de la généralité de Moulins.

Nous préférons le blason attribué à cette famille par l'Armorial de Challudet à celui que l'Armorial général donna, probablement d'office, à Claude Quartier, conseiller du roi, contrôleur des octrois et droits patrimoniaux de la ville et de l'élection de Nevers, et qui est: *De sable, au franc quartier d'or.*

✤ ✤ ✤

QUEDAT *al.* QUESDAT, seigneurs de Chaillenoy. Originaires de l'Orléanais.

Châtellenie de Donzy.

Alliance : Brossart.

Armoiries inconnues.

Inventaire des titres de Nevers.

✤ ✤ ✤

DE QUEHON, seigneurs de Breugny, de La Roche, d'Empury, de Chaumois, d'Urbigny, de Saint-André.

Châtellenie de Monceaux-le-Comte.

Alliance: de Breugny.

Armoiries inconnues.

Inventaire des titres de Nevers.

✤ ✤ ✤

QUESNAY DE BEAUREPAIRE, seigneurs de Beauvoir, de Saint-Germain-en-Viry, de Beaurepaire, de La Forest-de-Lurcy, du Bois-de-La-Motte. Originaires de Paris.

Châtellenie de Decize.

Alliances : de Guillon, Vyau de Baudreuille.

D'argent, à la fasce ondée d'azur, accompagnée de trois fleurs de pensée de même. — Pl. XXV.

Archives de Decize et du château de Beauvoir. — Registres paroissiaux de Saint-Germain-en-Viry. — *Cahier de la noblesse du Nivernais.*

Ces armes, qui avaient été données, avec la devise *Propter cogitationem mentis,* par Louis XV au fameux médecin Quesnay, père du premier seigneur de Beauvoir, sont peintes sur un beau plan terrier de cette importante seigneurie, conservé au château de Beauvoir.

⚜ ⚜ ⚜

DU QUESNAY, seigneurs d'Agriez, de Bailly, de Moraches, de Dirol, de Courcelles ; marquis du Quesnay. Originaires de l'Orléanais.

Alliances : du Val, Berthier, Picault, de Juisard.

Châtellenie de Monceaux-le-Comte.

Armoiries inconnues.

Archives de la Nièvre. — Preuves pour le chapitre de Leigneux. — *Cahier de la noblesse du Nivernais.*

⚜ ⚜ ⚜ ⚜ ⚜

RABUTEAU, seigneurs de Fontjudas.

Châtellenies de Cercy-la-Tour, de Monceaux-le-Comte et de Decize.

Alliances : de Cesbertaul, Guillemon.

Armoiries inconnues.

Archives de la Nièvre. — *Inventaire des titres de Nevers.*

⚜ ⚜ ⚜

DE RABUTIN, seigneurs d'Epiry, de Sardy, de Brinon-les-Allemands, de Savigny, de Taconnay ; barons d'Huban. Bourgogne et Nivernais.

Châtellenies de Montenoison et de Montreuillon.

Alliances : de Montaigu, de Montsaulnin, de La Tournelle, Musnier, d'Anlezy, de Jaucourt, etc.

Cinq points d'or équipollés à quatre de gueules. — Pl. XXV.

Marolles. — Archives de la Nièvre. — *Dictionnaire de la noblesse.* — Segoing. — Paillot. — *La Noblesse aux États de Bourgogne*, etc.

Plusieurs membres de cette famille écartelèrent leur blason de celui de Balore, qui est : *D'azur, à la croix denchée d'or.* Voici comment Paillot décrit les armes des Rabutin d'Épiry : *Écartelé : aux 1 et 4 de cinq points d'argent équipollés à quatre d'azur ; et aux 2 et 3 d'or, à la croix de sable.*

⚜ ⚜ ⚜

RAPINE DE SAINTE-MARIE, seigneurs de Besne, de Sainte-Marie-de-Flagelles, de La Charnaye, de Boisvert, de Saxi-Bourdon, de Chevenet, de Fourcherenne, de Lathenon, d'Aupassy, de Saint-Martin-de-La-Bretonnière, de Tamnay, du Nozet, de Châlons, des Tanches, des Coques, de Pontillard, de Giverdy. Auxerrois et Nivernais.

Châtellenies de Montenoison, de Saint-Saulge, de Nevers, de Cosne et de La Marche.

Alliances : Coquille, Pernin, Bonsot, Guichard, Litault, de La Venne, Ravisy, Bolacre, Besave, Save, Olivier, Gascoing, Latry, Flamen, Coiffier, du Broc, de Lespinasse, Carpentier, des Prés, Josian de Grandval, de Montrichard, de Maubranches, de Mestre.

D'argent, au chevron engrêlé de gueules, accompagné de trois coquilles de même. — Pl. XXIV.

Marolles. — Archives de la Nièvre. — Moréri. — Courcelles. — Armorial de Challudet. — Le Beuf, *Prise d'Auxerre.* — Armorial de la généralité de Moulins.

Les diverses branches de cette famille se distinguèrent par des écartelures ; les Rapine de Boisvert portaient : *Écartelé : aux 1 et 4 d'argent, au chevron engrêlé de gueules, accompagné de trois coquilles de même ; et aux 2 et 3, fascé d'azur et d'argent de quatre pièces, les fasces d'azur chargées, la première de deux, et la seconde d'une couronne à l'antique d'or, et les fasces d'argent aussi chargées, la première de deux, et la seconde d'un cœur de gueules,* qui est de Baudreuil.

Les seigneurs du Nozet écartelaient des armoiries des du Broc. Les armes des Rapine se voient sculptées sur un bénitier du XVIe siècle dans l'église de Sainte-Marie-de-Flagelles.

✤ ✤ ✤

RATEAU. V. DU MEIX.

✤ ✤ ✤

DE RATILLY, seigneurs de Ratilly.

Châtellenies de Saint-Saulge et de La Marche.

Armoiries inconnues.

Archives de la Nièvre. — *Inventaire des titres de Nevers.*

✤ ✤ ✤

RAVENEAUL.

Châtellenies de Nevers et de Châteauneuf-sur-Allier.

Alliance : des Crais.

Armoiries inconnues.

Inventaire des titres de Nevers.

✤ ✤ ✤

RAVISY, seigneurs de La Trouillère, de La Gueudre. Nivernais et Bourgogne.

Châtellenie de Saint-Saulge.

Alliances : Rapine, Coquille, Gresle, Le Breton, etc.

D'argent, au cerf passant de gueules sur une champagne de sinople, chargée de trois besants d'or. — Pl. XXV.

Histoire manuscrite de Saint-Saulge. — Armorial de la généralité de Moulins.

✤ ✤ ✤

DES RÉAUX, seigneurs des Réaux, *al.* des Ryaulx, de Coude, de Pruniers, du Plessis, de Salles, de Patinges, de Cigogne, du Moulin-d'Arragon.

Châtellenies de Cuffy, de La Marche et de Nevers.

D'argent, à trois chevrons de gueules, chacun chargé de trois besants d'or, et deux pals d'azur brochant sur le tout. — Pl. XXIV.

Archives de la Nièvre. — *Inventaire des titres de Nevers.*

Il existe en Champagne une noble et ancienne famille du nom des Réaux dont les armes sont : *D'or, au lion léopardé monstrueux de sable, à la tête humaine de carnation chevelée et barbée du second émail.* Nous pensons, avec M. Lainé *(Archives de la noblesse de France,* t. V.), que cette famille est différente de la famille nivernaise du même nom dont il est question dans l'*Inventaire* de Marolles, et qui paraît s'être éteinte au commencement du XVIIᵉ siècle, bien que La Chesnaye-des-Bois ait confondu ces deux familles. M. Roubet, juge de paix à La Guerche (Cher), possède des fragments de sculpture des premières années du XVIᵉ siècle provenant de Patinges, qui offrent des écussons aux armes des des Réaux.

✤ ✤ ✤

REBREJOT, seigneurs des Graviers.

Châtellenies de Decize et de Ganay.

Armoiries inconnues.

Archives de Decize.

⚜ ⚜ ⚜

REGNARD.

Châtellenies de Nevers.

De vair, au renard d'or. — Pl. XXV.

Archives de la Nièvre. — Armorial de la généralité de Moulins.

Nous donnons ces armes telles que les indique l'Armorial général, mais la famille paraît avoir porté généralement: *D'azur, au renard d'or.*

⚜ ⚜ ⚜

REGNARD DES COUDRÉES, barons des Coudrées.
Nivernais et Paris.

Châtellenies de Druyes et d'Entrains.

Alliances: Bourgouin, Bourgué, David, Archambault, Després de Barchon, Robbins-Dillon, de Siry.

D'argent, au chevron, accompagné en chef de deux quintefeuilles, et en pointe d'un renard rampant, le tout de gueules. — Pl. XXIII.

Registres paroissiaux d'Entrains. — Armorial général. — Titre par ordonnance royale du 17 janvier 1817.

⚜ ⚜ ⚜

REGNAULT.
Châtellenie de Nevers.

De gueules, au renard, accompagné en chef de deux croissants, le tout d'or. — Pl. XXV.

Archives de la Nièvre. — Armorial de la généralité de Moulins.

⚜ ⚜ ⚜

REGNAULT DE TOUTEUILLE et DE SAVIGNY DE MONCORPS, seigneurs de Touteuille, de Gron, de Fleury-la-Tour, de Savigny, de Tintury, de Savigny-sur-Canne, de Mias, de Bussières, de Reugny, de Lathenon ; comtes de Savigny de Moncorps.

Châtellenies de Saint-Saulge, de Cercy-la-Tour et de Decize.

Alliances : Paillard, Guillerand, Delaresse, Gondier, Save de Savigny, des Noyers, Jourdier, des Ulmes, de Moncorps, du Verne.

D'azur, à la gerbe d'argent. — Pl. XXIV.

Histoire manuscrite de Saint-Saulge. — Archives de la Nièvre. — *Cahier de la noblesse du Nivernais.*

MM. de Savigny ont été autorisés en 1869 à ajouter à leur nom les nom et titre du comte de Moncorps, leur grand-père. Ils portent donc maintenant : *Écartelé : aux 1 et 4 d'azur, à la gerbe d'argent ; et aux 2 et 3 d'argent, à sept mouchetures d'hermine, 3, 3 et 1.* (*Annuaire de la noblesse.*)

⚜ ⚜ ⚜

REGNIER DE GUERCHY, seigneurs de Saxi-Bourdon, de Champloiseau, de Vauvrille, de Poussery, de Saint-Gratien, d'Aunay, de Chandon, du Tonnin, de Chevannes-les-Crots ; comtes de Druy. Bourbonnais, Nivernais, Bourgogne et Champagne.

Châtellenies de Decize et de Montreuillon.

Alliances : Regnier, du Chesnay, des Paillards, d'Estampes, de Giverlay, de Reugny, d'Estutt, Spifame, de Brichanteau, de Brouilly, Marion de Druy, Le Goux, Racault, d'Harcourt.

D'argent, à six tourteaux d'azur, al.: *D'azur, à six besants d'argent 3, 2 et 1.* — Pl. XXX.

Archives de la Nièvre et de Decize. — Armorial de Challudet. — *Dictionnaire de la noblesse.* — *Histoire des grands officiers de la couronne.* — Paillot. — Magneney. — *Le Roy d'armes.*

✧ ✧ ✧

DE RÉMIGNY, seigneurs de Cigogne, de Dumflun, du Bouchet, de Bouvesson, de Giry, de Chassignolle, de Charancey, du Pontot, du Meix de Chalaut, de Semelines, de Saint-Franchy, de Billy ; marquis de Rémigny de Joux. Bourgogne, Nivernais et Champagne.

Châtellenies de Saint-Saulge, de Montenoison et de Nevers.

Alliances : de Grez, d'Armes, de La Perrière, de Veilhan, de Chastellux, Bolacre, Savary, Gouffier, de Torcy, de Combles, Thuillier, Segnier, Barbier du Metz, de Feillens, du Brouillard.

D'azur, à la fasce d'or, surmontée de trois étoiles de même. — Pl. XXIV.

Archives de la Nièvre. — *La Noblesse aux États de Bourgogne.* — Preuves au cabinet des titres. — Vertot.

✧ ✧ ✧

DE RÉMILLY, seigneurs de Rémilly.

Châtellenie de Savigny-Poil-Fol.

Armoiries inconnues.

Archives de la Nièvre. — *Le Morvand.* — *Inventaire des titres de Nevers.*

✧ ✧ ✧

RENAUD D'AVESNE DES MÉLOIZES, seigneurs des Méloizes, de Berges, des Neux, du Vignoux ; marquis de Fresnoy. Nivernais et Ile-de-France.

Châtellenie de Monceaux-le-Comte.

Alliances : de Montsaulnin, du Pont de Neuville, Chartier, de Péan, de Lusignan, de Fresnoy, de Menjot, d'Aux, Dufort de Cheverny, Boucher de Crêvecœur, O'Kennedy, Poupilier, de La Bonninière de Beaumont, Thabaud de Linetière.

Écartelé : aux 1 et 4 de gueules, à l'aigle d'argent membrée, becquée et couronnée d'azur, qui est de Coligny ; aux 2 et 3 d'or, au sautoir de sable, qui est de Fresnoy ; et sur le tout d'azur, au chevron d'or accompagné en chef de deux quintefeuilles d'argent et en pointe d'une fourmi de même, qui est de Renaud d'Avesne. — Pl. XXXI.

Le Morvand. — Cahier de la noblesse du bailliage de Senlis. — Annuaire de la noblesse. — Titre par succession de la famille de Fresnoy.

La généalogie de cette famille se trouve dans l'*Annuaire de la noblesse* de 1857.

⚜ ⚜ ⚜

DE REUGNY, seigneurs de Reugny, de Riéjot, de Fleury-la-Tour, de Cercy, de Bouvesson, de Ladmirault, de Gigny, d'Arcy, du Gué, de Devay, de Lancray, de Faveray, de Villiers, de Thaix, du Plessis, du Tremblay, d'Isenay, de Baudoin, de Montaron, de Mazilles, du Pré, d'Uxeau, de Morand, de Chantereau, de Brodon, de Chassigny, de Pouligny, de Rémilly, de Creux, de Savigny, de Cauly, de Saint-Gratien, de Vandenesse, de Poussery, de Perron, de La Madelaine, de Fautray ; comtes et marquis du Tremblay. Nivernais et Bourbonnais.

Châtellenies de Decize, de Saint-Saulge, de Monceaux-le-Comte, de Cercy-la-Tour, de Donzy et de Savigny-Poil-Fol.

Alliances : de Chaseaux, de Lancray, de Champrobert, des Choux, Raulin, de Traves, d'Orgières, de Parthenay, de Cosson, de Marrey, de La Brosse, de Lartigue, de

Courvol, d'Aunay, de Bongards, de Loron, de Guerry, de Frasnay, de Maumigny, de Ponard, Bureau, de La Bâtie, de Montchaveau, du Ruel, de Gerbault, Regnier de Guerchy, de Chevigny, de Retoulles, de La Rivière, de Louseau, de Cossaye, Popillon, d'Estutt, de Choiseuil-Esguilly, de Saulieu, de Lichy, Gay, Grasset, Bretagne, Garnier, d'Escrots, de Saint-Hilaire, de Champfeu, Hugon de Pouzy, Comeau, Millot de Montjardin, de La Barre, de Fussey, Bruno de Vitry.

Palé d'argent et d'azur, au croissant de gueules brochant sur le tout. — Pl. XXIV.

Archives de la Nièvre et de Decize. — Marolles. — Manuscrits de D. Viole, Notice sur Notre-Dame-du-Pré. — Armorial de Challudet. — *Dictionnaire de la noblesse. — Généalogie de Courvol.* — Armorial de la généralité de Moulins. — Preuves pour le chapitre d'Alix.

La généalogie de la famille de Reugny se trouve dans le *Dictionnaire de la noblesse* et dans la *Généalogie de la maison de Courvol.*

Les armes des Reugny sont gravées sur la dalle funéraire de Françoise de La Rivière, femme de François de Reugny, écuyer, seigneur de Faveray, morte en 1606, qui se trouve dans l'église de Saint-Martin-du-Pré, près de Donzy ; on les voit aussi peintes avec celles de plusieurs alliances de la famille de Maumigny, au château de Riéjot, près Decize.

⚜ ⚜ ⚜

DE RÉVEILLON, seigneurs de Réveillon.

Châtellenies d'Entrains et de Nevers.

Alliance : Hinsselin de Moraches.

D'azur, au chevron, accompagné en chef de deux étoiles et en pointe d'un lys de jardin, le tout d'or, et un chef de même, chargé d'une rose de gueules. — Pl. XXIV.

Archives de la Nièvre. — Armorial de Challudet.

⚜ ⚜ ⚜

RICHARD DE SOULTRAIT, seigneurs de L'Ile-de-Mars, de Sornay, de Soultrait, de Chamvé, de Magny, de Toury-sur-Abron, de Rancy, de Montcouroux, de Couroux, de Villecourt, de La Forest, de Retz, des Espoisses, de Merlay, de La Bussière, de Fleury-sur-Loire, de La Motte-Farchat, de La Varenne, de La Garenne-de-Druy ; comtes de Soultrait. Originaires du Comtat-Venaissin, Nivernais et Bourbonnais.

Châtellenies de Châteauneuf-sur-Allier, de Nevers et de Decize.

Alliances : de Rosset, de Barthelier, de Barthomier, du Gru–du–Bois, Sallonnier de Nyon, Galaix, Le Bourgoing, de Vaulx, Pinet, Carpentier, Chaussin d'Hurly, de Prévost de La Croix, Outrequin de Saint-Léger, de Champfeu, Le Jeans, Brac de La Perrière, Rocoffort, de Matharel, de Thoisy, Simon de Quirielle, de Potier, de Mauraige.

D'argent, à deux palmes de sinople adossées, accompagnées en pointe d'une grenade de gueules, tigée et feuillée du second émail. — Pl. XXIV.

Archives d'Avignon, de Valréas et de Grillon (Vaucluse). — Archives de la Nièvre, de Decize et du château de Toury-sur-Abron. — Armorial de la généralité de Moulins. — *Cahiers de la noblesse du Nivernais et du Bourbonnais.* — *Mémoires historiques sur le département de la Nièvre.* — Titre héréditaire du Saint-Siége par bref de 1850.

Les armoiries des Richard ne portaient dans l'origine que deux palmes, quelquefois sur champ d'or ; on les voit ainsi à Grillon (Vaucluse), grossièrement sculptées dans la maison de la famille, construction du XVI⁰ siècle, et gravées, à peu près à la même époque, avec un casque et des lambrequins, sur une dalle qui recouvrait son caveau sépulcral dans l'église paroissiale. La grenade fut sans doute la brisure de la branche de Valréas, seule représentée de nos jours. L'Armorial de la généralité de Moulins de 1696 décrit les armes de Joseph Richard de Soultrait, telles qu'il les avait fait graver sur son cachet, avec les palmes adossées et la grenade. Le cachet, un peu effacé, qui scelle le testament de Pierre, fils de Joseph, est gravé d'un écusson écartelé, dont le premier quartier offre les armes du père du testateur ; le second, celles de sa mère Marie Sallonnier de Nyon ; le troisième est tout à fait effacé ; enfin, sur le quatrième, se voit un objet peu distinct, qui semble être la corne d'abondance, meuble héraldique *parlant* qui, au XVIIIe siècle, prit place dans les armoiries de la famille, soit à l'intérieur de l'écu, comme sur le cachet de Charles Richard de Soultrait, écuyer, seigneur de Fleury et de Toury, en 1780, où cet écu est timbré d'une couronne de marquis, supporté par deux lions et orné de la croix de Saint-Louis ; soit extérieurement, comme au-dessus de la porte de l'ancien hôtel de la famille, montée des Récollets à Nevers, et sur le cachet de Benoîte de Vaulx, femme de Charles ; le blason de cette dernière avait été peint sur une litre de l'église de Fleury-sur-Loire, déjà fort peu visible il y a quelques années, à peu près effacée maintenant.

La généalogie de la famille Richard de Soultrait se trouve dans l'*Annuaire de la noblesse de France* de 1851 et, plus complète, dans la nouvelle édition de d'Hozier.

⚜ ⚜ ⚜

RICHOU, seigneurs de Bussy, de Poussains.
Châtellenie de Montreuillon.

Alliances : Marotte, Tridon.

D'argent, à trois molettes d'éperon à cinq pointes de gueules, au chef de sinople. — Pl. XXV.

Archives de Château-Chinon. — Armorial de la généralité de Moulins — *Le Morvand.*

L'Armorial général attribue à divers membres de cette famille des blasons différents qui paraissent être de fantaisie. Nous avons adopté les armoiries réellement portées par la famille.

⚜ ⚜ ⚜

RIFFÉ, seigneurs du Pavillon. Berry et Nivernais.
Châtellenie de Nevers.

De..., à la bande accompagnée de trois étoiles, une en chef, l'autre en pointe.

Archives de la Nièvre.

Nous donnons, sous toutes réserves, ces armoiries qui figurent sur le cachet d'une lettre, datée de 1719, de Louis Riffé, notaire royal à Nevers.

✤ ✤ ✤

DE RIMBERT.

Châtellenie de Nevers.

Armoiries inconnues.

Archives de la Nièvre. — *Inventaire des titres de Nevers.*

✤ ✤ ✤

DE LA RIVIÈRE, seigneurs de La Rivière, de Champallement, de Bennes, d'Aunay, de Corvol-Dambernard, de Chevannes, de Ponnart, de La Malmaison, de Beaumont, de Brinon, de Rochefort, de Césy, de Champlemy, de Perchain, du Cros, de Lurcy-le-Bourg, de Lurcy-le-Châtel, d'Ormoy, de Boulon, d'Arzembouy, de Souffin, de Colmery, de Vezannes, de Poilly, de Rebourceau, de Saint-Martin, de La Garde ; barons et marquis de La Rivière. Nivernais et Bourgogne.

Châtellenies de Donzy, de Champallement, de Châteauneuf-au-val-de-Bargis et de Montenoison.

Alliances: de Chassin, d'Augeran, de Préaux, d'Auneau, de Trie, de La Trémoille, de La Paulmière, de Billy, de Jaucourt, d'Avenières, de Chassy, de Champlemy, de La Perrière, de Reugny, de Segueneaul, de Nourry, de Damas, de Savoisy, de Chabannes, de Choiseuil, d'Eltouf de Pradines, de Roffignac, de Dinteville, de Raguier, de Harlay, Hurault, de Veilhan, de La Magdelaine, Spifame, Batonneau, de Mauroy, de Damoiseau, de Thoury, de Loron, de Montsaulnin, Chevalier.

De sable, à la bande d'argent. — Pl. XXIV.

Archives de la Nièvre. — Marolles. — Titres de Bourgogne. — Guy Coquille. — Gilles Le Bouvier. — *Histoire des grands officiers de la couronne.* — *Dictionnaire de la noblesse.* — Moréri. — Armorial de Challudet, etc.

Les armes de cette famille sont gravées sur des fragments de pierres tombales du XIVe siècle conservés dans les ruines de l'ancienne église prieurale de L'Epau, près de Donzy, dont les La Rivière furent les principaux bienfaiteurs; on les trouve aussi sculptées au château de Champlemy. Dans l'Armorial de Challudet, elles sont figurées: *D'argent, à la bande de sable.* Une branche de la famille, issue de Guillaume de La Rivière, fils légitime de Jean III de La Rivière, chevalier, seigneur de La Rivière et de Champlemy, porta pour brisure un *croissant d'argent à senestre. (Dictionnaire de la noblesse.)*

L'illustre Bureau de La Rivière appartenait à cette famille; on sait qu'il fut enterré à Saint-Denis. Voici le passage de l'*Histoire de l'abbaye royale de Saint-Denis,* par Félibien, où il est question de la tombe de ce seigneur : « Aux pieds du tombeau du roy Charles V, a esté
» inhumé Bureau de La Rivière, son chambellan et son favori. On lit
» encore partie de son épitaphe sur une tombe plate en cuivre. La
» voicy entière comme la rapportent Doublet et Milet :

» Cy gist noble homme messire Bureau, jadis seigneur de La Rivière
» et Daunel, chevalier et premier chambellan du roy Charles V et du
» roy Charles VI son fils, qui trespassa le 16 jour daoust l'an 1400, et
» fut cy enterré de lordonnance dudit roy Charles V, qui pour considé-
» ration de très grands et notables services qu'il li avoit fait, et pour la
» singulière amour qu'il avoit à luy, le volt et ordonna en son vivant
» et le dit roy Charles VI le conferma; et aussi nosseigneurs les ducs
» de Berry, de Bourgogne, d'Orléans et de Bourbon qui lors étoient
» voldevent que ainsi fust. Priez Dieu pour l'âme de li. »

La tombe de cuivre dont parle Félibien, détruite pendant la Révolution, a été remplacée, lors de la restauration de l'église de Saint-Denis, par une statue couchée en plâtre, avec une tête de marbre d'occasion ; sur la dalle supérieure du sarcophage se lit l'épitaphe rapportée par Félibien.

La généalogie des La Rivière se trouve dans l'*Histoire des grands officiers de la couronne,* dans le *Dictionnaire de la noblesse,* etc.

⚜ ⚜ ⚜

ROBELIN.

Châtellenie de Nevers.

D'azur, à la dalmatique d'argent, accompagnée de trois flammes d'or rangées en chef. — Pl. XXV.

Archives de la Nièvre. — Collection nivernaise de l'auteur. — Armorial de la généralité de Moulins.

✤ ✤ ✤

ROBERT, seigneurs de Chevannes.

Châtellenie de Moulins–Engilbert.

Alliances : Sallonnier, Isambert, Le Tort, Alloury, Fournier, etc.

D'or, à la fasce bretessée et contrebretessée d'azur, accompagnée en chef d'un huchet de sable, enguiché de gueules, et en pointe, d'un croissant aussi de sable. — Pl. XXV.

Archives de Moulins-Engilbert. — Collection nivernaise de l'auteur. — Armorial de la généralité de Moulins.

✤ ✤ ✤

ROBIN, seigneurs des Brulés, de Moran, de Fontjudas, de La Mottte-aux-Girauds, de Lomoy, de Villerotte, du Tronsay, des Boules, de Corcelles.

Châtellenies de Cercy-la-Tour et de Decize.

Alliances : du Plessis, Guillemère, Pollesson, de La Rivière, Collesson, Varier, Cotignon, Bernard, de Vaux, Barthélemy, etc.

Armoiries inconnues.

Archives de Decize. — *Inventaire des titres de Nevers.*

L'Armorial de la généralité de Moulins donne des armes tout à fait de fantaisie à deux personnages du nom de Robin qui n'appartenaient probablement pas à la famille mentionnée ci-dessus.

⚜ ⚜ ⚜

DE LA ROCHE, seigneurs de Loudun, de Moques, de Rhimbé, de Lupy, de Châteauvert ; comtes de La Roche de Lupy. Franche-Comté, Berry et Nivernais.

Châtellenies de Cosne, de Cuffy et de Montenoison.

Alliances : de Marafin, de Vielbourg, de Bar, de Châteaubodeau, de La Couldre, de Bonnet, Sallonnier, Brisson, de Champs, Gascoing, du Verne, d'Harnois, de Charry.

D'azur, à trois bandes d'or. — Pl. XXIV.

Archives de la Nièvre. — Vertot. — Armorial de la généralité de Bourges. — *Cahier de la noblesse du Nivernais.*

⚜ ⚜ ⚜

DE ROCHECHOUART, seigneurs de Vauchisson, de Saint-Péreuse ; barons de Saint-Amand-en-Puisaye. Originaires du Poitou.

Châtellenies de Saint-Verain et de Moulins-Engilbert et comté de Château-Chinon.

Alliances : d'Aumont, de Faudoas, de Castelnau, de Humières, de Maricourt, Chabot, Rouhault, du Breuil.

Fascé, enté ou *nébulé d'argent et de gueules de six pièces.* — Pl. XXIV.

Marolles. — *Histoire des grands officiers de la couronne.* — *Dictionnaire de la noblesse.* — *Mémoires de Castelnau,* etc.

Quelques membres de l'illustre maison de Rochechouart ont possédé en Nivernais des seigneuries, entr'autres l'importante baronnie de Saint-Amand-en-Puisaye; ils appartenaient à la branche de Chandenier.

Les *Mémoires de Castelnau* attribuent pour brisure à cette branche une *bordure componée d'or et d'azur*, que nous n'avons retrouvée sur aucun monument contemporain. Les armes des Rochechouart, sculptées en divers endroits de l'église et du château de Saint-Amand, y sont toujours représentées sans brisure; disons toutefois qu'un vitrail du XVIe siècle de l'église de Dampierre-sous-Bouhy, près de Saint-Amand, offre un écu *parti d'or, à trois fasces ondées de gueules, à la cotice d'azur en bande brochant sur le tout; et d'un écartelé aux 1 et 4 d'argent, à la croix de gueules, et aux 2 et 3 d'argent, au chevron de sinople.* Cet écusson, inexact du reste comme couleurs, est bien probablement un blason d'alliance d'un Rochechouart, qui aurait pris cette cotice comme brisure. Enfin l'*Inventaire* de Marolles décrit ainsi l'écu qui était peint sur un aveu et dénombrement de la terre de Saint-Péreuse, près de Moulins-Engilbert, rendu en 1597 par Philippe de Rochechouart, seigneur de Saint-Péreuse, aussi de la branche de Chandenier: *Écartelé: au 1 ondé d'argent et de gueules; au 2 d'or, à la fasce de sable, accompagnée de six coquilles de même; au 3 de Bourgogne ancien; et au 4 d'azur, semé de fleurs de lys d'or, à la tour d'argent en abîme,* et, pour cimier, un chat-huant au naturel, becqué et éclairé d'or.

La généalogie de la maison de Rochechouart se trouve dans l'*Histoire des grands officiers de la couronne,* dans Moréri, dans le *Dictionnaire de la noblesse,* etc. Celle du rameau des seigneurs de Saint-Amand est donnée par les *Mémoires de Castelnau.* M. le général duc de Mortemart a publié l'histoire de sa maison en un volume grand in-4°.

⚜ ⚜ ⚜

DE ROCHEFORT, seigneurs de Châtillon-en-Bazois, de Beaulce, de Spouse, de Menestreau. Originaires de Bourgogne, Nivernais et Berry.

Châtellenies de Saint-Saulge et de Donzy.

Alliances : de Saint-Chéron, de Nevers (bâtards), Girard, de Pontailler, de Prie, de Ternant.

D'azur, semé de billettes d'or, au chef d'argent, chargé d'un lion passant de gueules. — Pl. XXV.

Marolles. — Collection nivernaise de l'auteur. — *Histoire des grands officiers de la couronne.* — Armorial de Challudet. — *La Noblesse aux États de Bourgogne*, etc.

La généalogie de cette famille se lit dans l'*Histoire des grands officiers de la couronne*, mais elle y est incomplète et peu exacte.

⚜ ⚜ ⚜

ROCHERY, seigneurs de Rangloux. Bourbonnais et Nivernais.

Châtellenies de Châteauneuf-sur-Allier, de Nevers et de Metz-le-Comte.

Alliance : de Loron.

Armoiries inconnues.

Archives de la Nièvre. — *Inventaire des titres de Nevers..* — Collection Gaignières, à la Bibliothèque nationale. — *Le Morvand.*

Nous connaissons les armoiries de deux personnages du nom de Rochery, mais d'une manière trop peu certaine pour que nous les donnions autrement que comme renseignement. Un volume de la collection Gaignières *(Recueil d'épitaphes,* tome II, Bourgogne) de la Bibliothèque nationale nous a conservé la copie de l'épitaphe de Gabrielle de Loron, femme de François Rochery, morte en 1624, qui se lisait dans l'église de Dornecy; au-dessous de l'inscription figurait un écusson, entouré d'une cordelière, dans lequel les armes des Loron étaient parties d'un blason *à trois rochers enflammés, surmontés d'une étoile soutenue d'un croissant.*

Puis nous lisons dans l'Armorial général la description suivante des armoiries de Gaspard Rochery, procureur à Nevers : *De gueules, à trois rochers d'argent en fasce, accompagnés de deux serpents ondoyants et rampants d'or, l'un en chef, l'autre en pointe.*

Il y eut peut-être en Nivernais deux familles Rochery, car il nous semble difficile d'admettre que les Rochery de la petite bourgeoisie de

Nevers aient eu une communauté d'origine avec les Rochery qui appartenaient à la noblesse dès le XIVᵉ siècle et qui donnaient, au XVIᵉ, un abbé à Cervon.

⚜ ⚜ ⚜

DE RODON, seigneurs de La Garenne, de Villiers, de Saint-Georges, du Fourviel, de Vauchisson, de Prélouis, de Villiers, du Corday. Nivernais et Bourgogne.

Châtellenies de Savigny-Poil-Fol, de Luzy, de Saint-Verain et de Montreuillon.

Alliances : d'Arcy, Le Bourgoing, du Guay, Celerier, de Blosset, de Blondeau, d'Aubreau, de Bongars.

Armoiries inconnues.

Archives de la Nièvre. — *Inventaire des titres de Nevers.* — *Noms féodaux.* — *Le Morvand.*

Nous n'osons donner les armoiries de cette famille d'une manière positive, bien que nous connaissions un sceau de Louis de Rodon, prieur de Champvoux au commencement du XVᵉ siècle, sur lequel figure un blason. Voici la description de ce sceau, dont la matrice originale est conservée au musée de Nevers: s. dam : lois : de : rodon prior. de chamvo entre grènetis, lettres capitales gothiques. Dans le champ, qui est elliptique, un saint Pierre, patron de l'église de Champvoux, placé dans une niche au-dessous de laquelle est agenouillé un religieux ; devant ce personnage, un écu parti d'une *croix ancrée et d'une fasce surmontée d'une étoile.* Il se pourrait que la croix fût le blason du prieuré et que la fasce, surmontée de deux étoiles, pour l'écusson entier, fût celui du prieur. Nous avons aussi trouvé dans les preuves d'un chevalier de Malte de la famille de Grivel (Bibliothèque de l'Arsenal) une famille de Rodon portant : *D'azur, à trois glands d'or.*

⚜ ⚜ ⚜

DE ROFFIGNAC, seigneurs de Meauce, de Gigny, de Trémigny, de La Forest-de-Chaulme, de Bouy, de Saincaize, de Barges, des Granges, du Marais, d'Omery-

les-Goths, de Marcenay, de Montmartin, de Mallechassei-
gne, du Veuillin ; comtes d'Apremont. Originaires du
Limousin.

Châtellenies de Nevers, de Châteauneuf-sur-Allier et
de Cuffy.

Alliances : de Monturuc, de Maumont, de Salaignac,
de Felezin, de Montmirat, de La Cropte, d'Anlezy, de
Marafin, de Vohet, de La Rivière, Bertrand, du Mesnil,
de Damas, Berthelon, du Plessis, de Pergues, d'Aubrun,
de Marcelanges, des Gentils, Gascoing, de Morogues,
de Torcy, etc.

Écartelé : aux 1 et 4 d'or, au lion de gueules, qui est de Roffignac ;
*et aux 2 et 3 d'azur, à la bande d'or, accompagné de six molettes
d'éperon de même en orle.* — Pl. XXVI.

Archives de la Nièvre, de Druy et de Decize. — *Inventaire des titres de Nevers.*
— Preuves de page du roi au cabinet des titres. — Vertot. — Armorial de
Challudet. — Segoing. — Guichenon, *Histoire de la souveraineté des Dombes.*

Les armoiries des Roffignac, avec l'écartelure de la bande et des
molettes propre à la branche nivernaise, comme le dit Guichenon, se
voient sculptées et peintes au château de Bouy et dans l'ancienne église
paroissiale de Meauce.

La généalogie des Roffignac a été donnée dans l'*Annuaire de la
noblesse.*

⚜ ⚜ ⚜

ROLAND *al.* DE ROLAND, seigneurs d'Arbourse,
des Troches, d'Isenay, du Coudray, de Challuy, de
Couloise, de Coëron, de Vendonne, de Thaix, de Montigny,
de Curiot, de Dirol, de Villaines. Nivernais et Berry.

Châtellenies de Châteauneuf-au-val-de-Bargis, de Saint-
Saulge, de Cercy-la-Tour et de Nevers.

Alliances : Le Tort, d'Arcy, de Guillon, de La Croix,
de Champs, de Certaines, Pagani, Gentil, etc.

De gueules, au griffon d'or, armé et becqué d'argent. — Pl. XXV.

Archives de la Nièvre. — Marolles. — Armoriaux des généralités de Moulins et de Bourges. — *Généalogie de Courvol.* — *Le Morvand.*

Le griffon est quelquefois armé et becqué de sable ; on le trouve aussi accompagné de trois étoiles d'argent. (Armorial général.)

La *Généalogie de la maison de Courvol* donne pour armes à cette famille : *D'or, à la fasce de gueules, chargée de trois roses d'argent.*

� � �

ROLLOT.

Châtellenie de Montreuillon.

De gueules, au chevron d'or, surmonté d'une étoile d'argent et accompagné en pointe d'un rocher de même, chargé d'un chêne de sinople. — Pl. XXV.

Archives de Château-Chinon. — Armorial de la généralité de Moulins.

☘ ☘ ☘

DE ROSIERS, seigneurs de Rosiers, de La Cave, Bouchard, d'Aunay.

Châtellenies de Châteauneuf-sur-Allier et de Decize.

Alliances : de Villiers, Filelaine, de Monts.

Armoiries inconnues.

Archives de Decize. — *Inventaire des titres de Nevers.*

☘ ☘ ☘

ROSTICELLI, seigneurs de Brain, de Saint-Léger-des-Vignes, de Clos-Morin. Originaires d'Italie.

Châtellenies de Decize et de Nevers.

Alliance : Bonineau.

Armoiries inconnues.

Archives de Decize.

☘ ☘ ☘

ROUSSEAU, seigneurs de Montsauche, de Vermot, de Vaucornuault.

Châtellenie de Montreuillon.

Alliances : Colin, Martin, Sallonnier, de Thomassin, Girod de Montrond, Boucher de La Rupelle, de Candras.

D'azur, au chevron, accompagné en chef de deux roseaux et d'une grappe de raisin en pointe, le tout d'or. — Pl. XXV.

Archives de la Nièvre. — *Le Morvand.*

On voit dans les ruines de l'ancienne église de Dun-les-Places l'épitaphe de Philibert Rousseau, *sommelier de la chapelle de la reine,* mort en 1667, sur laquelle sont gravées les armoiries décrites ci-dessus.

❧ ❧ ❧

ROUSSEL, seigneurs des Réaux, de Saint-Gremanges. Nivernais et Bourbonnais.

Châtellenies de Nevers et de Monceaux-le-Comte.

Alliances : du Feuilloux, de Troussebois, Carpentier, Brisson, Gascoing.

D'azur, au sautoir d'or, accompagné en chef d'une étoile de même, et, en pointe, d'une rose d'argent. — Pl. XXV.

Archives de la Nièvre. — Armorial de Challudet.

Nous possédons un *ex libris* gravé, de la seconde moitié du XVIIIᵉ siècle, d'un membre de la branche bourbonnaise de cette famille, dont l'écusson ovale, timbré d'une couronne de duc et supporté par deux coqs, est : *Écartelé : au 1 de Roussel; au 2 d'argent, au lion de sable, au chef de même, chargé de trois coquilles d'or; au 3 d'argent, à la fasce de gueules, chargée de trois croisettes du champ; au 4 de sable, à trois épées d'argent, appointées en pile vers la pointe de l'écu; et, sur le tout, d'argent, au lion de gueules, couronné du champ, tenant à la patte sénestre un écu d'argent, au chef échiqueté.* On lit dans un encadrement, au-dessous du blason : *Ex Bibliotheca Caroli* (Roussel) *de Tilly.*

⚜ ⚜ ⚜

ROUX, seigneurs de Sallé, du Vernay, de Rigny, de Marigny, de Saincaize, de Gigny.

Châtellenies de Nevers et de Châteauneuf-sur-Allier.

Alliances : Pernin, Sirot, Brisson, Le Bourgoing, Sallonnier, Carpentier, Guillaume, Gascoing, Gondier, Guynet, Prisyè, de Favardin, de Luzy.

De gueules, au chevron d'or, accompagné de trois cœurs al. trois cœurs ailés de même, au chef cousu d'azur, chargé de trois étoiles du second émail. — Pl. XXVI.

Archives de la Nièvre. — *Tableau chronologique.* — *Noms féodaux.* — Armorial de Challudet. — Armorial de la généralité de Moulins.

Un grand écusson des Roux, portant les cœurs ailés, se voit sur une fort belle plaque de cheminée, de la fin du XVIIᵉ siècle, conservée à Gain, près de Saincaize.

⚜ ⚜ ⚜

ROY, seigneurs de Bissy.

Châtellenies de Nevers et de Saint-Saulge.

Alliances : de Corbigny, Pausseron, Perude, Bogne, Doreau.

D'azur, au limaçon d'argent couronné de même. — Pl. XXVI.

Archives de la Nièvre. — Armorial de Challudet. — Armorial de la généralité de Moulins.

Dans l'Armorial de Challudet, le limaçon n'est point couronné et les armes des Roy sont écartelées de celles de la famille de Corbigny.

⚜ ⚜ ⚜

LE ROY, seigneurs de Bertrix, de Cuy, de Thorigny, du Bruit, du Soulier, de Cussy, de Marcilly ; barons d'Alarde. Nivernais, Bourbonnais et Berry.

Châtellenie de Montreuillon.

Alliances : du Verne, Cotignon, de Chéry, de La Forest, de Chaussecourte, de Roland, de Courtais, Gastelier, de Beaucaire, de La Duz, Millereau.

D'azur, au chevron d'or, accompagné de trois couronnes de même — Pl. XXVI.

Inventaire des titres de Nevers. — Archives du château de Vauban. — Preuves au cabinet des titres.

M. Millereau, ancien membre du conseil général de la Nièvre, dont la mère était le dernier membre de cette famille, possède un cachet du XVIIIe siècle de la justice de Cuy, sur lequel figure l'écusson décrit ci-dessus, timbré d'une couronne de comte.

L'Armorial de Challudet donne les armes des Le Roy d'Alarde d'une autre manière : *D'azur, au chevron, accompagné en chef de deux têtes de lion et en pointe d'une étoile, le tout d'or.* Nous avons déjà eu occasion de signaler plusieurs de ces changements d'armoiries dans les familles au XVIIe siècle.

✤ ✤ ✤

LE ROY, seigneurs de Champeaux, du Martray, de La Motte, de Grandchamp, de La Grange-au-Roux, du Moûtier, de Gloûvé, de Saint-Loup.

Châtellenies de Decize et de Montreuillon.

Alliances : de Chevigny, Gouzard.

Armoiries inconnues.

Archives de Decize.

Il se peut que cette famille noble, qui habitait les environs de Decize aux XVe et XVIe siècles, ait une origine commune avec celle dont nous venons de parler.

✤ ✤ ✤

LE ROY DE PRUNEVAUX, seigneurs de Prunevaux, de Nolay, de Martangy, de Poissons, de Grenant, de Chaillant.

Châtellenies de Montenoison et de Nevers.

Armoiries inconnues.

Archives de la Nièvre et du château de Prunevaux. — *Cahier de la noblesse du Nivernais.*

Nous ne savons si M. Le Roy de Prunevaux, chevalier, seigneur de Nolay, etc., ancien lieutenant-colonel du régiment de royal-cravate, chevalier de Saint-Louis, bailli d'épée du Nivernais et Donziois, qui présida l'assemblée de la noblesse du bailliage du Nivernais en 1789, appartenait à l'une des familles mentionnées ci-dessus, ou si, comme nous serions tenté de le croire, il était d'origine étrangère à notre province.

⚜ ⚜ ⚜

LE ROYER, seigneurs de La Vallée et de La Moussée.

Châtellenie de Decize.

Armoiries inconnues.

Archives de la Nièvre. — Archives de M. Canat de Chizy.

⚜ ⚜ ⚜

DU RUEL, seigneurs de Fonteny, du Plessis, de Montescot, de La Verchère, de Montcharlon.

Châtellenies de Decize, de Luzy et de Savigny-Poil-Fol.
Alliances: La Choue, de Richeteau, Tridon, de Berger, de Paris, Joubert, d'Autault, de Roux, de Reugny.

De......, au lion. — Pl. XXV.

Archives de Decize et de la Nièvre. — *Statistique monumentale de la Nièvre,* canton de Donzy. — Registres paroissiaux de Semelay.

Les armes de cette famille nous sont données par les écussons gravés sur les pierres tombales de Charles du Ruel et de N. de Reugny, sa femme, conservées à Cessy-les-Bois (canton de Donzy). La dalle funéraire du mari, coupée en deux et employée à divers usages, offre la représentation d'un homme d'armes du temps de Louis XIII, les mains jointes; en voici la légende : CY. GIST. *(Charles du Ruel en son)* VIVANT. ESCVYER. SIEVR. DE FONTENYL. GOVVERNEVR. DE. CLA*(mecy)*..... DV. ROY. LEQVEL. DECEDA. LE. 18e IOVR. DAPVRIL. 1624 PRIES. DIEV. POVR. SON. AME.

On lit autour de l'autre tombe, dont la figure est très-effacée et sur laquelle cependant on peut encore voir deux écus, l'un à un lion, l'autre au blason, décrit ci-dessus, des Reugny : ..... REVGNY. EN. SON. VIVANT. FEMME. DE. CHARLES. DVRVEL. ESCVYER..... FILLE. VNIQVE. HERITYERE. DE. DEFFVNCT. CLAVDE. DE. RVGNY. ESCVYER.. ..

⚜ ⚜ ⚜

DE SAINT-AMAND, seigneurs de Saint-Amand-en-Puisaye.

Châtellenie de Saint-Verain.

Armoiries inconnues.

Archives de la Nièvre. — *Inventaire des titres de Nevers.*

⚜ ⚜ ⚜

DE SAINT-AUBIN, seigneurs de Chalaux, de Prissy, de Mazignen, du Mont-de-Marigny, de Domecy, du Meix, de Moraches, de Montmardelin, du Bouchet, de Bouvesson, de Chitry-sous-Montsabot, de Neuffontaines, de Nuars, de Dun, des Bordes, de Crotte-Fou, d'Ouche, de Champagne, de Châtelcensoir, de Talon-Judas, de Champraissant, du Pleix. Bourbonnais, Nivernais et Bourgogne.

Châtellenies de Monceaux-le-Comte et de Metz-le-Comte.

Alliances : Besors, du Bouchet, du Deffend, du Meix, de Saint-Verain, de Michaugues, de Cussigny, de Châteauneuf, de Dangeul, du Blé, de Merry, de Billy, de Tintry, Fouet de Dorne.

D'argent, à l'écusson de sable, surmonté de trois merlettes de même rangées en fasce. — Pl. XXVI.

Marolles. — Titres de Bourgogne. — Archives de l'Allier. — *Noms féodaux.* — Guillaume Revel. — Preuves des comtes de Lyon et de Malte aux archives du Rhône. — Armorial de la généralité de Moulins. — D. Caffiaux. — *Armorial du Bourbonnais.*

Les armes de cette famille sont gravées sur la dalle funéraire d'Églantine du Bouchet, femme de Guillaume de Saint-Aubin, seigneur de Chalaux, morte au commencement du XVᵉ siècle, conservée dans l'église de Metz-le-Comte.

⚜ ⚜ ⚜

DE SAINT-FRANCHY, seigneurs de Saint-Franchy.

Châtellenie de Montenoison.

Alliance : de Marcy.

Armoiries inconnues.

Archives de la Nièvre. — *Histoire de Saint-Martin d'Autun.* — *Inventaire des titres de Nevers.*

⚜ ⚜ ⚜

DE SAINT-GRATIEN, seigneurs de Saint-Gratien, de Lancray.

Châtellenie de Cercy-la-Tour.

Armoiries inconnues.

Inventaire des titres de Nevers.

⚜ ⚜ ⚜

DE SAINT-HILAIRE *al.* LE DEENAT DE SAINT-HILAIRE, seigneurs de Saint-Hilaire.

Châtellenie de Decize.

Armoiries inconnues.

Archives de Decize. — *Inventaire des titres de Nevers.*

⚜ ⚜ ⚜

DE SAINT-PÈRE, seigneurs de Chevannes, de Vroux, de Martigny, d'Oulon, de La Guette, de Saint-Gratien, de Gigny, de Précy.

Châtellenies de Decize, de Cercy-la-Tour et de Monte-noison.

Alliances : de Ganay, de La Collancelle, Le Bourgoing, de La Tournelle, de Bigny, de Courvol.

De gueules, à deux clefs d'argent posées en pal. — Pl. XXV.

Archives de la Nièvre et du château de Vandenesse. — Marolles. — *Généalogie de Courvol.*

La *Généalogie de la maison de Courvol* attribue à Jean de Saint-Père, écuyer, seigneur de Vroux en 1531, le blason suivant: *D'or, à la bande d'azur, accostée de deux cotices de même.* Les armoiries ci-dessus, données aux Saint-Père par Marolles, qui sont en quelque sorte des armes parlantes et qui, du reste, sont décrites d'après des monuments originaux, nous semblent devoir être préférées.

⚜ ⚜ ⚜

DE SAINT-PHALLE, seigneurs de Montgoublin, de Beaulieu, de Champagne, de Jailly ; marquis de Saint-Phalle, etc. Originaires de Champagne, Bourgogne et Nivernais.

FAMILLES.

DE ROFFIGNAC.

ROUX.

ROY.

LE ROY

DE SAINT-AUBIN.

DE SAINT-PHALLE.

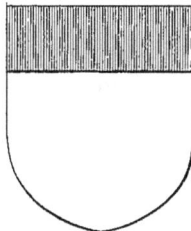

DE SAINT-VERAIN.

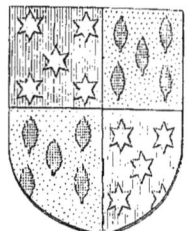

DE SALAZAR

SALLONNIER DE TAMNAY.

DE SAULIEU.

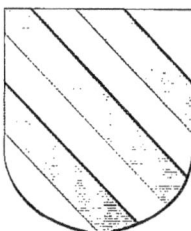

SAULNIER.

SAVARY DE BRÈVES.

SAVE.

DE LONGUEVILLE

SIMONNIN.

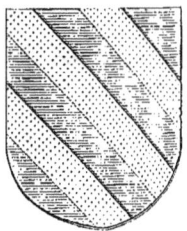

DE SAUVAGES

DE LA TEILLAYE.

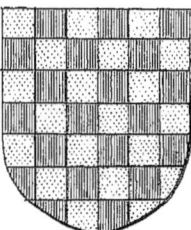

DE TERNANT.

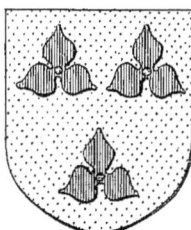

DE THIANGES.

THIBAUT.

Châtellenies de Saint-Saulge, de Champallement et de Nevers.

Alliances : Bardin, Bourgeois de Boignes, du Lys, de Chabannes, etc.

D'or, à la croix ancrée de sinople. — Pl. XXVI.

Archives de la Nièvre. — *La Noblesse aux États de Bourgogne,* etc.

Les armes des Saint-Phalle se trouvent quelquefois : *D'or, à la croix ancrée de sable,* ou *D'argent, à la croix ancrée de sinople.*

La généalogie historique de cette illustre famille a été publiée par M. le chevalier Gougenot des Mousseaux en un volume in-4°, auquel nous renvoyons nos lecteurs pour toutes les sources.

⚜ ⚜ ⚜

DE SAINT-RÉVÉRIEN, seigneurs de Châlon.

Châtellenie de La Marche.

Armoiries inconnues.

Inventaire des titres de Nevers.

⚜ ⚜ ⚜

DE SAINT-VERAIN, seigneurs d'Asnois, de Monts ; barons de Saint-Verain.

Châtellenie de Saint-Verain.

Alliances : d'Espoisses, de Mello, de Neuzy, de Passy, du Bouchet, de Chastellux, de Ternant, d'Amboise.

D'argent, au chef de gueules. — Pl. XXVI.

Archives de la Nièvre. — Marolles. — Manuscrits de D. Viole. — *Cartulaire de l'Yonne.* — *Histoire des grands officiers de la couronne.* — Coquille. — *Histoire de la maison de Chastellux.* — *Généalogie de la maison de Courtenay,* etc.

Nous donnons ces armoiries d'après l'*Histoire des grands officiers de la couronne,* quoique nous connaissions aux Archives nationales

Brosse-Devay, de Montviel, de Chapeau, de La Motte, de Varennes, du Pavillon, de Chaligny, de Poully, du Bois, de La Vallée, de Niault, de La Roche, du Plessis, de Chamvé, de Nyon, du Perron, de Marigny, de Montbaron, de La Vesvre, de La Montagne, de Champdiou, de La Garde, etc. ; comtes de Tamnay.

Châtellenies de Moulins-Engilbert, de Montreuillon, de Decize, de Nevers, de Châteauneuf-sur-Allier et de Cercy-la-Tour.

Alliances : Courtois, Le Bourgoing, Dupin, Alloury, Goussot, Bonnineau, de Boudeville, Véron, de Lamoignon, Mundrot, Le Breton, de Bèze, Palierne, Dony, du Blé, des Granges, Robert, de Ganay, du Crest, Gascoing, Rousseau, Girard, Tillot, Gueneau, du Clerroy, de Bussy, Aupepin de La Motte, de La Ferté-Meun, Rapine, de Saulieu, Bergeret, Pellé, Bruneau de Vitry, Guillier, Ballezi, Vyau, de Paris, de La Chasseigne, des Jours, de Choiseuil, Cosson, Heuilhard, Moreau, Alixand, Roux, de Pagani, Berthier, Baudenet d'Anost, Millin, de Prevost de La Croix, Richard de Soultrait, Arvillon, de Vaucorbel, Quartier, de Montagu, Borne de Grandpré, Beliard, Dollet, de Chabannes, de Vaucoret, André, Dornant, de Forestier, Guillaume de Sermizelles, Curé de La Chaumelle, Girard de Montifaut, Champeaux de La Boulaye, d'Ennery de La Chesnaye, Tiersonnier, Routy de Charodon, de Pierre de Villefrey.

D'azur, à la salamandre d'or, lampassée de gueules, dans des flammes de même. — Pl. XXVI.

Archives de la Nièvre, de Decize et du château de Toury. — Collection nivernaise de l'auteur. — Archives de M. Lory, de Moulins-Engilbert. — Marolles. — Armorial de Challudet. — Armorial de la généralité de Moulins. — *Histoire de Château-Chinon*, etc.

Les armes de cette famille sont sculptées en divers endroits de son ancien hôtel à Moulins-Engilbert, élégante construction du XVIᵉ siècle.

FAMILLES.

DE SALINS

DE SARRE

SEMELIER

DE VEAUCE

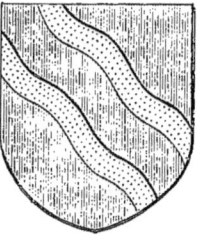

SIROT

DE LA SOUCHE.

DE TÂCHES

DE TALAYE

TAVENEAU

TENAILLE

DE THAIX

TONNELIER

TONNELIER

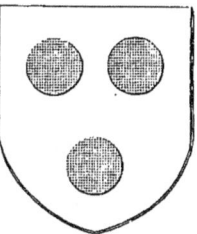

LE TORT

TRIDON

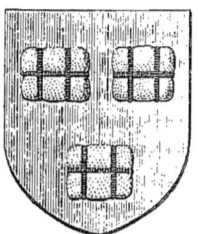

TROUSSEAU

DE VALERY

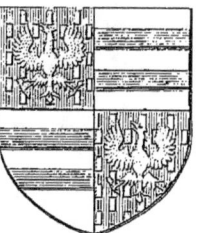

DU VANDEL

DES VARENNES

DE VARIGNY

On les trouve aussi peintes au château de Champdiou et dans l'ancienne chapelle du couvent de Sainte-Claire de Decize. Les émaux de ce blason ont varié; ainsi l'Armorial de Challudet les donne: *De gueules, à la salamandre de sinople dans des flammes d'or*, et l'*Inventaire* de Marolles: *De gueules, à la salamandre d'argent;* quelquefois aussi la salamandre est sous un chevron, accompagné en chef de deux étoiles.

⚜ ⚜ ⚜

SALOMON, seigneurs du Pontot.

Châtellenies de Montreuillon et de Nevers.

Alliances : Moireau, Gascoing, Millet.

Armoiries inconnues.

Archives de la Nièvre. — *Le Morvand.*

⚜ ⚜ ⚜

DE SANSY, seigneurs de Sansy.

Châtellenie de Montenoison.

Alliance : de Montgazon.

Armoiries inconnues.

Archives de la Nièvre. — *Inventaire des titres de Nevers.*

⚜ ⚜ ⚜

DE SARRE, seigneurs de Lurcy-sur-Abron, de Beaurepaire, de La Grange. Bourbonnais et Nivernais.

Châtellenies de Châteauneuf-sur-Allier et de Decize.

Alliances : de Beaurepaire, de Chassy.

D'argent, au massacre de cerf, surmonté de trois losanges, placés au centre de la ramure, le tout de gueules. — Pl. XXVII.

Cette famille prit son nom d'un château situé près de Montmarault, en Bourbonnais, où l'on voit ses armes, telles que nous les donnons ici, seules et parties de celles de diverses alliances.

Les armes des de Sarre sont décrites de plusieurs manières par les auteurs : dans Guillaume Revel, l'écu que nous avons donné est écartelé d'*argent, au lion de sable, armé et lampassé de gueules;* dans l'Armorial de la généralité de Moulins, le massacre est accompagné de trois losanges; dans Vertot, il est accompagné de huit losanges. Nous avons préféré l'écu sculpté au château de Sarre, d'autant mieux que c'est celui que donne l'*Inventaire* de Marolles et qu'il est semblable aux premier et troisième quartiers du blason des de Sarre reproduit par Guillaume Revel.

✤ ✤ ✤

DE SAULIEU, seigneurs de Remeron, de Niau, de Beaunay, d'Ascon, du Marais, du Pavillon-de-Trangy, de La Chomonerie, de Saincaize, de Soulangis.

Châtellenies de Nevers et de Montenoison.

Alliances : Niville, Pernin, des Trappes, Gascoing, Tenon, de Reugny, du Coing, Guerin de Charmont, Maslin, Brisson, Alixand, de La Ferté-Meun.

Tiercé en fasce : au 1 de gueules, à trois étoiles d'or; au 2 d'or plein; au 3 d'azur, au lévrier passant d'argent, colleté de gueules, bordé et cloué d'or. — Pl. XXVI.

Archives de la Nièvre. — Marolles. — Armorial de Challudet. — *Le Roy d'armes.* — *Cahier de la noblesse du Nivernais.* — Courcelles. — Preuves au cabinet des titres.

✤ ✤ ✤

SAULNIER, seigneurs de Toury-sur-Abron, de Fleury, de Bazoches, de Retz, du Chailloux, de La Mothe-Farchat, de Marancy, de Michaugues, de Bussière, de Pray, de La Forest. Bourbonnais et Nivernais.

Châtellenies de Decize, de Monceaux-le-Comte et de Saint-Saulge.

Alliances : d'Estienne, du Sollet, de Logère, de Glény, du Chailloux, d'Arcy, de Loron, de Marcellanges.

D'argent, à trois bandes d'azur, al.: *Bandé d'azur et d'argent.* — Pl. XXVI.

Marolles. — Archives de la Nièvre, de Decize et du château de Toury-sur-Abron. — *Noms féodaux.* — Guillaume Revel. — *Armorial du Bourbonnais.* — *Revue nobiliaire.* — *Ancien Bourbonnais.*

Les armes des Saulnier sont sculptées au-dessus d'une fenêtre de la grosse tour de Toury-sur-Abron. On les trouve aussi dans la chapelle de la Vierge de l'église d'Iseure, près de Moulins, construite au XVe siècle par cette famille; on y voyait, avant la Révolution, les statues tumulaires de Jean Saulnier, seigneur du Follet, de Toury-sur-Abron, etc., conseiller et chambellan du roi, bailli de Saint-Pierre-le-Moûtier et de sa femme Agnès de Bressolles.

La famille Saulnier, connue à Moulins depuis la fin du XIVe siècle, était arrivée, dès les premières années du XVe, à une assez haute position et possédait d'importantes seigneuries en Bourbonnais et en Nivernais. Elle se divisa à cette époque en deux branches : celle des seigneurs de Toury-sur-Abron, en Nivernais, qui, bien déchue au XVIIe siècle, paraît être retournée dans les environs de Moulins, et celle des seigneurs du Follet, alliée plusieurs fois aux Chastellux, qui s'éteignit, vers 1490, dans cette illustre maison. Les Saulnier de Toury, qui étaient les aînés, portaient : *D'argent, à trois bandes d'azur;* ils eurent pour auteur Jehan Saunier *(Joannes Saunerius)* qui acheta, le 28 février 1375, la terre de Toury-sur-Abron *(Thoriacum-super-Abronem)* de Guy Bréchard, damoiseau. Ce Jehan Saunier était, à n'en pas douter, le même personnage que Jehan, seigneur du Follet, chambellan de Charles V, dont le tombeau se voyait dans l'église d'Iseure; ce seigneur y était représenté armé de toutes pièces, avec sa femme Agnès de Bressolles ; on lisait sur le tombeau l'épitaphe suivante : *Cy gist noble homme Jehan, seigneur de Follet, de Thory-sur-Abron, de La Motte-Ferrechaut, terre et chastel de Varennes-les-Bréchards, conseiller et chambellan du roy nostre sire et son baillif de sainct Pierre le Moustier, des ressorts de Berry et d'Auuergne, conseiller et maistre d'hostel de madame Isabeau, duchessé de Bourbonnois, mère à celle la royne de France, lequel a fondé trois messes la semaine en ceste chapelle, et trespassa le 11 d'aoust, l'an MCCCIIIIXXIX (1389), et aussi gist pres de luy demoiselle Agnès de Bressolles, sa femme. Plaise à Nostre Seigneur d'avoir leurs âmes.* (Ancien Bourbonnais.)

Les Saulnier du Follet et de Bazoches brisaient ce blason d'une étoile et écartelaient de Chastellux, qui est : *D'azur, à la bande d'or, accompagnée de sept billetes de même en orle,* comme on peut le voir sur un sceau en bronze de notre collection qui fut à l'usage d'Antoine Saulnier du Follet, seigneur de Bazoches, dans la seconde moitié du XVe siècle. Ce sceau rond, d'assez grande dimension, porte un écu *écartelé aux 1 et 4 de trois bandes, celle du milieu brisée en chef d'une étoile, et aux 2 et 3 d'une bande, accompagnée de sept billettes posées en orle;* la légende, en lettres minuscules gothiques, est : † SIGILLUM. ANTHONII. DE. FOLLETO. DOMINI. DE. BAZOCHES.

L'*Inventaire* de Marolles décrit ainsi les armes des Saulnier, seigneurs du Chailloux, peintes sur un aveu de cette seigneurie de 1598: *Écartelé: au 1 d'argent, à trois bandes d'azur; au 2 de gueules, à la croix ancrée d'argent et au chef engrêlé de même; au 3 de gueules, à la tête humaine d'or, liée d'argent, et une bouterolle d'épée aussi d'argent, posée en pal du côté dextre; et au 4 d'azur, au lion d'or, armé et lampassé de gueules.* Le quartier à la tête humaine et à la bouterolle offre le blason des anciens seigneurs du Chailloux, qui s'étaient éteints dans les Saulnier; nous ne savons comment expliquer les autres écartelures.

⚜ ⚜ ⚜

· DE SAURIN, seigneurs de Toury—sur—Abron, de Montcouroux, de Couroux, de La Forest. Provence et Nivernais.

Châtellenie de Decize.

Alliances : Augier de Thorame, de La Meissonery, de Brignac, de Saint-Aubin.

De gueules, à la fasce d'argent, chargée d'un léopard de sable. — Pl. XXX.

Archives du château de Toury-sur-Abron. — *Dictionnaire de la noblesse.*

Une généalogie incomplète de cette famille se trouve dans le *Dictionnaire de la noblesse.*

⚜ ⚜ ⚜

SAUTEREAU DU PART, seigneurs de Saint-Maurice, de Quincize, de La Thibert, du Part; barons de l'Empire.

Châtellenie de Montreuillon.

Alliances : Marceau, de Montmien, Boissel de Montville, Pieffort, Gondier, Saillard, de Nesle.

D'azur, à la croix d'or, cantonnée de quatre éperviers d'argent, becqués, membrés, liés et grilletés d'or. — Pl. XXXI.

Archives du château de Quincize. — *Le Morvand.*

✤ ✤ ✤

DE SAUVAGES, seigneurs de Sauvages, de Montbaron, de Jailly, de Montlouis, de Nuarre, de Saint-Thibault, de Saizy, de Bazolles, de Bouvesson, de Champilly, de Marré. Bourgogne, Nivernais et Saint-Domingue.

Châtellenies de Montenoison, de Montreuillon et de Monceaux-le-Comte.

Alliances : de La Croix, Masquin, de Lenfernat, de Bréchard, de Mullot, de Lanvaux, Le Prestre de Vauban, Le Bault, d'Estutt, de Champs, de La Ferté-Meun, Beurdelot, de Toulongeon, de Chargère, Andras de Marcy, de Moncorps, Duclos, Bourgeois, du Tour, Dieu-le-Fils des Barres.

D'azur, à trois bandes d'or. — Pl. XXVI.

Inventaire des titres de Nevers. — Archives de la Nièvre. — Armorial des généralités de Paris et de Bourgogne. — *La Noblesse aux États de Bourgogne.* — *Dictionnaire de la noblesse.* — *Le Morvand.*

La Chesnaye-des-Bois, à la suite d'une généalogie abrégée de cette famille, lui attribue ces armoiries : *Bandé d'or et d'azur, les bandes d'azur chargées chacune d'une étoile d'argent.* M. d'Arbaumont, dans *La Noblesse aux États de Bourgogne,* lui donne des armes à peu près semblables : *D'or, à trois fasces d'azur, chargées chacune d'une étoile d'argent.*

Nous avons préféré l'écu primitif des Sauvages tel qu'il était figuré sur un aveu et dénombrement de 1578, mentionné dans l'*Inventaire des titres de Nevers.*

Nous pensons que cet écu primitif avait été modifié seulement au milieu du XVIIIe siècle, peut-être d'après une convention de famille, à la suite du mariage de Luc de Sauvages, écuyer, sieur des Marons, capitaine de dragons, habitant Saint-Domingue, avec Élisabeth Dieu-le-Fils, d'une famille du Poitou qui portait pour armes : *D'azur, à trois étoiles d'argent.*

✤ ✤ ✤

SAVARY DE BRÈVES, seigneurs d'Arthel, de Sardy-les-Forges ; comtes et marquis de Brèves. Touraine, Berry et Nivernais.

Châtellenies de Montenoison et de Metz-le-Comte.

Alliances : de Damas, de Thou, du Plessis–Jarzé, de Rémigny, de Bartholi, Cholet, Damaris de Briqueville, de Maillé.

Écartelé d'argent et de sable. — Pl. XXVI.

Archives de la Nièvre. — *Inventaire des titres de Nevers.* — Titres de Bourgogne. — D'Hozier. — *Dictionnaire de la noblesse.* — Tablettes chronologiques.

La seigneurie de Brèves fut érigée en comté, par lettres de février 1635, registrées en la Chambre des comptes de Bourgogne en 1661, en faveur de François Savary, chevalier, seigneur de Brèves, d'Arthel et de Maulevrier.

La généalogie de cette famille se trouve dans le *Dictionnaire de la noblesse.*

✤ ✤ ✤

SAVE DE SAVIGNY, seigneurs d'Ougny, d'Arleuf, de Neuzilly, de Savigny.

Châtellenies de Saint-Saulge et de Montreuillon.

Alliances : Meunier, Quartier, Coquille, Cotignon, de Courvol, de Champs, Gascoing, Regnault de Savigny.

D'azur, au chevron d'argent, accompagné de trois vases d'or. — Pl. XXVI.

Histoire manuscrite de Saint-Saulge. — Archives de Decize. — Armorial de la généralité de Moulins. — *Généalogie de Courvol.* — *Cahier de la Noblesse du Nivernais.*

⚜ ⚜ ⚜

DE SAVIGNY, seigneurs de Savigny-sur-Canne, de Saizy.

Châtellenies de Decize et de Cercy-la-Tour.

Armoiries inconnues.

Inventaire des titres de Nevers.

⚜ ⚜ ⚜

DE SAVIGNY, seigneurs de Bauques, de Crécy. Châtellenie de Decize.

Alliances: David, Carpentier, de La Borde.

Armoiries inconnues.

Archives de Decize.

Nous croyons cette famille, de la bourgeoisie de Decize, tout à fait distincte de la famille précédente.

⚜ ⚜ ⚜

DE SAVIGNY. V. REGNAULT DE SAVIGNY.

⚜ ⚜ ⚜

DE SAYNE, seigneurs de La Chapelle, de La Motte-des-Choux.

Châtellenie de Luzy.

Armoiries inconnues.

Inventaire des titres des Nevers.

✣ ✣ ✣

DE SCORAILLES *al.* **D'ESCORAILLES** et **DE COURAILLES**, seigneurs de La Marche, de Thurigny, de Passy, de La Chaise, du Pont-de-Cressonne, de Monts, de Charmois, de Torcy. Originaires d'Auvergne, Berry, Nivernais et Bourgogne.

Châtellenies de Montreuillon et de Clamecy.

Alliances : de Thianges, de Ponnart, du Boutet, de La Borde, de Carreau, de Vichy, de La Rivière, du Chastel, Alixand, de Torcy, de La Barre, de La Balme, Jacquinet, d'Aunay, de Mauvaige, du Crest, de Raffin, Girard de Chevenon, de Cresme, Andras de Marcy, Loiseau. Rodès

D'azur, à trois bandes d'or. — Pl. XV.

Inventaire des titres de Nevers. — Dictionnaire de la noblesse. — Table généalogique de la maison de Scorraille. — Nobiliaire d'Auvergne, etc.

La généalogie complète de cette illustre famille ne nous est connue que par la *Table généalogique* citée ci-dessus, ouvrage fort rare que nous avons trouvé dans la bibliothèque héraldique de M. Ernest de Rozières. Le rameau nivernais des seigneurs de Thurigny, près d'Aunay, y est mentionné. Les membres de ce rameau, issus de la branche berrichonne des seigneurs de La Gibaudière, furent généralement connus dans notre province sous le nom de Courailles. L'*Inventaire des titres de Nevers* mentionne un aveu et dénombrement du fief de Thurigny, rendu en 1575 par François de Coraille ou de Couraille, seigneur de La Gibaudière; au bas de cet aveu était peint un écu *D'azur, à la flèche d'or, posée en bande, transperçant trois cœurs de gueules, avec une étoile d'argent en chef à sénestre.* Malgré cette assertion de Marolles, nous adoptons les armes de la famille de Scorailles qui se trouvent dans tous les ouvrages héraldiques.

⚜ ⚜ ⚜

DE SEGUENEAUL, seigneurs de Jarland.

Châtellenie de Decize.

Alliance : de La Rivière.

Armoiries inconnues.

Archives de Decize.

⚜ ⚜ ⚜

SELLIER, seigneurs d'Omery-les-Goths.

Châtellenies de Cuffy et de Châteauneuf-sur-Allier.

Alliances : Bergeron, Maulnoury, du Monceau, Coppin.

Armoiries inconnues.

Archives de la Nièvre. — *Inventaire des titres de Nevers.*

⚜ ⚜ ⚜

SEMELIER, seigneurs des Fourneaux.

Châtellenie de Nevers.

Alliances : de Favardin, Le Bourgoing, Guyot, Milet, Berger.

D'azur, au chevron d'or, accompagné en chef de deux étoiles d'argent et d'une aigle de même en pointe. — Pl. XXVII.

Archives de la Nièvre. — Armorial de la généralité de Bourges.

⚜ ⚜ ⚜

DE SEMUR, seigneurs de La Brosse-au-Malade, de Boisvert, de Ponay. Bourgogne, Beaujolais, Bourbonnais et Nivernais.

Châtellenies de Savigny-Poil-Fol et de Luzy.

Alliance : des Chaux.

D'argent, à trois bandes de gueules. — Pl. XXXI.

Marolles. — Paillot. — D. Plancher. — *Généalogie de la maison de Vergy.* — *La Noblesse aux États de Bourgogne.* — *Noms féodaux.*

Selon *La Noblesse aux États de Bourgogne,* cette famille portait: *Coticé d'argent et de gueules.*

✠ ✠ ✠

SEPTIER DE RIGNY, seigneurs de Rigny.

Châtellenie de Montreuillon.

Alliance : Jaubert, Ribault de Laugardière.

De sable, à trois chevrons d'argent, accompagnés de trois trèfles de même. — Pl. XXXI.

Archives de la Nièvre.

✠ ✠ ✠

Mgr René SERGENT, évêque de Quimper et de Léon, de 1855 à 1871, né à Corbigny, le 12 mai 1802.

D'azur, à la Vierge immaculée, entourée de seize étoiles, placée sur une auréole rayonnante, le tout d'argent. — Pl. XXXI.

✠ ✠ ✠

DE SERMOISE, seigneurs de Sermoise.

Châtellenies de Nevers et de Châteauneuf-sur-Allier.

Armoiries inconnues.

Archives de la Nièvre. — *Inventaire des titres de Nevers.*

✠ ✠ ✠

SIMONIN, seigneurs de Vauvrille, de Varióux, de Chazeuil, du Vernay, de Tabourneau.

Châtellenies de Decize, de Nevers et de Châteauneuf-sur-Allier.

Alliances : Guillemère, Coppin, Esmalle, de Radon-villiers, Pinet, Vaillant, Gigot, Prisye.

D'azur, au chevron d'or, accompagné en chef de deux roses de même, et en pointe d'un croissant d'argent. — Pl. XXVI.

Marolles. — Archives de Decize et de Nevers. — Armorial de la généralité de Moulins.

✣ ✣ ✣

SIMONNET.

Châtellenie de Montreuillon.

Alliance : Coquille.

Armoiries inconnues.

Archives de la Nièvre.

✣ ✣ ✣

SIROT, seigneurs de Pontier.

Châtellenie de Nevers.

Alliances : Gascoing, des Colons, Roux, Pernin.

De gueules, à deux bandes ondées d'or. — Pl. XXVII.

Archives de la Nièvre. — Armorial de la généralité de Moulins.

Certains membres de cette famille ont porté pour armes : *De sinople, à trois glands d'or.*

✣ ✣ ✣

DE LA SOUCHE, seigneurs de Chevigny, de Lurcy-sur-Abron, de Pitié. Bourbonnais, Berry, Bourgogne et Nivernais.

Châtellenie de Decize.

Alliances : du Crest, d'Estutt, Carpentier de Changy.

D'argent, à deux léopards de sable, armés, lampassés et couronnés de gueules. — Pl. XXVII.

Noms féodaux. — Archives de Decize. — Guillaume Revel. — Preuves de Malte aux archives du Rhône. — Segoing. — Armorial de la généralité de Moulins. — *Armorial du Bourbonnais.*

On trouve ces armes avec des variantes : quelquefois les léopards sont couronnés d'or, quelquefois ils ne sont pas couronnés. Le blason colorié des La Souche décore une salle du château de La Souche, maison-forte du XVe siècle, située dans la commune de Doyet en Bourbonnais, qui donna son nom à cette famille. On le retrouve aussi gravé sur la tombe d'un personnage de la famille de Courtais, du commencement du XVIIIe siècle, dans l'église de Doyet.

⚜ ⚜ ⚜

DE SOUGY, seigneurs de Sougy.

Châtellenie de Decize.

Armoiries inconnues.

Archives de la Nièvre. — *Inventaire des titres de Nevers.*

⚜ ⚜ ⚜

DE SOULTRAIT. V. RICHARD DE SOULTRAIT.

⚜ ⚜ ⚜

DE SUANCY, seigneurs de Suancy.

Châtellenie de Decize.

Armoiries inconnues.

Archives de Decize. — *Inventaire des titres de Nevers.*

⚜ ⚜ ⚜

DE SUILLY *al.* DE SULLY, seigneurs de Suilly, de La Motte, de Beaumont, de Saint-Sulpice, du Breuil.

Châtellenie de Donzy.

Armoiries inconnues.

Inventaire des titres de Nevers.

✤ ✤ ✤ ✤ ✤

DE TACHES, seigneurs de Tâches.

Châtellenie de Châteauneuf-sur-Allier.

De..., au chevron chargé de trois besants, et un chef chargé de trois étoiles. — Pl. XXVII.

Archives de la Nièvre et du château de La Chasseigne.

Cette famille prenait son nom d'une seigneurie dont le petit château, du XVIᵉ siècle, se trouve près de Saint-Parize-le-Châtel. L'écu des Tâches, dont nous ne connaissons pas les émaux, est sculpté, avec divers emblèmes, sur le manteau d'une grande cheminée au rez-de-chaussée de ce manoir, et se trouve aussi parti *de...,* à trois feuilles de houx et une étoile en abîme et tenu par deux anges, au-dessus de la porte.

✤ ✤ ✤

TAILLEFERT, seigneurs de Champrobert, de La Brosse-Devay.

Châtellenie de Decize.

Alliances : Douet, Gascoing.

Armoiries inconnues.

Archives de la Nièvre. — *Inventaire des titres de Nevers.*

✤ ✤ ✤

DE TALAYE, seigneurs de Bona, de La Forest, de Méchine, de La Motte-de-Cougny.

Châtellenies de Saint-Saulge et de Montenoison.

Alliances : des Bordes, de La Motte.

De..., à la croix ancrée. — Pl. XXVII.

Archives de la Nièvre. — *Inventaire des titres de Nevers.*

Nous connaissons ces armes par les sceaux d'Héliot et de Guyot de Talaye, de 1339 et de 133..., conservés dans la collection des quittances scellés de la Bibliothèque nationale. Ces deux sceaux portent un écu à une croix ancrée, le premier sans entourage, le second compris au milieu d'ornements. Les légendes manquent.

⚜ ⚜ ⚜

DE TAMNAY *al.* **MARESCHAUX DE TAMNAY**, seigneurs de Tamnay, de Soubielle.

Châtellenie de Montreuillon.

Alliances : de Beaumont, d'Arcy, de Vignes.

Armoiries inconnues.

Archives de la Nièvre. — *Inventaire des titres de Nevers.*

⚜ ⚜ ⚜

DE LA TANCHE, seigneurs de La Tanche.

Châtellenie de Decize.

Alliances : de Lichy, du Vol.

Armoiries inconnues.

Archives de Decize.

⚜ ⚜ ⚜

TARTARIN, seigneurs de Montjou.

Châtellenie de Moulins-Engilbert.

Alliance : Le Bault.

Armoiries inconnues.

Archives de la Nièvre. — Marolles.

☙ ☙ ☙

DU TARTRE, seigneurs du Tartre, de Vauclois.

Châtellenie de Montreuillon.

Alliance : du Monceau.

Armoiries inconnues.

Archives de la Nièvre. — *Le Morvand.*

☙ ☙ ☙

TAVENEAU.

Châtellenie de Donzy.

D'or, au chevron de gueules, accompagné en pointe d'un lion de sable. — Pl. XXVII.

Armorial de la généralité de Bourges.

☙ ☙ ☙

DE TAZILLY, seigneurs de Tazilly.

Châtellenie de Luzy.

Alliance : de Cossaye.

Armoiries inconnues.

Archives de Decize. — *Inventaire des titres de Nevers.*

☙ ☙ ☙

DE LA TEILLAYE *al.* DE TILLAYE, seigneurs de Chezelle, de La Chaise.

Châtellenie de Monceaux-le-Comte.

D'azur, au chevron d'or, accompagné de trois étoiles de même. — Pl XXVI.

Archives de la Nièvre. — Marolles. — Armorial de Challudet. — Paillot. — Segoing.

⚜ ⚜ ⚜

TENAILLE, seigneurs d'Estais, de Saligny, de Lesnaux, de Champton. Auxerrois et Nivernais.

Châtellenies d'Estais et de Clamecy.

Alliances : Moreau de Milleroy, Trou.

D'azur, au chevron d'or, accompagné en pointe d'une tenaille d'argent, au chef cousu de gueules, chargé d'une étoile d'argent. — Pl. XXVII.

Archives de Clamecy. — Armorial de la généralité d'Orléans.

L'Armorial général donne à cette famille des armes évidemment fabriquées : *De gueules, à quatre fasces d'argent;* nous avons préféré celles, *parlantes* du reste, qui figurent sur les cachets de ses membres du XVIIIᵉ siècle.

⚜ ⚜ ⚜

TENON, seigneurs de Fontfay, de Guichy, de Nanvignes, de Toutfol, de Remeron, du Pavillon-de-Trangy, d'Azy; barons de La Guerche et de Jouet.

Châtellenies de Châteauneuf-au-val-de-Bargis, de Donzy et de Nevers.

Alliances : Le Bœuf, Berthier, de Corbigny, Geoffroy, de La Teillaye, L'Huillier, de Reynel, de Grandrye, Turpin, Brisson, Bolacre, Briçonnet, Moron, de La

Forest, de Colons, Feydeau, des Prés, Challudet, Gallaix, Brinon, de Saulieu, de Lucenay, Courtois, Gascoing, Babute, de Gand.

Écartelé: aux 1 et 4 de sable, à la fasce d'or; et aux 2 et 3 de sable, à deux lions léopardés d'or. — Pl. XXX.

Archives de la Nièvre. — Marolles. — Armorial de Challudet. — Magneney.

Les armes primitives de cette famille semblent avoir été une bande accompagnée de deux têtes humaines, l'une en chef, l'autre en pointe; c'est ce blason qui figure sur le sceau de Robert Tenon, doyen de Nevers, appendu à une charte de 1446 des archives communales de la ville de Nevers. Ce sceau, dont nous devons la communication à M. l'abbé Boutillier, porte cette légende en lettres minuscules gothiques : s: CURIE : DNI : ROBERTI... DECANI... Sur un aveu et dénombrement de la terre de Nanvignes rendu, en 1575, par Guillaume Tenon, les armes de ce personnage, décrites dans l'*Inventaire* de Marolles, sont : *D'azur, à la tête de femme d'argent, chevelée d'or, surmontée d'un croissant du second émail et accompagnée de trois étoiles aussi d'or.* L'Armorial de Challudet donne un blason semblable comme étant les anciennes armes des Tenon. Ce fut Jean, fils de Guillaume, qui sans doute adopta les nouvelles armoiries décrites ci-dessus que la famille porta depuis. Ces armes sont figurées dans l'*Armorial* gravé de Magneney (page 147) avec une tête de femme pour cimier, et, pour supports, deux ours tenant des guidons, l'un à la tête de femme et aux trois étoiles, l'autre à un chevron accompagné de trois étoiles. Une généalogie complète, mais peu détaillée, de la famille Tenon est imprimée à la suite de celle de Challudet, dans une brochure publiée au XVIIᵉ siècle par cette dernière famille

⚜ ⚜ ⚜

DE TERDRES, seigneurs de Grangebault, d'Arlot.

Châtellenies de Châteauneuf-sur-Allier, de Montenoison et de Nevers.

Armoiries inconnues.

Inventaire des titres de Nevers.

⚜ ⚜ ⚜

DE TERNANT, seigneurs de Ternant, de La Mothe, de Jailly, d'Aspremont, de Limanton. Nivernais et Bourgogne.

Châtellenies de Savigny-Poil-Fol, de Saint-Saulge et de Moulins-Engilbert.

Alliances : de Saint-Verain, de Coucy, de Graçay, de Nourry, de Saligny, de Rochefort, de Pontailler.

Échiqueté d'or et de gueules. — XXVI.

Archives de la Nièvre. — Marolles. — D. Plancher. — *Histoire de Saint-Martin d'Autun.* — *La Noblesse aux États de Bourgogne.* — *Le Blason des chevaliers de la Toison-d'Or*, etc.

L'église de Ternant (canton de Fours) possède deux très-beaux tableaux à volets, sculptés et peints, donnés par Philippe de Ternant, chambellan du duc de Bourgogne Philippe-le-Bon, l'un des premiers chevaliers de la Toison-d'Or. Les représentations du seigneur de Ternant et de sa femme, qui appartenait à la maison de Coucy, décorent ces tryptiques. Le plus grand, qui est aussi le plus ancien, antérieur à la création de l'ordre de la Toison-d'Or, nous montre le donateur vêtu d'une robe rouge à fleurs d'or, serrée par une ceinture à laquelle pend une sorte de couteau de chasse, et la dame de Ternant, en riche costume du XV⁰ siècle, a la tête couverte d'un hennin et tient un livre. Au bas du tryptique, deux écussons : l'un *échiqueté d'or et de gueules*, l'autre parti de ce même blason et d'un *écartelé : aux 1 et 4 de gueules, à la bande d'or, et aux 2 et 3, de sable, au chevron d'hermine, et, sur le tout, écartelé, aux 1 et 4 fascé de vair et de gueules, et aux 2 et 3 de.....* A côté de ces écussons, des sceptres d'or portant des banderolles rouges sur lesquelles se voient des restes de légendes. Sur l'autre tableau, Philippe de Ternant, assisté de saint Jean-Baptiste, est revêtu d'une cotte d'armes à son blason et du collier de la Toison-d'Or, et sa femme, accompagnée de sainte Catherine, porte un manteau armorié.

On voit encore les armes des Ternant à Bruges et dans diverses églises de la Belgique, où sont figurés les écussons des premiers chevaliers de la Toison-d'Or.

La collection des quittances scellées de la Bibliothèque nationale renferme un sceau de 1430 de Philippe de Ternant sur lequel l'écu *échiqueté* a trois femmes pour supports et pour cimier.

⚜ ⚜ ⚜

DE TESPES, seigneurs de Varigny, de La Forêt-de-Chaulme.

Châtellenie de Châteauneuf-sur-Allier.

Alliances : des Gentils, des Ulmes.

Armoiries inconnues.

Archives de la Nièvre.

✤ ✤ ✤

DE THAIX, seigneurs de Thaix, de Lamenay, d'Avril, de Chassenay, de Gourangy.

Châtellenies de Cercy-la-Tour, de Decize et de Nevers.
Alliances : de Lamenay, du Cormier.

D'argent, à deux fasces d'azur. — Pl. XXVII.

Archives de la Nièvre. — Collection nivernaise de l'auteur. — Gilles Le Bouvier. — *Inventaire des titres de Nevers.*

Nous connaissons les armes de cette famille par un sceau de Pierre de Tays, chevalier, suspendu à une pièce de 1383 de la collection des quittances scellées. Ce sceau, fort grossièrement gravé, porte un écu ogival penché à *deux fasces*, timbré d'un heaume avec un lion assis pour cimier. Ce blason est aussi décrit avec ses émaux dans l'Armorial de Gilles Le Bouvier.

✤ ✤ ✤

DE THIANGES, seigneurs de Thianges, de Druy, de Rosemont, de Murlin, de Noys, de Champallement, de Giry, de Pont-Saint-Didier, de Tamnay, de Brèves, de Grenant. Nivernais, Berry et Bourbonnais.

Châtellenies de Decize, de Nevers, de Montenoison, de La Marche, de Champallement, de Monceaux-le-Comte et de Metz-le-Comte.

Alliances : de Fontenay, de Nourry, de Lespinasse, de Villelume, de Chéry, etc.

D'or, à trois tiercefeuilles de gueules. — Pl. XXVI.

Archives de la Nièvre. — *Inventaire des titres de Nevers.* — *Noms féodaux.* — *Histoire des grands officiers de la couronne.* — La Thaumassière. — Preuves de Malte. — *Dictionnaire de la noblesse.* — *Nobiliaire d'Auvergne.* — *Armorial du Bourbonnais.* — *Collection des sceaux des archives nationales,* par Douët d'Arcq.

Cette ancienne famille de chevalerie prit son nom d'une terre située près de Decize, qui passa plus tard dans la maison de Damas. En 1453, Béléasses de Thianges, héritière de sa maison, épousa Charles de Villelume, dont la postérité releva le nom et les armes de Thianges. C'est à tort que quelques auteurs, Paillot entre autres, décrivent les armoiries de cette famille : *D'or, à trois roses de gueules.* Ces armes portent bien des *tiercefeuilles,* comme on peut le voir par les descriptions que Marolles et M. Douët d'Arcq ont données de quelques sceaux des Thianges; dans l'*Inventaire des titres de Nevers,* on trouve quelque-fois cependant des *trèfles* à la place des *tiercefeuilles.* (Preuves de Malte, Gastelier, etc.) La Thaumassière a donné un fragment de la généalogie des Thianges.

⚜ ⚜ ⚜

THIBAUT, seigneurs de Guerchy ou Garchy, du Colombier, de Villegenou, de Vieuxmoulin, de Lespinay, de Poligny, de Narcy, du Puisat, du Fort-de-Vesvre, de Mezières. Originaires de Touraine, Berry et Nivernais.

Châtellenies de Châteauneuf-au-val-de-Bargis, de La Marche, de Nevers et de Cercy.

Alliances : Duché, de Puygirault, de Béchillon, Guérin, Menard, de Troussebois, de Rochechouart, Monnot, de Bar, du Broc.

De gueules, à trois tours d'or. — Pl. XXVI.

Inventaire des titres de Nevers. — Registres paroissiaux de Garchy. — D'Hozier. — Preuves au cabinet des titres.

Une généalogie abrégée de cette famille se trouve dans d'Hozier.

⚜ ⚜ ⚜

THOMASSIN, seigneurs de Boue, de Meulois, du Vivier. Originaires de Bourgogne.

Châtellenie de Liernais et Saint–Brisson.

Alliances : de Bourbon-Busset, de Gerbault, Morizot, Rousseau, de Razout, Borne, Dorlet, Girard.

Armoiries inconnues.

Le Morvand, — La Noblesse aux États de Bourgogne.

M. d'Arbaumont pense que ces Thomassin du Charolais et du Nivernais doivent être rattachés à une famille du même nom, originaire de Franche-Comté, portant : *D'azur, à la croix écotée d'or,* que mentionne aussi Paillot avec des armes à peu près semblables. Le savant auteur de *La Noblesse aux États de Bourgogne* ajoute que cette famille Thomassin est la même que son homonyme de Provence, ce qui ne s'accorde pas avec l'*État de la Provence dans sa noblesse* de Robert de Briançon (T. III, p. 122).

Le peu de documents que nous avons sur les seigneurs de Meulois et du Vivier ne nous permet pas de nous prononcer sur leur origine.

⚜ ⚜ ⚜

DE THOURY, seigneurs de Thoury, des Pieux, de Mallenay, de Lantilly, de Treigny, de Moussy, de Moclot, de Mavaux, du Chaillot.

Châtellenies de Montenoison et de Decize.

Alliances : Longuespée, de Veilhan, de La Venne, de La Rivière, de Culon, de Courvol, de Bréchard, de Nourry, de La Bussière.

D'azur, au rencontre de cerf d'argent, surmonté d'un ray d'escar-boucle fleurdelysé d'or, et accosté en pointe de deux fleurs de lys de même. — Pl. XXVIII.

Archives de la Nièvre et de Decize. — *Inventaire des titres de Nevers:* — *Cahier de la noblesse du Nivernais.*

Cette famille, de la noblesse militaire du Nivernais, prit son nom du fief de Thoury, ou Thory, de la châtellenie de Montenoison, qui se trouvait dans la paroisse de Bussy-la-Pesle. Il est probable que son écusson primitif portait seulement le *rencontre de cerf* et que le *ray d'escarboucle* et les *fleurs de lys*, pièces des blasons des maisons de Bourgogne-Nevers et de Clèves, au service desquelles on trouve les Thoury à la fin du XVᵉ siècle et au XVIᵉ, furent ajoutés à cette époque. Peut-être aussi le *ray d'escarboucle* fut-il ajouté au blason de la famille à la suite de son alliance avec les Veilhan qui portaient ce meuble héraldique dans leurs armes.

⚜ ⚜ ⚜

TIERSONNIER. Originaires de Picardie, Bourbonnais et Nivernais.

Châtellenie de Châteauneuf-sur-Allier.

Alliances: Credde, de Marseille, Rouveau, de Nainville, Carette, de Nully, Foy du Coudrey, Poquelin, Dogneux de Vienne, Le Mercier, Petitjean de Lafond, Legros de Logère, Moreau de Meauce, Sale, Dulysse, Pavy, de Nourry, Sallonnier de Tamnay, Hulin, Le Maire de Marne, du Verne, Robert, de Cray, de Nerac, Moret, de Hault de Sigy, etc.

D'azur, au cœur en abîme, soutenu d'un croissant et surmonté d'une étoile, le tout d'argent. — Pl. XXVIII.

Archives du département de l'Oise. — Registres paroissiaux de Meauce. — Armorial de la généralité d'Amiens. — Lettres-patentes de Louis XVIII, de 1821.

Les émaux des pièces de ce blason, réglé par lettres-patentes de 1821, ont souvent varié; on trouve dans les vitraux de la cathédrale de Beauvais les armes des Tiersonnier (XVIᵉ siècle) avec le cœur et l'étoile d'or, et ces armoiries sont ainsi décrites dans l'Armorial général.

⚜ ⚜ ⚜

TILLOT, seigneurs de Tronçay, de La Forest.

Châtellenie de Decize.

Alliances : des Champs, Martin, Gueston, Glon, Millin, Gascoing, Perude, Sallonnier.

De....., à trois arbres arrachés, surmontés d'un croissant. — Pl. XXVIII.

Archives de Decize. — *Statistique monumentale de la Nièvre.*

On voyait, il y a quelques années, dans l'ancienne église des Minimes de Decize, l'épitaphe de Robert Tillot, *seigneur de Tronsay, advocat au Parlement, grenetier pour le roy en cette ville et sindic de cette maison* (le couvent des Minimes), mort en 1647, et de Jeanne Millin, sa femme. Cette inscription était ornée d'attributs divers et accompagnée d'un écu sculpté aux armes décrites ci-dessus. On lit encore dans la crypte de l'église de Saint-Aré de Decize l'épitaphe, en vers latins, d'un Robert Tillot, médecin, mort en 1595.

⚜ ⚜ ⚜

DE TINTRY, seigneurs de Tintry, de Talon-Judas, d'Ardan, de Nuars.

Châtellenie de Monceaux-le-Comte.

Alliance : de Saint-Aubin.

D'argent, à la bande de gueules, chargée de trois billettes d'or, accompagnée de deux étoiles de gueules, l'une en chef, l'autre en pointe. — Pl. XXVIII.

Inventaire des titres de Nevers. — Le Morvand.

Nous ne savons si les seigneurs de Talon-Judas et d'Ardan, dont les armoiries sont données dans l'*Inventaire des titres de Nevers*, peuvent être rattachés à la famille chevaleresque de Tintry, des environs d'Autun, que mentionne *La Noblesse aux États de Bourgogne* comme portant : *De....., à la croix denchée.*

⚜ ⚜ ⚜

TONNELIER.

Châtellenie de Nevers.

Alliances : Coquille, Guynet.

D'argent, au chevron de gueules, accompagné de trois tonneaux de même cerclés d'argent. — Pl. XXVII.

Archives de la Nièvre. — *Archives de Nevers.* — Armorial de là généralité de Moulins.

L'Armorial général donne les armes de neuf personnes de ce nom qui appartenaient à deux ou peut-être à trois familles de la bourgeoisie de Nevers. Le cachet d'un Tonnelier, curé d'Oulon en 1746, portait un écu timbré d'un casque: *D'azur, au chevron d'argent, accompagné de trois tonneaux de même.* André, Antoine et Etienne Tonnelier, ce dernier qualifié écuyer, habitant Nevers à la fin du XVIII⁰ siècle, portaient: *De sinople, à trois marteaux de tonnelier d'or.* Un autre Tonnelier, vivant à la même époque à Montreuillon, avait un écu *de gueules, à la fasce d'or, accompagnée de trois étoiles de même.*

⚜ ⚜ ⚜

TONNELIER.

Châtellenie de Nevers.

Alliance : Pernin.

D'azur, au tonneau couché d'or, accompagné de trois moutons d'argent. — Pl. XXVII.

Armorial de la généralité de Moulins.

⚜ ⚜ ⚜

DE TORCY, seigneurs de Lantilly, de Sauvages, de Treigny, du Deffend, de Launay. Bourgogne, Nivernais et Ponthieu.

Châtellenie de Montenoison.

Alliance : de Roffignac.

De gueules, à la bande d'or. — Pl. XXVIII.

FAMILLES.

DE THOURY.

TIERSONNIER.

TILLOT

DE TINTRY

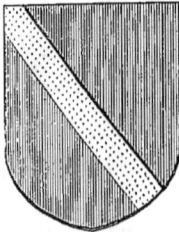

DE TORCY

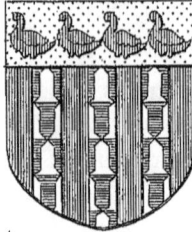

DE TOUCY.

DE LA TOURNELLE.

DES TRAPPES.

DE TROUSSEBOIS.

DES ULMES.

DE VAUX.

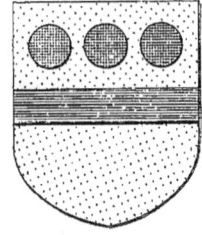

VAILLANT

DE VEILHAN DE GIRY.

DU VERNE.

VIEL DE LUNAS D'ESPEUILLES.

DE VIELBOURG.

DE LA VENNE

DE VILLAINES

DE VIRGILLE

VYAU DE LA GARDE

Archives de la Nièvre et du château de Marcilly. — Armorial de la généralité de Moulins. — *Inventaire des titres de Nevers*. — Le Pippre de La Nœuville, *Abrégé de l'histoire de la maison du roi*. — *La Noblesse aux États de Bourgogne*.

Branche de la famille bourguignonne du même nom, dont les armes se trouvent quelquefois : *De gueules, à la bande d'argent*. La branche du Ponthieu portait: *Écartelé : aux 1 et 4 de gueules, au coq d'argent; aux 2 et 3, burelé d'argent et de gueules de huit pièces; et, sur le tout, de sable, à la bande d'or*. (Chevillard.)

⚜ ⚜ ⚜

DE TORIGNY *al.* DE TURIGNY, seigneurs de Torigny.

Châtellenie de Montreuillon.

Armoiries inconnues.

Inventaire des titres de Nevers.

⚜ ⚜ ⚜

LE TORT, seigneurs de Mouasse, de Villacot, des Aubus, d'Aglan, de Chaumotte, de Mussy, de Riéjot, de Boisvert, du Marais, de Chevannes, de Codes, de Pommay, de Saint-Christophe, de Villers, de Gourangy, du Mont-de-Prye, du Chambon, de Chevannes, de Champcourt, de Remeron, de Champrenot, de Chassaigne, de Lernes, de Lys, d'Omery-les-Goths, du Plessis, de La Chaume, de La Chaise, de Gimouille, de Sallé, de Bazoches, du Bouchet, du Meix-Richard, de Grosboux, du Coudray, de Trésillon, de Ménaton.

Châtellenies de Moulins–Engilbert, de Montreuillon, de Decize, de Cercy-la-Tour, de Nevers, de Châteauneuf-sur-Allier et de Monceaux-le-Comte.

Alliances: Aglan, Forande, de La Chaume, Le Bourgoing, de Rodon, de Dangeul, Boisserand, de Veaulce, Gautherin, du Saret, de La Pierre, Robert, de Roland, du Port, de Chevigny, du Merlier, Coquille, de Frasnay, de Loron, de La Perrière.

D'argent, à trois tourteaux de sable. — Pl. XXVII.

Archives de la Nièvre, de Decize et du château de La Montagne. — Collection nivernaise de l'auteur. — *Inventaire des titres de Nevers.* — Archives de M. Canat de Chizy. — *Le Morvand.*

Vers l'an 1470, le comte de Nevers permit à Jean Le Tort, seigneur du Marais, d'augmenter les bâtiments du château du Marais (Gimouille); or les constructions de cette époque, faciles à reconnaître à leur ornementation, portent en différents endroits, notamment aux retombées des nervures de la chapelle, un écusson à *trois tourteaux,* armes parlantes de la famille (Tort, Torteau), qui se voit aussi dans l'église paroissiale de Gimouille. On trouve encore ce blason, brisé d'une *bordure engrêlée,* au château de La Chaume (fin du XVe siècle) et aux clefs de voûte de l'église de Moulins-Engilbert (XVIe siècle). Cette brisure était propre à la branche cadette des seigneurs de Champcourt et de La Chaume, restée aux environs de Moulins-Engilbert.

⚜ ⚜ ⚜

DE TOUCY, seigneurs de Pierre-Perthuis, d'Huban, de Noison, de Saisy, de Montsabot, de Montapas. Bourgogne, Nivernais, etc.

Châtellenies de Clamecy, de Montenoison, de Monceaux-le-Comte, de Saint-Saulge et de Donzy.

De gueules, à trois pals de vair, au chef d'or, chargé de quatre merlettes de gueules. — Pl. XXVIII.

Marolles. — *Histoire des grands officiers de la couronne.* — D. Plancher. — *Histoire du Nivernais.* — La Thaumassière. — Manuscrits de D. Viole.

Branche de l'illustre maison de Châtillon que Duchesne rattachait par présomption à Renaud de Châtillon, fils puîné de Gaucher, premier du nom, sire de Châtillon. Le P. Anselme et ses continuateurs (tome VII de l'*Histoire des grands officiers de la couronne*) ont fait des seigneurs de Toucy une famille particulière et une seule et même race, quoiqu'il soit démontré, par une charte de l'an 1112, que l'héritière du château de Toucy avait épousé, vers l'an 1102, un seigneur nommé Hugues, devenu par elle possesseur du château ; or, les seigneurs de Toucy qui ont succédé à Hugues dans cette possession, les mêmes dont l'ouvrage que nous citions donne la généalogie, étaient donc issus de ce Hugues, et par conséquent celui-ci doit donc être regardé comme la souche de cette seconde race. Maintenant, si l'on considère que les descendants de ce seigneur ont constamment porté les armes de Châtillon, le *chef chargé de quatre merlettes de gueules*, signe presque certain de juveigneurie, il paraîtra d'autant plus probable que ce Hugues était un puîné de la maison de Châtillon, qu'on a vu, longtemps après, la branche des seigneurs de Villesavoie adopter exactement la même brisure. (Courcelles.)

Jean de Toucy *(Johannes dominus Tociaci)* souscrivit une charte de 1211, comme vassal du comte de Nevers. (Archives nationales.) La Thaumassière donne une généalogie abrégée des seigneurs de Pierrepertuis de la maison de Toucy.

⚜ ⚜ ⚜

DE LA TOURNELLE, seigneurs de Guipy, de Mont-jardin, de Précy, de Villaines, d'Estoulle, d'Yonne, du Vieux-Chailloux, de Montperroux, de Dienne, du Mont-de-Dienne, de Vaujoly, de Reugny, de Saint-Franchy, de Maisoncomte, de Beauregard, de La Fontaine, de La Forest-des-Chaumes, de Domecy-sur-Cure, du Chastelet ; sires et marquis de La Tournelle. Nivernais et Bourgogne.

Châtellenies de Montreuillon, de Montenoison, de Clamecy, de Decize et de Cercy-la-Tour.

Alliances : Le Bouteiller, de Garchy, du Bouchet, des Loges, de Champdiou, de Frasnay, du Bos, de Lugny, de Cortiamble, de Rabutin, Beaudiment, de Moisson, de Chaugy, de Loron, du Chailloux, de Bongars, de Chissey, de Barnault, de Courcelle, de Verdigny, de Lancray, de Courvol, Bernard de Montessus, de Brachet, Levoyer, du Deffand, de Chastellux

De gueules, à trois tours d'or. — Pl. XXVIII.

Archives de la Nièvre. — Titres de Bourgogne. — Marolles. — *Dictionnaire de la noblesse.* — D. Plancher. — *Histoire du Nivernais.* — *Gallia christiana*, tome XII. — *La Noblesse aux États de Bourgogne.* — Daniel, *Histoire de la milice françoise.* — *Le Morvand*, etc.

La généalogie de cette illustre famille, qui prit son nom d'un fief situé près de Château-Chinon, érigé en marquisat par lettres de juin 1681, se trouve dans le *Dictionnaire de la noblesse.*

Les armes des La Tournelle portaient plutôt, dans l'origine, des *châteaux donjonnés* que des *tours*; nous les trouvons ainsi figurées sur les monuments anciens. La collection des quittances scellées de la Bibliothèque nationale renferme quatre sceaux différents de membres de cette famille, et l'*Inventaire des sceaux* de M. Douët d'Arcq en mentionne un cinquième, plus ancien, dont voici la description : † SIGILLVM ROBERTI DE TVRRICVLA. Un chevalier, sur un cheval lancé, coiffé d'un casque carré et vêtu d'une cotte d'armes flottante; sur l'écu, *cinq tours à trois créneaux*, ou mieux *cinq châteaux donjonnés de trois pièces.* Au contre-sceau un écu pareil à celui du sceau, sans légende; ce sceau est appendu à une charte de 1211. Le plus ancien des sceaux de la Bibliothèque nationale est de Jean de La Tournelle, chevalier; il date de 1281 et porte un écu à *cinq châteaux donjonnées de trois pièces, posés 2, 2 et 1 ;* un autre, de Jean, sire de La Tournelle en 1290, fort effacé du reste, semble ne porter que *trois châteaux; trois châteaux* seulement, aussi *donjonnés de trois pièces,* se remarquent sur un sceau de Raoul de La Tournelle, de 1302; enfin le plus moderne, de 1356, est de Guillaume de La Tournelle; il porte les *cinq châteaux.* A partir du XVᵉ siècle on ne trouve plus que les *trois châteaux* que nous avons signalés sur le sceau de Jean de Maisoncomte et qui figurent aussi sur le sceau original en bronze de Guyot de La Tournelle, qui faisait partie de la collection de feu M. le comte de Vesvrotte, de Dijon. Enfin, depuis le XVIᵉ siècle, on trouve toujours les *trois tours.*

⚜ ⚜ ⚜

DES TRAPPES, seigneurs de Précy, de Saint-Benin-des-Bois, de Saint-Martin.

Châtellenies de Nevers et de Saint-Saulge.

Alliances : Lesperon, Feneant, Billon, Grasset, Mousnier, Tardy, de Vaux, Olivier, Pernin, de Favardin, de Saulieu, Boucher.

D'argent, au chevron de gueules, accompagné de trois chausse-trapes de sable. — Pl. XXVIII.

Archives de la Nièvre et de Decize. — Marolles. — Armorial de Challudet. — Paillot.

Léonard des Trappes, conseiller au parlement de Paris, puis archevêque d'Auch de 1600 à 1629, écartelait le blason de sa famille, selon l'*Armorial* de Magneney : *D'azur, à la fasce d'argent, chargée d'une croisette potencée de gueules, entre une coquille à dextre et un croissant à senestre de même, accompagnée de trois molettes d'or.*

⚜ ⚜ ⚜

DE TRAVANT, seigneurs de Travant.
Châtellenie de Decize.

Armoiries inconnues.

Archives de Decize.

⚜ ⚜ ⚜

DE TREIGNY, seigneurs de Treigny.
Châtellenie de Montenoison.

Armoiries inconnues.

Archives de la Nièvre. — *Inventaire des titres de Nevers.*

⚜ ⚜ ⚜

DU TREMBLAY, seigneurs du Tremblay, d'Oulon, de La Forest.
Châtellenie de Montenoison.
Alliances : de Besgny, Boz.

Armoiries inconnues.

Inventaire des titres de Nevers.

⚜ ⚜ ⚜

DE TRESNAY, seigneurs de Tresnay.

Châtellenie de Châteauneuf-sur-Allier.

Armoiries inconnues.

Archives de la Nièvre. — *Inventaire des titres de Nevers.*

✤ ✤ ✤

TRIDON, seigneurs de Vermenoux, de Montbaron, de Bussy.

Châtellenie de Montreuillon.

Alliances: du Plessis, Commaille, Brisson, de Vaucoret, Cotignon, Dollet, Joffriot, de Champs, du Ruel, Gondier.

D'azur, au chevron d'or, accompagné de trois étoiles d'argent, celle de la pointe soutenue d'un croissant du second émail. — Pl. XXVII.

Archives du château de Quincize. — Registres paroissiaux de Château-Chinon. — Marolles. — Armorial de la généralité de Moulins. — *Le Morvand.*

✤ ✤ ✤

DE TRONÇAY, seigneurs de Célines.

Châtellenie de Châteauneuf-sur-Allier.

Armoiries inconnues.

Archives de la Nièvre. — *Inventaire des titres de Nevers.*

✤ ✤ ✤

DE TRONSANGES, seigneurs de Tronsanges.

Châtellenie de La Marche.

Armoiries inconnues.

Archives de la Nièvre. — *Gallia christiana,* tome XII. — *Inventaire des titres de Nevers.*

✤ ✤ ✤

Mᵍʳ T.C.F. DE LADOUE

Pᵉᵉ DE L'ÉPAU

BERTHIER DE GRANDRY

BLAUDIN DE THÉ

DE BONGARS

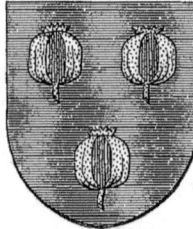

BONNEAU DU MARTRAY

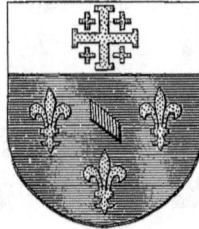

DE BOURBON BUSSET

DE BBIENNE

DE CALINES

CARIMANTRANT

CHAILLOU DES BARRES

DE CHAMPLEMY

COLLIN

CONRADE

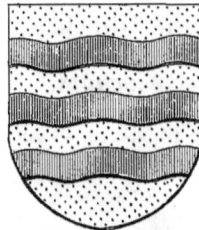

DE GORGUILLERAY

Mᵍʳ CROSNIER

DU BLÉ

GONELIER

LASNÉ

MASCRANY

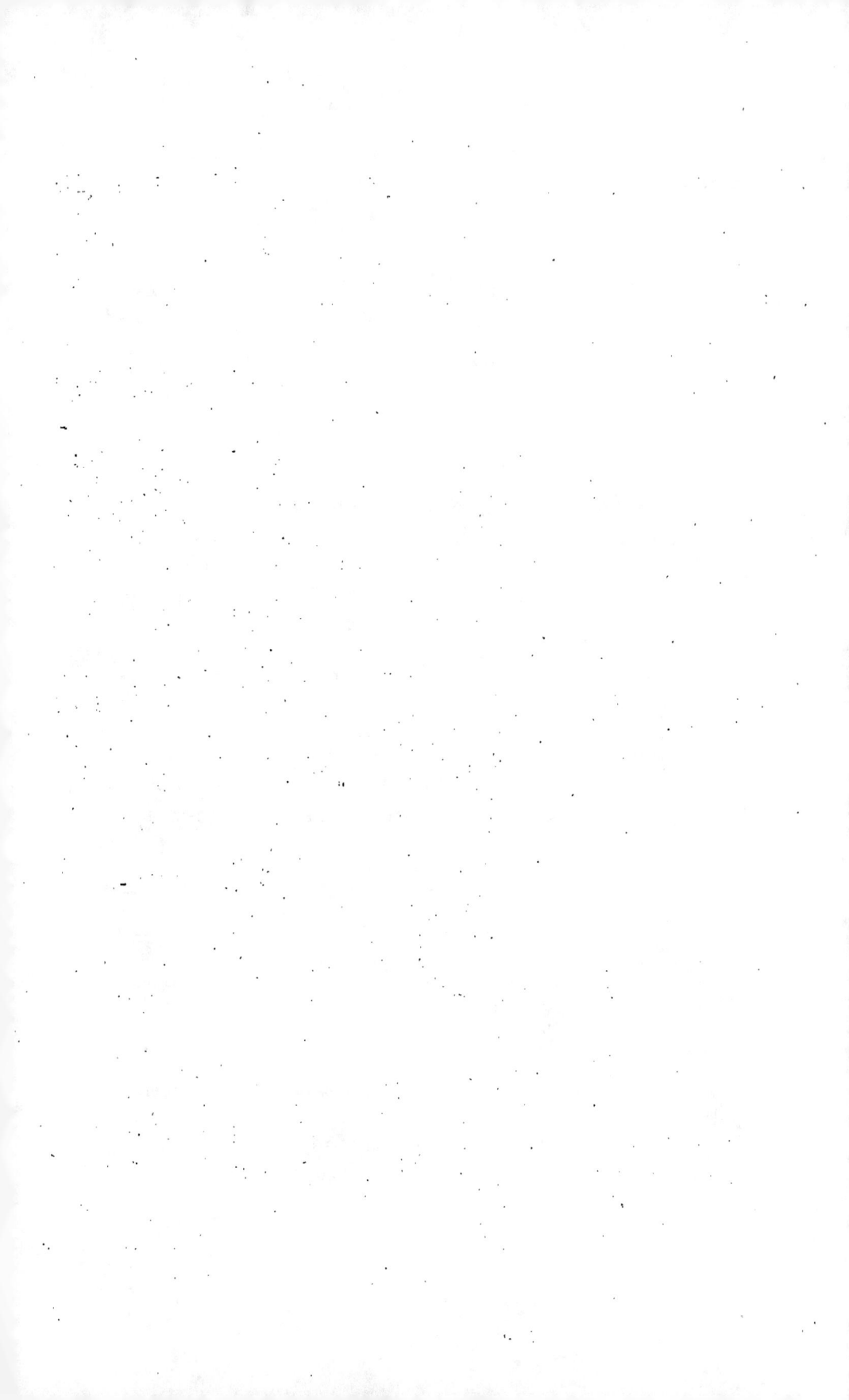

TROUSSEAU, seigneurs de Rosemont, de Luthenay, du Bois. Berry et Nivernais.

Châtellenie de Nevers.

Alliances : de Saint-Palais, de Baligny.

De gueules, à trois trousseaux ou paquets d'or, liés de sable. — Pl. XXVII.

Inventaire des titres de Nevers. — Paillot.

✤ ✤ ✤

DE TROUSSEBOIS, seigneurs de Laleuf, du Crotet, de Vallenay, du Sauzeau, de Passy, de Narcy, de Chanteloup, du Crot-Guillot, de Montifaut, de Monchy, de Lonfroy, de Montviel, de Passy, de Faye, de Launay. Bourbonnais, Berry et Nivernais.

Châtellenies de Cercy, de Decize, de Châteauneuf-sur-Allier et de La Marche.

Alliances : de La Caille, de Chevigny, Breschard, de Lamoignon, de Courvol, de Chéry, d'Esguilly, Gerbault, Germain, des Jours, des Prés, Roussel, de La Ferté-Meun, Thibault.

D'or, au lion de sable, couronné, lampassé et armé de gueules. — Pl. XXVIII.

Inventaire des titres de Nevers. — *Noms féodaux.* — Guillaume Revel. — Armorial de Gilles Le Bouvier. — Archives de l'Allier. — *Vertot.* — Segoing. — *Le Roy d'armes.* — *Mémoires de Castelnau.* — Armorial de la généralité de Moulins. — Preuves de Malte aux archives du Rhône. — *Généalogie de Courvol.* — *Armorial du Bourbonnais.*

On trouve les armes des Troussebois décrites de diverses manières : quelquefois le lion est couronné de gueules, quelquefois il est lui-même d'azur ou de gueules. La Thaumassière et La Chesnaye-des-Bois ont donné des fragments de la généalogie de cette famille.

✤ ✤ ✤

TURPIN, seigneurs de La Forest, de Chelette, de Lanty, de Chanault ou Chaneau.

Châtellenies de Savigny-Poil-Fol, de Nevers et de Châteauneuf-sur-Allier.

Alliances: de Brascine, Dinet, de Viry, du Four, de Guillien, du Bois, Sionnet, Gilbert, Rousset.

Armoiries inconnues.

Archives de la Nièvre. — Registres paroissiaux de Saint-Parize-le-Châtel. — Armorial de la généralité de Moulins.

Les armes attribuées par l'Armorial général à Jean Turpin, écuyer, seigneur de Chanault: *D'argent, au pin de sinople posé sur une tour de gueules,* nous semblent tout à fait de fantaisie.

DES ULMES, seigneurs des Ulmes, de Trougny, de La Boube, de Quincize, de Chevannes-Bureau, de Machuré, du Cluseau, du Brion, de Servanday, de La Maison-Fort, de Beaulieu, de Beaumont-sur-Sardolle, de La Cave, d'Oulon, de Montifaut, de Brion, de Baulon, de La Trouillère ; comtes des Ulmes ; marquis de Torcy. Nivernais et Bourbonnais.

Châtellenies de Decize, de Saint-Saulge, de Montreuillon, de Moulins-Engilbert et de Nevers.

Alliances : de La Perrière, de Frétoy, de Boisselet, d'Osnay, Berthelon, du Verne, de Bréchard, Cotignon, de Breuillard, Foullé, de Tespes, de La Venne, de Chéry de La Platière, de Champs, Bidaut, Léveillé du Fournay,

Regnault, de Monterif, de La Goutte, Laurau de Lavault, Guillaume de Sermizelles, de Vaudremont.

De sinople, au lion morné d'argent. — Pl. XXVIII.

Archives de la Nièvre et de Decize. — Marolles. — *Noms féodaux.* — Preuves de Malte aux archives du Rhône. — Armorial de la généralité de Moulins. — Preuves au cabinet des titres. — *Armorial du Bourbonnais.* — D'Hozier.

La collection des quittances scellées de la Bibliothèque nationale renferme un sceau de Jean des Ulmes, seigneur de La Maison-Fort, maître d'hôtel du roi, bailli de Montargis, sur lequel figure un écu à *un fascé et un lion brochant sur le tout;* ce sceau est attaché à une pièce de 1468.

D'Hozier donne pour armes à cette famille : *D'azur, au lion d'or, armé et lampassé de gueules,* avec deux femmes sauvages pour tenants de l'écusson.

⚜ ⚜ ⚜

D'UXELOUP, seigneurs d'Uxeloup.

Châtellenies de Nevers et de Châteauneuf-sur-Allier.

Armoiries inconnues.

Archives de la Nièvre. — *Inventaire des titres de Nevers.*

⚜ ⚜ ⚜ ⚜ ⚜

DE VACHERESSE, seigneurs de La Motte-Vacheresse.

Châtellenies de Châteauneuf-sur-Allier et de Decize.

Alliances : de Jaligny, Guillemet de Vernesson, Broueille.

Armoiries inconnues.

Archives de Decize. — *Inventaire des titres de Nevers.*

⚜ ⚜ ⚜

VAGET, seigneurs de Montarmin, de Lomoy, du Lis.

Châtellenies de Luzy et de Savigny-Poil-Fol.

Alliances : de La Verne, du Crest, Basseville, Jacquinet, Pernin, Bonneau.

Armoiries inconnues.

Archives de la Nièvre. — *Inventaire des titres de Nevers*

L'Armorial de la généralité de Moulins attribue à Charlotte Vaget, veuve de Jean Jacquinet, écuyer, le blason suivant, que nous ne donnons que sous toutes réserves: *D'azur, à la fasce d'argent, chargée d'un lion passant de sinople.*

⚜ ⚜ ⚜

VAILLANT, seigneurs de Mauboux, de La Buffière, de Tallout.

Châtellenie de Nevers.

Alliances : de Bazelle, Le Bourgoing, Postalier, de Bongars, Simonin.

D'or, à la fasce d'azur, surmontée de trois tourteaux de sable rangés en chef. — Pl. XXVIII.

Archives de la Nièvre. — *Archives de Nevers.* — Armorial de la généralité de Moulins.

L'Armorial général attribue à un autre membre de cette famille les armoiries suivantes : *D'azur, à l'épée d'or en pal, dans laquelle sont passées trois couronnes de laurier d'argent.*

⚜ ⚜ ⚜

DE VALERY, seigneurs du Chastelier.

Châtellenie de Montreuillon.

Alliances : de Dicy, de Passy, de Damas, de Champdiou, Marotte.

Coupé: au 1 d'azur, au cœur d'or, et au 2 d'argent, à trois pals de gueules. — Pl. XXVII.

Registres paroissiaux de Château-Chinon. — Armorial de la généralité de Moulins. — *Inventaire des titres de Nevers.*

✠ ✠ ✠

DE LA VALLÉE, seigneurs de La Vallée, de Chassenay.

Châtellenie de Decize.

Armoiries inconnues.

Archives de Decize. — *Inventaire des titres de Nevers.*

✠ ✠ ✠

DU VANDEL al. DU VENDEL, seigneurs d'Eugny, de Maizière, de Chaumot, d'Ardan.

Châtellenies de Monceaux-le-Comte et de Montreuillon.

Alliances: de La Corcelle, de Mussy, de Maisoncomte, Berthier.

Écartelé: aux 1 et 4 de gueules, semé de billettes d'or, à l'aigle de même, becquée et membrée d'azur, brochant sur le tout; et aux 2 et 3 d'argent, à deux fasces d'azur. — Pl. XXVII.

Archives de la Nièvre. — *Inventaire des titres de Nevers.*

Les armes de cette famille sont figurées: *De gueules, à trois gantelets d'argent* dans un tableau généalogique de la famille Berthier.

✠ ✠ ✠

VANNETAT, seigneurs de Paraize.

Châtellenie de Châteauneuf-sur-Allier.

Armoiries inconnues.

Archives de la Nièvre. — *Inventaire des titres de Nevers.*

✠ ✠ ✠

DE VANZÉ, seigneurs de Vanzé.

Châtellenie de Decize.

Armoiries inconnues.

Archives de la Nièvre. — *Inventaire des titres de Nevers.*

☩ ☩ ☩

DE LA VARENNE, seigneurs de La Varenne, de Lorgue, de Vignes, du Marais, de Chassy, du Parc-en-Morvand, de Vauclaix.

Châtellenies de Châteauneuf-sur-Allier et de Saint-Brisson.

Alliances : de Diotère, Seguin, de Voisin, Perreau, de Fromeaux.

D'or, à trois bandes de gueules. — Pl. XXXI.

Inventaire des titres de Nevers. — *Le Morvand.*

☩ ☩ ☩

DES VARENNES, seigneurs de Forges, de Boisjardin, de Parelles.

Châtellenies de Châteauneuf-sur-Allier, de Metz-le-Comte et de Montenoison.

Alliances : Boisserand, Chauderon, de Boisjardin.

De gueules, à trois chevrons d'or. — Pl. XXVII.

Archives de la Nièvre. — *Inventaire des titres de Nevers.* — Armorial de la généralité de Moulins.

☩ ☩ ☩

VARIER, seigneurs de Villecourt.

Châtellenie de Decize.

Alliances : Grignolle, Nasse.

Armoiries inconnues.

Archives de Decize.

⚜ ⚜ ⚜

DE VARIGNY *al.* DU DEFFEND, seigneurs de Varigny, du Deffend, du Bouchet, de Montigny, de La Garde, de Colmery, de Villette, de Suilly, de Chassy, des Bordes, des Forges, de Fontenay, de Verrières-lez-Entrains, de Saint-Sulpice, de Bevault, de Lucenay-les-Aix, du Chemin. Nivernais et Bourbonnais.

Châtellenies de Saint-Saulge, de Decize, de Montreuillon, de Donzy, d'Entrains et de Monceaux-le-Comte.

Alliances : de Compont, de Bessay, de Veauce, du Bois, d'Armes, des Paillards, de Champlemy, de La Rivière, d'Esguilly, de Meullot, des Colons, Loiseau.

D'hermine plein. — Pl. XXVII.

Archives de la Nièvre. — *Inventaire des titres de Nevers.* — *Noms féodaux.* — Recueil d'épitaphes de Bourgogne. — *Armorial du Bourbonnais.* — *Le Morvand.*

La famille de Varigny, qui prenait son nom d'une seigneurie de la châtellenie de Saint-Saulge, fut aussi connue sous le nom du fief du Deffend ou du Deffens, de la châtellenie de Decize, qu'elle possédait déjà au XIIIᵉ siècle. Les armoiries de cette famille furent brisées tantôt d'une *bordure* simple, comme sur un sceau de Hugues de Varigny, seigneur du Deffend en 1374, décrit dans l'*Inventaire des titres de Nevers*, tantôt d'une *bordure engrêlée* ou *denchée*, comme sur la tombe de Jean du Deffens, qui se voyait dans l'église de l'abbaye de Sept-Fonts en Bourbonnais, dont le dessin fait partie de la collection Gaignières (*Recueil d'épitaphes*, tome II, fol. 302). Cette tombe offre la figure d'un chevalier en costume militaire du XIIIᵉ siècle, tenant de la main droite sa lance, et portant au bras gauche son écu d'*hermine, à une bordure engrêlée;* un lion supporte les pieds du personnage, qui est placé sous une arcade ogivale trilobée, inscrite elle-même dans un fronton garni de crosses; au-dessus de cette arcade, deux anges balancent des encensoirs. Voici l'inscription gravée autour en lettres capitales gothiques : † HIC IACET IOANNES DE DEFFENSO MILES QVI OBIIT ANNO DOMINI MILLESIMO DVCENTESIMO NONAGESIMO QVINTO DIE VENERIS POST FESTVM PENTECOSTES. ANIMA EIVS REQVIESCAT IN PACE. AMEN.

L'écusson en question se trouve encore quelquefois brisé d'une *bande componée,* ainsi qu'on le voit sur une autre tombe gravée de l'abbaye de Sept-Fonts, dont le Recueil de Gaignières nous a laissé un dessin (fol. 301). Sur cette tombe sont figurés deux chevaliers en harnois de guerre, chacun sous une arcade ogivale trilobée avec fronton aigu garni de crosses; tous deux ont les mains jointes, l'épée au côté et les pieds sur des chiens; au bras du personnage de gauche est attaché un bouclier ogival d'*hermine, à la bande componée;* des écus au même blason et des anges thuriféraires garnissent le haut de la dalle, autour de laquelle se lit l'inscription suivante en lettres capitales gothiques: † HIC IACET GIRARDVS DE VARIGNIACO DOMICELLVS QVI OBIIT ANNO DNI M CC NONAGESIMO TERTIO DIE SABBATI POST FESTVM ASCENCIO... DNI. † HIC IACET DNVS HVGO DE VARIGNIACO MILES QVI OBIIT ANO DNI M CCC NONO XII DIE SEPTEMBRIS FRATRES. ANIMA IPSORVM REQVIESCAT IN PACE. AMEN.

⚜ ⚜ ⚜

DE VARY *al.* DE VARIE, seigneurs de Vary, de l'Ile-Savary.

Châtellenie de Châteauneuf-sur-Allier.

Armoiries inconnues.

Inventaire des titres de Nevers.

⚜ ⚜ ⚜

DE VAUBAN. V. LE PRESTRE DE VAUBAN.

⚜ ⚜ ⚜

DE VAUCORET, seigneurs de Champigny.

Comté de Château-Chinon.

Alliances : Sallonnier, des Granges, Tridon, Veron.

Armoiries inconnues.

Archives de Château-Chinon. — *Le Morvand.*

✤ ✤ ✤

DE VAUCOURT, seigneurs d'Avril-sur-Loire.

Châtellenie de Decize.

Alliance : Veron.

Armoiries inconnues.

Archives de la Nièvre. — *Inventaire des titres de Nevers.*

✤ ✤ ✤

DE VAULX, seigneurs de Germancy, des Bourreaux, de Ris, du Port-de-Tinte, de Fleury-sur-Loire, de La Motte-Farchat, du Merlay, de La Bussière, de Saint-Loup.

Châtellenie de Decize.

Alliances: de La Garde, Coquille, Challemoux, Guesdat, Baudreuil, Augier, Maulnoury, de Brain, de Raix, Gascoing, Jolly, de Druy, Villain, Robin, Boursot, des Trappes, Forestier, du Fouilloux, Guerre, de Bèze, de Prévost de La Croix, Richard de Soultrait, de Sarrazin-Laval.

D'azur, au chevron d'argent, accompagné de trois étoiles d'or, au chef du second émail, chargé d'une étoile de gueules. — Pl. XXVIII.

Archives de la Nièvre et de Decize. — Marolles. — Archives du château de Toury-sur-Abron. — Armorial de Challudet. — Armorial de la généralité de Moulins.

Marolles décrit ainsi les armes des de Vaulx, d'après un aveu et dénombrement de 1575 : *De gueules, au chevron d'or, accompagné de trois étoiles de huit rais de même, au chef cousu d'azur, chargé d'une étoile aussi à huit rais d'or.* Ces armes sont sculptées, accolées à celles des familles Baudreuil et Challemoux sur un charmant bas-relief du XVIe siècle, dans l'église de Decize. Ce bas-relief fut donné à cette église par Jean de Vaulx, seigneur de Germancy, et par Marie Baudreuil, sa femme, qui y sont représentés agenouillés devant la sainte Vierge.

⚜ ⚜ ⚜

DE VAUVRILLE.

Châtellenies de Decize et de Châteauneuf-sur-Allier.

Alliance : Pierre.

Armoiries inconnues.

Archives de Decize. — *Inventaire des titres de Nevers.* — *Armorial du Bourbonnais.*

Peut-être cette famille était-elle la même que la famille Vauvrille ou de Vauvrille du Bourbonnais qui portait : *D'azur, au chevron d'or, accompagné de trois glands de même.*

⚜ ⚜ ⚜

DE VEAUCE, seigneurs de Saisy, de Noison, de Baignaux, des Bordes, de Fontenay; de Verrières-lez-Entrains, de Reveillon, de Chamon.

Châtellenies de Monceaux-le-Comte, de Montenoison et d'Entrains.

Alliances : de Varigny, de Toucy.

Armoiries inconnues.

Inventaire des titres de Nevers.

Cette famille, qui appartenait au XIVᵉ siècle à la noblesse chevaleresque du Nivernais, était peut-être une branche de la maison de
Veauce du Bourbonnais, qui portait pour armes : *De gueules, semé de
fleurs de lys d'argent*, ou *D'argent, semé de fleurs de lys d'azur* ;
dans tous les cas, elle était tout à fait distincte de celle dont nous allons
parler.

⚜ ⚜ ⚜

DE VEAUCE, seigneurs de Villemenant, de Prunevaux, de Lisle, de Berthun, de Sornay, de Chevannes, de La Charnaye, de Marcy, de Lonfray.

Châtellenies de Nevers et de Châteauneuf-sur-Allier.

Alliances : de Pougues, du Boys, de Colons, du
Chaillou, de Munet, Bréchard, Boisserand, de Druy,
Le Tort, d'Autry, d'Anglure.

D'or, à deux lions léopardés de gueules. — Pl. XXVII.

Archives de la Nièvre, de Decize et de Saint-Pierre-le-Moûtier. — *Inventaire
des titres de Nevers.*

Les armes de cette famille, parties de celle des Bréchard, se trouvent
sculptées et peintes à la clef de voûte d'une chapelle latérale de l'ancienne église paroissiale de Cougny, près Saint-Pierre-le-Moûtier. Cette
chapelle avait été fondée, en 1538, par Gaspard Bréchard, écuyer,
seigneur de Cougny, et par Françoise de Veauce, sa femme, l'une des
trois filles du dernier représentant mâle de la famille.

⚜ ⚜ ⚜

DE VEILHAN, seigneurs de Sauzay, de Brinay, de Giry, d'Avrigny, de Michaugues, de Chaumigny, de Chave-roche, de Gipy, de Montigny, de Champlin, de Moissy-Molinot, de Chitry-sous-Montsabot, de Fin, de Masseigne, du Chemin, de Prix, du Bouchet, d'Arzembouy, de Champlemy, du Meix-Richard, de Migen, de Merry-sur-Yonne, de Chappe, de Prenoy, de La Chaume, de Mussy,

de La Chasseigne, de Presle, de Giverdy, de Jailly, de Chevannes, d'Assars. Originaires d'Auvergne.

Châtellenies de Montenoison, de Moulins-Engilbert, de Cercy-la-Tour et de Monceaux-le-Comte.

Alliances : de Franceillon, de Chabannes, de La Rivière, d'Estutt, de Longueval, des Barres, de Jaucourt, de Thoury, de Damas, des Loges, de Pontailler, du Puy, Distalin, de Lamoignon, de Vieure, Gascoing, Picault, des Ulmes, du Verne, Michel.

D'azur, au ray d'escarboucle pommeté et fleurdelysé d'or de huit pièces. — Pl. XXVIII.

Archives de la Nièvre et des châteaux de Giry et de Prunevaux. — *Inventaire des titres de Nevers.* — Manuscrits de Guichenon. — Armorial de Challudet. — Preuves au cabinet des titres. — *Nobiliaire d'Auvergne.*

On trouve dans les manuscrits de Guichenon une généalogie de cette famille, dont les armes sont peintes et sculptées au château de Giry. L'Armorial de Challudet donne le blason de cette famille écartelé de La Rivière, et c'est ainsi que le portait Antoine de Veilhan, seigneur de Giry, chevalier de l'ordre de Saint-Michel vers 1560, qui fit frapper le jeton dont voici le dessin.

✤ ✤ ✤

DE VENDOSNE, seigneurs de Rozière.

Châtellenie de Decize.

Armoiries inconnues.

Archives de Decize.

✤ ✤ ✤

DE LA VENNE, seigneurs de Changy, de Beaudéduit, de La Brosse, de La Pallue, de Passençay, de Travant, du Beaulieu, des Advits, des Vergers, d'Olcy, des Perrières, des Bordes, de La Montoise, de Sanizy, de Sichamps ; comtes de Choulot.

Châtellenies de Saint-Saulge, de Decize, de Donzy et de Montenoison.

Alliances : Rapine, Mesmin, de Montsaulnin, de Courvol, Gourleau, de Lamoignon, de Thoury, des Ulmes.

D'azur, à deux lions d'or affrontés, soutenant un cœur de gueules, surmonté d'une couronne d'or accostée de deux étoiles d'argent. — Pl. XXVIII.

Archives de la Nièvre et de Decize. — Histoire manuscrite de Saint-Saulge. — *Généalogie de Courvol.* — Armorial de la généralité de Moulins.

⚜ ⚜ ⚜

DU VERNAY, seigneurs du Vernay, de Vanzé, des Chaises, de Saisy, de Bourdon, de Lastralon, de Fontjudas, de Proulet, de La Besse, du Port-Aubry.

Châtellenies de Decize, de Gannay, de Saint-Saulge, de Luzy et de Cosne.

Alliances : de La Roche, d'Orgères, de Villelume, de Vilton.

Armoiries inconnues.

Archives de la Nièvre et de Decize. — *Inventaire des titres de Nevers.*

⚜ ⚜ ⚜

DU VERNE, seigneurs du Verne, de Marancy, d'Aglan, de Ponay, de Surgy, d'Erry, de Fourcherenne, de Cuy, de Jailly, de Neufville, de Saint-Pierre-du-Mont, de La

Varenne, de La Roche, de Villiers-le-Sec, de Bona, de Presle, de La Chaume, de Giverdy.

Châtellenies de Moulins-Engilbert, de Montenoison, de Montreuillon et de Saint-Saulge.

Alliances : de La Roche, du Jardin, de Miniers, des Ulmes, de Couches, Bouteron, de Latrault, de Cusy, Bardin, de La Chasseigne, de La Rivière, du Chastel, Roy, de Bernault, de La Ferté-Meun, de Fontenay, de La Borde, du Lys, de Scorailles, de Lavigne, des Manchins, de Bongars, Maréchal, de Pilmiers, Moreau de Montalin, Juisard, de Druy, de Challemaison, de Saint-Quentin, de Lichy, de Charry, de Faron, de Courvol, de Maumigny, Damon, de La Duz, Le Bault, Monnet, Comeau, Le Blanc, Le Bourgoing, de Nourry, Bruneau de Vitry, Berthier, du Broc, Carpentier de Changy, Andras de Marcy, Berthet, Regnault de Touteuille, de Gain, de Moncorps, Millot de Montjardin, Briçonnet, Maublanc de La Vesvre, Dauphin de Leyval, Aragonnès d'Orcet, Regnault de Savigny, Flamen d'Assigny, de Lenfernat, de Rémusat, du Pré de Saint-Maur, Tiersonnier.

Fascé de sable et d'argent. — Pl. XXVIII.

Archives de la Nièvre. — *Inventaire des titres de Nevers.* — *Histoire de Saint-Martin d'Autun.* — Preuves au cabinet des titres. — Armorial de la généralité de Moulins. — *Cahier de la noblesse du Nivernais de 1789.*

On trouve le blason des du Verne tantôt *fascé de sable et d'argent,* tantôt *de sable, à trois fasces d'argent,* ou *d'argent, à trois fasces de sable;* la bordure engrêlée était la brisure de la branche qui posséda Fourcherenne pendant le XVᵉ siècle et une partie du XVIᵉ, dont on voit le blason sculpté au château de Fourcherenne et au château de Cuy; cette bordure était de gueules. Marolles décrit ainsi les armes de Françoise du Verne, veuve de Barthélemy de La Ferté-Meun en 1575 : *D'azur, à trois fasce d'or, à la bordure engrêlée de gueules.* Ce dernier blason, parti de La Ferté-Meun, est sculpté dans l'église de Challement.

✤ ✤ ✤

DE LA VERNÉE.

Châtellenie de Luzy.

Alliances : Bouton, Amyot.

Armoiries inconnues.

Archives de Luzy. — Collection nivernaise de l'auteur. — *Statistique monumentale de la Nièvre* (Luzy). — *Le Morvand.*

⚜ ⚜ ⚜

DE VERNIZY, seigneurs de Vernizy.

Châtellenies de Montenoison et de Montreuillon.

Alliances : de La Cafondrée, de Chamery.

Armoiries inconnues.

Inventaire des titres de Nevers.

⚜ ⚜ ⚜

VÉRON, seigneurs de Bornay, de Champvert, de Mussy, de Marly, de Saisy, des Aubus.

Châtellenie de Decize.

Alliances : Pierre, Sachot, de Vaucourt.

D'azur, à trois vérons en pal et une tête de mort en pointe, le tout d'argent. — Pl. XXXI.

Archives de Decize. — *Inventaire des titres de Nevers.*

Nous avons trouvé ces armoiries singulières dans Marolles, qui les décrit d'après un aveu rendu en 1578 par François Véron, contrôleur au grenier à sel de Decize, pour la seigneurie des Aubus.

⚜ ⚜ ⚜

DE VERRIÈRES, seigneurs de Montreuil, de Solière, de Milorge, de Chambaron, de Creux, de Champdiou, de La Collancelle, de Loraut, de Chambon, du Bouchet, de Maigny, de Savigny-l'Étang, de La Vesvre, de Thianges, du Boux, de Souvans, de Mouradon, de La Rivière-d'Aron, de La Chaume, de La Boue, de Fougeron, d'Aligny. Originaires de Bourgogne.

Châtellenies de Moulins-Engilbert, de Luzy, de Savigny-Poil-Fol, de Châteauneuf-sur-Allier et de Clamecy.

Alliances : de Beaumoulin, Boutillat.

De..., à la fasce. — Pl. XXXI.

Archives de la Nièvre. — *Inventaire des titres de Nevers.* — *Le Morvand.*

Marolles décrit le sceau de Hugues de Verrières, seigneur de Solière et de La Vesvre en 1293, dont l'écu porte *une fasce, avec une étoile posée à dextre en signe de brisure.*

⚜ ⚜ ⚜

DE VERY, seigneurs de Chevannes-les-Crots.

Châtellenie de Cercy-la-Tour

Armoiries inconnues.

Archives de Decize. — *Inventaire des titres de Nevers.*

⚜ ⚜ ⚜

DE VÉSIGNEUX, seigneurs de Vésigneux, de Vignes, de Montmartange.

Châtellenies de Monceaux-le-Comte, de Neuffontaines et de Decize.

Alliances : de Monts, de Bousson.

Armoiries inconnues.

Inventaire des titres de Nevers. — Archives du château de Vésigneux. — *Le Morvand.*

Les armoiries de cette famille, que nous n'avons pu retrouver, portaient peut-être *trois bandes;* on voit un écu du XV⁰ siècle ainsi composé dans l'église du prieuré de Montsabot, voisine de Vignes, fief des Vésigneux, et ce même écu aux trois bandes est sculpté au château de Vésigneux.

⚜ ⚜ ⚜

DE VÉSIGNEUX ou BARBIER DE VÉSIGNEUX,

seigneurs de Vignes, de Vésigneux, des Trapis, de Goumonts, des Avoinières, d'Outre-Cure, des Branlasses, de Fontaine-Blanche, de Montcrecon, de Razout, de Monchelnot, du Mont, de Couan, de Villurbain, de Saint-Martin-du-Puy, d'Island, de Champcomeau, de Bazolles, de Montregnard, de Gouloux, du Meix-de-Brassy, de Dun, de Chalant, de La Chaux, de Mallerin, de Boussegré, de Laubepin, de Ruère, de Villette, du Breuil, de Viel-Fou, de Cerée.

Châtellenies de Monceaux-le-Comte, de Neuffontaines, de Liernais et de Saint-Brisson.

Alliances: de Montjeu, de Cussigny, de La Porte, d'Igny, de Clermont-Tonnerre, de Montmorillon.

D'azur, à la croix engrêlée d'argent. — Pl. XXXI.

Archives du château de Vésigneux. — *Inventaire des titres de Nevers.* — Preuves de la famille de Montmorillon au cabinet des titres de la Bibliothèque nationale. — *Le Morvand.*

Cette famille, que nous croyons tout à fait différente de la précédente, portait, selon l'abbé Baudiau, le nom patronymique de Barbier, qu'elle abandonna dès qu'elle fut en possession de l'important fief de Vésigneux, qui paraît avoir été la dot de Guillemette de Cussigny mariée, vers 1500, à Lucas Barbier, seigneur de Vignes. Ces Barbier, sans doute d'origine assez modeste, étaient fort riches ; ils achetèrent, pendant les premières années du XVIe siècle, les fiefs nombreux énumérés ci-dessus. Ils s'éteignirent dans la famille de Montmorillon vers 1560.

✤ ✤ ✤

VESTU, seigneurs de Champrobert, de Montanteaume. Bourgogne et Nivernais.

Châtellenie de Luzy.

Alliances : Joudon, de Chevannes, de Ganay.

Armoiries inconnues.

Le Morvand.

✤ ✤ ✤

DE LA VÈVRE, seigneurs de Jaugenay, de Marigny, de La Sarrie.

Châtellenies de Nevers, de Châteauneuf-sur-Allier et de Decize.

Armoiries inconnues.

|Inventaire des titres de Nevers.

✤ ✤ ✤

DE VÈVRE, seigneurs de Vèvre.

Châtellenie de Saint-Saulge.

Alliance : d'Areyn.

Armoiries inconnues.

Archives de la Nièvre.

✤ ✤ ✤

VIEL DE LUNAS D'ESPEUILLES, seigneurs de Lamenay, de Varigny, de Jaugenay, de Marigny; comtes de Lunas; marquis d'Espeuilles. Originaires du Languedoc.

Châtellenies de Decize, de Saint-Saulge et de Nevers.

Alliances : de Boulène de Saint-Remy, de Marguerie, de Prevost de La Croix, de Roquefeuil, Le Peletier de Rosambo, de Châteaubriand, de Certaines, Maret de Bassano, de Caulaincourt de Vicence.

De gueules, à la ville enceinte de murs flanqués de tours, le tout d'argent, maçonné de sable, et un chef cousu d'azur, chargé d'un croissant du second émail, entre deux étoiles de même. — Pl. XXVIII.

Archives du château de La Montagne. — *Cahier de la noblesse du Nivernais de 1789.*

✤ ✤ ✤

DE VIELBOURG, seigneurs de Cours, des Barres; marquis de Myennes. Bourgogne et Nivernais.

Châtellenie de Saint-Verain.

Alliances : de Fontenay, d'Aune, de Lombouts, Girard de Passy, de La Chaume, du Pont, Cochon de La Motte, Le Muet, de Lamoignon, de Louzeau, de Marafin, de La Châtre, de Dynette, de La Rivière, Gillot, de La Roche-Loudun, Bretel de Grimonville, de Harlay, Hinsselin, Payen.

D'azur, à la fasce d'argent, chargée d'un tau ou croix de saint Antoine de sable à dextre, et d'une étoile de même à senestre. — Pl. XXVIII.

Dictionnaire de la noblesse. — Preuves de Malte à la bibliothèque de l'Arsenal. — Chevillard. — *Tablettes historiques.* — Manuscrits de D. Viole.

La seigneurie de Myennes fut érigée en marquisat par lettres de décembre 1661, registrées au Parlement et en la Chambre des comptes les 10 et 18 février 1666, en faveur de René de Vielbourg, seigneur dudit lieu.

✤ ✤ ✤

DE VIENNE, seigneurs du Chastelier, etc.; barons de La Ferté-Chauderon et de La Roche-Milay. Originaires de Bourgogne.

Châtellenies de Châteauneuf-sur-Allier, de Moulins-Engilbert, de Decize, etc.

Alliances : de Montaigu, d'Aumont.

De gueules, à l'aigle d'argent. — Pl. XXX.

Inventaire des titres de Nevers. — *Histoire des grands officiers de la couronne*, etc.

La généalogie de cette illustre famille se trouve dans l'*Histoire des grands officiers de la couronne* et, moins détaillée, dans le *Dictionnaire de la noblesse.*

⚜ ⚜ ⚜

DE VIEURE, seigneurs de Bazoches, de Moissy-Molinot, de La Chaume de Cervon, de Chasseigne, du Chemin, du Meix-Richard. Bourgogne et Nivernais.

Châtellenie de Monceaux-le-Comte.

Alliances : de La Perrière, de Veilhan.

Armoiries inconnues.

Archives du château de Bazoches. — *Inventaire des titres de Nevers.*

Nous n'avons pu retrouver les armes de cette famille que nous croyons différente de celle du même nom qui faisait partie de la noblesse du Bourbonnais. (Voir notre *Armorial du Bourbonnais.)*

⚜ ⚜ ⚜

DE VIEURE, seigneurs des Granges.

Châtellenie de Châteauneuf-sur-Allier.

Armoiries inconnues.

Archives de la Nièvre. — Archives de M. Canat de Chizy.

D'après une pièce du dossier de la famille d'Assigny au cabinet des titres, cette famille, peut-être la même que la précédente, aurait porté pour armes : *De gueules, à deux lions rampants d'azur;* nous indiquons ce blason *à enquerre* sous toutes réserves.

⚜ ⚜ ⚜

DE LA VIGNE *al.* DES VIGNES, seigneurs de Bulcy, de Chiffort, de Neuville.

Châtellenies de Nevers et de La Marche.

Alliances : du Verne, Carpentier, de Croisy.

Écartelé : aux 1 et 4 d'argent, à la fasce de gueules, chargée de trois besants d'or et accompagnée de sept merlettes de gueules, quatre en chef et trois en pointe, et un lambel de cinq pendants d'azur, qui est des Vignes; *et aux 2 et 3 d'azur, à l'étoile d'or, accompagnée de trois croissants d'argent,* qui est de Carpentier.

Archives de la Nièvre. — Armorial de la généralité de Bourges. — *Dictionnaire de la noblesse.*

D'après l'Armorial général, les armes de cette famille, dont La Chesnaye-des-Bois a donné une courte notice généalogique, étaient : *D'azur, à trois cailloux d'argent et au fusil d'or en chef.*

⚜ ⚜ ⚜

DE VIGNES, seigneurs de Vignes.

Châtellenies de Monceaux-le-Comte et de Champalle-ment.

Alliance : de Tamnay.

Armoiries inconnues.

Inventaire des titres de Nevers.

⚜ ⚜ ⚜

DE VILLACOT, seigneurs de Villacot, d'Onlay.

Châtellenie de Moulins-Engilbert.

Alliances : d'Onlay, Le Tort.

Armoiries inconnues.

Marolles. — Collection nivernaise de l'auteur. — *Le Morvand.* — *Noms féodaux.*

⚜ ⚜ ⚜

DE VILLAINES, seigneurs de Fleury-sur-Loire, de Chazault, de La Motte-Farchat, de Villiers, d'Aurély. Originaires du Berry, Bourbonnais et Nivernais.

Châtellenies de Clamecy et de Decize.

Alliances: du Chastel, de Bar, de Pergues, Duret.

Écartelé : aux 1 et 4 d'azur, au lion d'or ; et aux 2 et 3 de gueules, à neuf losanges d'or, posés 3, 3, 3. — Pl. XXVIII.

Archives de la Nièvre et de l'Allier. — *Inventaire des titres de Nevers.* — *Tableau chronologique.* — Armorial de Challudet. — D'Hozier. — La Thaumassière. — *Dictionnaire de la noblesse.*

Les armes de cette famille se voient sculptées au château de La Motte-Farchat, qui fut en partie reconstruit par les Villaines au XVIᵉ siècle.

La branche fixée aux environs de Clamecy porta, comme on le voit dans l'*Inventaire* de Marolles : *Écartelé : aux 1 et 4 d'azur, au lion d'or, la queue passée en sautoir ; et aux 2 et 3 de gueules, à la tour d'argent.*

Une généalogie détaillée de cette famille se trouve dans le *Dictionnaire de la noblesse.*

Il y eut peut-être une autre famille du même nom possessionnée dans les châtellenies de Metz-le-Comte et de Donzy aux XIVᵉ et XVᵉ siècles, mais nous manquons de documents sur son compte.

⚜ ⚜ ⚜

PREMIERS BARONS.

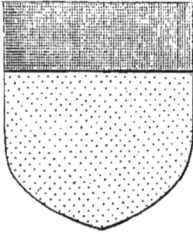

CHAUDERON.

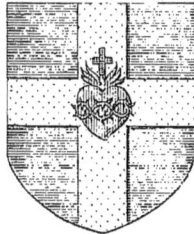

MGR CORTET.

DAUPHIN.

DAUPHIN.

DE MELLO.

COCHET.

HYDE DE NEUVILLE.

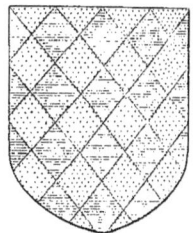

DE CHÂTILLON.

DE VIENNE.

TENON

DE VILLARS.

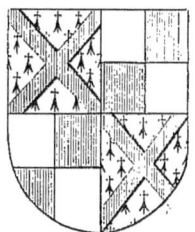

DE LA FERTÉ-MEUNG.

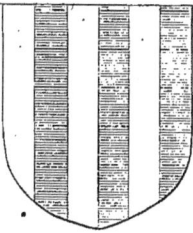

DE FRASNAY.

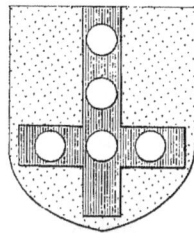

LAFOND

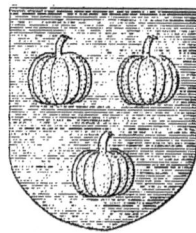

MELON

DE GAMACHES.

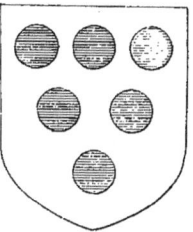

REGNIER DE GUERCHY

DE MERU

JOLLY

DE SAURIN

Imp. Fugère Frères Lyon

DE VILLARD, seigneurs du Chaumont.

Châtellenie de Nevers.

Alliance: Berthelot.

D'argent, à la hache d'armes de gueules et à l'épée de même, la pointe en bas, placées en sautoir, accompagnées en pointe d'une molette d'azur — Pl. XXXI.

Archives de la Nièvre. — *Archives de Nevers.* — Armorial de la généralité de Moulins.

L'Armorial général attribue à un autre membre de cette famille le blason suivant: *De gueules, à la fasce d'or, surmontée d'une ville de même.*

⚜ ⚜ ⚜

DE VILLARS, barons de La Roche-Milay; marquis de La Nocle. Lyonnais, Paris et Nivernais.

Châtellenies de Moulins-Engilbert et de Savigny-Poil-Fol.

D'azur, à trois molettes d'éperon d'or, au chef d'argent, chargé d'un lion léopardé de gueules. — Pl. XXX.

Histoire des grands officiers de la couronne. — Archives de la Nièvre.

⚜ ⚜ ⚜

DE VILLEMENT, seigneurs de Soultrait.

Châtellenie de Châteauneuf-sur-Allier.

Alliance: de La Porte.

Armoiries inconnues.

Archives de la Nièvre.

⚜ ⚜ ⚜

DE VILLERS, seigneurs de Champallement, de Saxi-Bourdon, de Pougues, de Garchizy. Bourgogne et Nivernais.

Châtellenies de Champallement, de Nevers et de Montenoison.

D'or, à la fasce de gueules. — Pl. XXXI.

Inventaire des titres de Nevers. — Courtépée. — Paillot. — *La Noblesse aux États de Bourgogne.*

Le nom de Villers, de Villiers se trouve quelquefois dans les documents sur le Nivernais, mais nous n'avons pu constater d'une manière positive que l'existence d'une seule famille de ce nom, qui était un rameau de la maison de Villers-La-Faye de Bourgogne.

⚜ ⚜ ⚜

VINCENT, seigneurs de Marcé.

Châtellenie de Nevers.

Alliances: Pommereuil, des Colons, Micault, Guynet.

De sable, au sautoir d'argent, chargé de cinq pommes de pin d'azur, les tiges de gueules. — Pl. XXXI.

Archives de Nevers. — Armorial de la généralité de Moulins.

⚜ ⚜ ⚜

DE VIRGILLE, seigneurs de Montrangle, des Chaises, de Thaix, de Saint-Martin, de Saint-Michel, de Chevannes-les-Crots. Languedoc et Nivernais.

Châtellenies de Cercy-la-Tour et de Decize.

Alliances: de Nourry, des Gouttes, Coppin, Potrelot, de Vauchaux.

MᵍR E.A.A. LELONG

LOISEAU

DE MONTURUC

NÉE

DE PERNAY

RENAUD DES MÉLOIZES

SAUTEREAU DU PART

DE SÉMUR

SEPTIER

DE LA VARENNE

VÉRON

DE VERRIERES

DE LA VIGNE

DE VILLARD

MᵍR SERGENT

DE VILLERS

VINCENT

DU PONT

DE VESIGNEUX

D'azur, à la bande d'argent, surmontée de trois fleurs de lys d'or.
— Pl. XXVIII.

Archives de Decize. — *Noms féodaux.* — *Armorial de la noblesse du Languedoc.* — Courcelles.

Il existe, au cabinet des titres de la Bibliothèque nationale, des preuves pour Saint-Cyr faites, au XVIIIᵉ siècle, par Rose de Virgille, d'une branche de la famille qui nous occupe, dont les armes étaient : *D'or, à trois pals de gueules, au chef d'azur, chargé de trois fleurs de lys d'argent.*

⚜ ⚜ ⚜

VOILLE, seigneurs de Villarnoux.

Châtellenie de Donzy.

Alliances : Mignot, de Noireterre, Le Maigre, Gascoing.

Armoiries inconnues.

Registres paroissiaux de Donzy.

⚜ ⚜ ⚜

VYAU DE LA GARDE et DE BAUDREUILLE DE FONTENAY, seigneurs de L'Isle, de La Vesvre, de Beaudreuille, de La Garde, de Fontenay, de Roussy, d'Autry, de Sarrazin, de Saint-Fargeux, de Verrière, de La Jarrerie, des Bruères, de Buy, de Trois-Fonds, de Bourg, du Gratais, de Saint-Léger, de La Tuilerie, de Lafont, de Gys, de Saint-Père-à-Ville, de Cigogne, de Tresaigue, de Montgermain, de Moran, de Naveau, de Saint-Babyle, d'Azy, de Gouat, de Fraillon, de Faye, de La Baratte, de Louanche.

Châtellenies de Decize, de Châteauneuf-sur-Allier et de Nevers.

Alliances : Boisseau, Girard, Marande, Baudrion, André, Bouzitat, Douet, Sallonnier, de Bèze, du Bois de Bichy, Challemoux, Marceau, Blanzat, Gascoing, Gigot, Moquot, Quesnay de Beauvoir, Vernin d'Aigrepont, Pourrinat, Vaudot, Gaudet, Lieutaud, Paillard, Meunier, Chambrun d'Uxeloup, de Lenferna, Gozyeulx de La Guérenne, Terrier de Santans, Bernard, Massé, Carimantrand, Richard de Soultrait, Collin de Gévaudan, Maublanc de Chiseuil, de Maupas.

D'azur, à la porte de ville ouverte d'argent, flanquée de deux tours, et en supportant une troisième de même, maçonnée de sable, celle-ci sommée d'un lion issant d'or, armé et lampassé de gueules, tenant de sa patte dextre une demi-pique d'or, armée de sable et houppée de gueules. — Pl. XXVIII.

Archives de la Nièvre, de Decize et de Saint-Pierre-le-Moûtier. — Armorial de la généralité de Moulins.

⚜ ⚜ ⚜

Mgr PIERRE-LOUIS-MARIE CORTET, évêque de Troyes, né à Château-Chinon, le 7 mars 1817.

D'azur, à la croix d'or, chargée d'un cœur enflammé de gueules, surmonté d'une croisette de sable, et entouré d'une couronne d'épines de même. — Pl. XXX.

⚜ ⚜ ⚜

DE LONGUEVILLE, seigneurs de La Breuille, de Dornecy, de Pont-Sembrève, de Molot, de La Maison-Blanche, de Crain, de Champmorot, des Courtils, du Colombier, d'Amazy, de Chevannes. Bourgogne et Nivernais.

Châtellenie de Clamecy.

Alliances : de La Rivière, de La Forest, de Loron, Loiseau, de Blanchefort, de La Duz, Bassin, Le Roy, Aubert, Barbeau, de Meun de La Ferté, d'Estutt, Deveau, Furlong, de Trémignon, de Courbon-Blénac, de Compaing.

D'argent, au chevron d'azur.

Inventaire des titres de Nevers. — Registres d'Ouagne. — Armorial général. — Courtépée, *Description du duché de Bourgogne.* — *La Noblesse aux États de Bourgogne.* — *Armorial de l'Yonne.*

Le chevron des armoiries de cette famille se trouve parfois de gueules, parfois d'azur. L'Armorial général manuscrit, la *Noblesse aux États de Bourgogne* et l'*Armorial historique de l'Yonne*, de M. Dey, lui attribuent ce dernier émail que nous adoptons également. Toutefois, l'*Inventaire des titres de Nevers* mentionnant un aveu et dénombrement rendu, en 1575, par Paul de Longueville, écuyer, seigneur de La Breuille, décrit l'écusson qui y était peint : *D'argent, au chevron de gueules.*

⚜ ⚜ ⚜ ⚜ ⚜

Mgr Étienne-Antoine-Alfred LELONG a succédé à Mgr de Ladoue, mort le 23 juillet 1877, pendant l'impression de cet ouvrage.

Mgr Lelong, né à Châlon-sur-Saône le 3 décembre 1834, a été ordonné prêtre en 1857. Chanoine, puis vicaire général d'Autun, il a été nommé évêque de Nevers par décret du 21 août 1877, préconisé le 21 septembre, puis sacré, dans la cathédrale d'Autun, le 21 novembre suivant.

De gueules, à l'agneau pascal d'argent, nimbé d'or, le nimbe crucifère, la croix d'or, l'étendard d'argent, chargé d'un Sacré-Cœur de gueules, rayonnant de même, au franc-canton d'or, chargé d'une marguerite tigée au naturel. — Pl. XXXI.

La marguerite qui figure dans ce blason est un souvenir des armoiries (*D'azur, à trois marguerites d'argent*) de Mgr de Marguerye, évêque d'Autun, dont Mgr Lelong fut le secrétaire particulier.

Comme son prédécesseur, notre nouvel évêque a supprimé la couronne héraldique et placé, derrière son écusson, la croix processionnelle. Au-dessus de l'écu, la mitre, la crosse et le chapeau garni de houppes; au-dessous, la devise : IDEO VICTOR QVIA VICTIMA sur un ruban liant deux palmes.

DICTIONNAIRE HÉRALDIQUE.

Nous croyons devoir indiquer ici, en quelques mots, la manière de faire usage de ce dictionnaire, dont nous avons essayé de démontrer l'utilité dans notre introduction.

Si l'on rencontre, par exemple, sur un monument, un écusson portant un lion seul, une aigle ou une bande, il ne s'agira que de chercher aux mots *lion*, *aigle*, *bande*, à la suite desquels on trouvera l'énumération des blasons de l'Armorial dans lesquels figurent ces meubles héraldiques, et l'on n'aura qu'un petit nombre de pages à parcourir pour arriver à connaître l'écusson en question.

Mais les figures ne sont pas toujours seules, les armoiries sont parfois fort compliquées ; dans ce dernier cas, il faudra chercher d'abord la pièce la plus apparente de l'écu, puis les autres moins importantes, et l'on arrivera de même à la solution du problème.

Lorsqu'on rencontrera des armoiries écartelées, on devra se souvenir que, le blason véritable de la famille se trouvant généralement au premier quartier à *dextre* (gauche du lecteur), c'est celui-là qu'il faudra chercher d'abord ; s'il y avait un petit écusson sur le tout, ce serait ce dernier qu'il importerait de trouver.

Nous avons tâché de rendre les recherches aussi faciles et aussi courtes que possible, en créant dans les articles un peu étendus des subdivisions dont chacune ne comprend qu'un seul des états de la figure héraldique, si toutefois nous pouvons nous exprimer ainsi.

Nous avons aussi multiplié les citations de noms ; il est telle famille dont le nom se trouve dans sept articles.

Il est certain qu'une légère connaissance du blason sera nécessaire, dans quelques cas, pour faire usage de notre dictionnaire ; mais nous ne pouvions guère simplifier davantage, et il nous était impossible de grossir cet ouvrage d'un traité de la science héraldique.

Terminons par un exemple de l'emploi du dictionnaire : Supposons que, voyant dans une chapelle de l'église paroissiale de Challement deux écussons, dont l'un porte un *sautoir* sur un champ d'*hermine* et l'autre *trois fasces* et une *bordure engrêlée*, on désire attribuer ces blasons ; on devra d'abord chercher au mot *sautoir*, on y trouvera les noms des familles de Coinctet, Dollet, Fournier, de Marry et de Meun de La Ferté ; puis, se reportant au mot *hermine*, on verra deux noms seulement : de Marry et de Meun de La Ferté, de ceux qui figurent à la suite du mot *sautoir;* l'écusson inconnu est donc de l'une de ces deux familles, et l'attribution devient des plus simples. Maintenant, procédant de la même manière pour l'autre écusson inconnu, on cherchera aux mots *fasce* et *bordure*, et on sera renvoyé au nom du Verne. Puis, en lisant les articles de ces familles, on trouvera qu'il y a eu alliance entre elles, et on n'aura qu'à chercher dans leurs généalogies pour savoir à quelle époque a été construite la chapelle dans laquelle figurent leurs blasons réunis.

ABEILLE. — Barberin; — Maslin.

AIGLE SEULE DANS L'ÉCUSSON. — Jacques-Paul et Gilles Spifame, évêques de Nevers; — d'Alligny; — de Dicy; — de Ganay; — des Gentils; — Lempereur; — de Montmorillon; — Petitier; — Renaud d'Avesne; — de Vienne.

PLUSIEURS AIGLES, ALÉRIONS. — Catherine de Lorraine, duchesse de Nevers; — du Bois de Givry; — de Méru.

AIGLE AVEC D'AUTRES PIÈCES. — Ducs de Nevers de la maison de Gonzague; — Ballard; — Billebaut; — Chevalier; — Le Clerc de Juvigny; — Collin de Gévaudan; — de Fontette; — Galline; — de Ganay; — des Gentils; — Le Lièvre de La Grange; — Mascrany; — de Pergues; — de Prie; — Semelier; — du Vandel.

AIGLE ISSANTE. — Conrade.

ANCRE. — Paul Naudo, évêque de Nevers; — Pelletier de Chambure.

ANNEAU, ANNELET, BAGUE. — D'Arthel; — de Bongars; — de Buffévent; — Micault.

ANYLLE. — Imbert de La Platière, évêque de Nevers; — d'Imbert; — de La Platière.

ARBRE. — Arnaud Sorbin, évêque de Nevers; — Jean-François Bontemps et Christophe d'Authier de Sisgau, évêques de Bethléem; — Guillaume de Boisvair, prieur de La Charité; — ville de Lormes; — Babaud; — de Marchangy; — Marion; — Olivier; — de Pergues; — Rollot; — Tillot; — Turpin.

AUTEL. — Ducs de Nevers de la maison de Gonzague.

BANDE. — Robert et Henri Cornu et Jean de Neufchâtel, évêques de Nevers; — Jean de La Rivière, Thibaut Doet et Frédéric-Jérôme de La Rochefoucauld, prieurs de La Charité; — Boudaud; — de Carreau; — de Châlon; — de Menou; — de La Rivière; — de Torcy; — de Veilhan.

BANDE VIVRÉE, ÉCHIQUETÉE, ONDÉE. — Esmalle; — de Grivel; — Guillemin.

BANDE BROCHANT. — Robert de Dangeul, évêque de Nevers; — Charlotte de Bourbon-Vendôme, Marguerite de Bourbon et Marie de Bourbon, duchesses de Nevers; — Louis de Clèves, évêque de Bethléem; — Charles de Bourbon, prieur de La Charité; — Andrault de Langeron;

— des Barres ; — ducs de Bourbon ; — de Bourbon-Busset ; — de Dangeul ; — de Digoine ; — de L'Espinasse ; — du Monceau ; — du Pontot ; — Quarré ; — de Rochechouart ; — de Varigny.

Bande accompagnée. — François-Joachim de Pierre de Bernis, prieur de La Charité ; — Alixand ; — d'Angeliers ; — de La Bussière ; — de Chastellux ; — de Chéry ; — Dauphin ; — de Lichy ; — de Monturuc ; — Riffé ; — de Roffignac ; — de Saint-Père ; — de Salins ; — Saulnier du Follet ; — Tenon ; — de Virgille.

Bande chargée. — Charlotte de Bourbon-Vendôme, comtesse de Nevers. — Marie de Bourbon et Catherine de Lorraine, duchesses de Nevers ; — Gilles du Châtelet, évêque de Nevers ; — Jean de Clèves, évêque de Bethléem et prieur de La Charité ; — Fouet ; — Guillemin ; — Saulnier du Follet ; — de Sauvages.

Bande chargée et accompagnée. — Édouard Bargedé, évêque de Nevers ; — Philibert de Marafin, prieur de La Charité ; — Beurdelot ; — de Bèze ; — de Chéry ; — de Favardin ; — de Marafin ; — de Mullot ; — de Tintry.

Plusieurs bandes. — Jean de La Magdelaine de Ragny, prieur de La Charité ; — de Basso ; — Berger ; — Bréchard ; — de Breulle ; — du Crest ; — Guillemin ; — Jacquinet ; — de La Magdelaine ; — Née ; — de Ponard ; — de La Roche ; — Saulnier ; — de Sauvages ; — de Scorailles ; — de Semur ; — Sirot ; — de La Varenne ; — de Vésigneux.

Bandé. — Mahaut de Bourgogne, comtesse de Nevers ; — comtes de Nevers de la maison de Bourgogne ; — Bréchard ; — de La Bussière ; — de Marcilly ; — Pagani ; — Saulnier.

Bar. — Guillaume de Gaucourt, prieur de La Charité ; — de Bar.

Baril, Tonneau. — Corporation des cabaretiers de la ville de La Charité ; — Boutillat ; — Tonnelier.

Barré. — Des Barres.

Baton brochant en bande ou en barre. — Charles de Bourbon-Vendôme, évêque de Nevers ; — Louis et Jean de Clèves, évêques de Nevers et de Bethléem et prieurs de La Charité ; — Dauphin.

Batons noueux et enflammés. — Comtes de Nevers des maisons de Bourgogne, de Clèves et de Gonzague.

Bélier. — Bellon de Chassy.

Bélier (*Tête de*). — Arvillon.

Besant. — Simon d'Armentières, Guillaume et Odon de Poitiers, prieurs de La Charité; — Aladane; — d'Arcy; — Berthelot; — Beurdelot; — Billebaut; — de La Croix; — Goussot; — de Joumard-Achard de Tison d'Argence; — Lafond; — Millin; — du Puy; — Ravizy; — des Réaux; — Regnier de Guerchy; — de Tâches; — de La Vigne.

Billettes. — Comtes de Nevers de la première race; — villes de Nevers, de Clamecy et de Donzy; — de Brienne; — de Chastellux; — de Châteauvillain; — de Choiseul; — Lasné; — de Monts; — de Rochefort; — Saulnier du Follet; — de Tintry; — du Vandel.

Billettes percées. — Ferdinand d'Almeïda, évêque de Nevers.

Blé. — Dublé.

Bœuf. — De Borniole.

Bœuf (*Tête de*). — Le Pain.

Boisseau. — Officiers du grenier à sel de La Charité.

Bordure. — Mahaut de Bourgogne, comtesse de Nevers; — comtes de Nevers de la maison de Bourgogne; — Jean Tristan, comte de Nevers; — d'Anlezy; — de Damas; — de Marcilly; — du Monceau; — de Varigny.

Bordure denchée, engrêlée, componée. — Eudes de Bourgogne, comte de Nevers; — comtes de Nevers des maisons de Bourgogne et d'Albret; — ville de Decize; — d'Armes; — Boudaud; — Carreau; — de Courtenay; — de La Fin; — Foucher; — Gallope; — Garnier; — Goussot; — de Grandry; — de Jaucourt; — de Rochechouart; — Le Tort; — de Varigny; — du Verne.

Bordure chargée. — Des Gentils; — du Puy.

Bouc. — Bureau.

Boucles. — De Buffévent.

Bourdon de pélerin. — Carimantrant; — de Lenfernat; — Pierre de Frasnay.

Bourse. — Prieuré de La Charité.

Bouterolle. — Du Chaillou; — Saulnier du Chaillou.

Branche, Rameau. — Jacqueline d'Ailly, comtesse de Nevers; — Édouard Valot et Jean-Antoine Tinseau, évêques de Nevers; — Bouzitat; — Chaillou des Barres; — Godin; — Guillier; — Guynet; — de Monturuc.

Bras. V. Dextrochère.

BURÈLE, BURELÉ. — Robert de Dangeul, évêque de Nevers ; — Philibert de Beaujeu et Charles-Marie de Quelen, évêques de Bethléem ; — Pierre de Beaujeu et Dominique de La Rochefoucauld, prieurs de La Charité ; — de Beaujeu ; — de Chargère ; — de Dangeul ; — Joumard-Achard de Tison d'Argence.

CAILLE. — De Calines.

CAILLOU. — Chaillou des Barres ; — de La Vigne.

CANETTE. — Ville de Cosne ; — de Druy.

CASQUE. — Mascrany ; — Pagani.

CASQUE EN FORME DE MUFLE DE TAUREAU. — Comtes et ducs de Nevers de la maison de Clèves.

CERF, DAIM. — Pierre de Séguiran, évêque de Nevers ; — de Certaines ; — de Favardin ; — de La Grange d'Arquian ; — Marceau ; — Née ; — Ravisy.

CERF (Rencontre ou massacre de). — Charles Fontaines des Montées, évêque de Nevers ; — abbaye de Cervon ; — de Salins ; — de Sarre ; — de Thoury.

CHAÎNE. — Du Chesnay.

CHAMPAGNE. — Ravisy.

CHANVRE. — De Masin.

CHAPEAU. — Corporation des selliers, bourreliers, chapeliers et cordiers de la ville de La Charité ; — Dien.

CHAPPÉ. — Dien.

CHASSE. — Ville de Vézelay.

CHAT. — Du Guay.

CHATEAU. — Évêché de Nevers ; — villes de Châtel-Censoir et de Vézelay ; — de Maisoncomte ; — de La Porte ; — de La Tournelle.

CHAUSSETRAPE. — Des Trappes.

CHEF. — Gaucher de Châtillon, comte de Nevers ; — Jean Bohier, évêque de Nevers ; — abbaye de Bellevaux ; — Guillaume et Odon de Poitiers, prieurs de La Charité ; — de Bonnay ; — Bréchard ; — Chauderon ; — Le Clerc ; — Coinctet ; — d'Esme ; — de Frasnay ; — de Gamaches ; — Lombard ; — de Maumigny ; — Nault ; — Pagani ; — des Paillards ; — Pioche ; — du Plessis ; — Pougault ; — Richou ; — de Saint-Verain.

CHEF ÉCHIQUETÉ. — Jacqueline d'Ailly, comtesse de Nevers ; — des Jours ; — Roussel.

CHEF CHARGÉ D'ÉTOILES. — Dominique-Augustin Dufêtre, évêque de Nevers ; — abbaye de Notre-Dame de Nevers ; — prieuré de Saint-Étienne de Nevers ; — Chambrun d'Uxeloup de Rosemont ; — Dien ; — Doibt ; — Favre de Dardagny ; — Gueneau ; — Moreau ; — de Morogues ; — Olivier ; — Prisye ; — du Puis ; — Roux ; — de Saulieu ; — de Tâches ; — Tenaille ; — Vaulx.

CHEF CHARGÉ DE FLEURS DE LYS. — Évêché de Nevers ; — ville de Saint-Pierre-le-Moûtier ; — de Bazelle ; — de Pracomtal.

CHEF CHARGÉ DE TROIS OBJETS DIVERS. — Jean d'Estampes, Arnaud Sorbin et Paul Naudo, évêques de Nevers ; — Simon d'Armentières, prieur de La Charité ; — ville de La Charité ; — de Bauchereau ; — Billebaut ; — du Broc ; — Carrelet ; — de Chargère ; — Dublé ; — Girard de Vannes ; — Lasné ; — Mascrany ; — Millin ; — Le Muet ; — des Paillards ; — de Saint-Verain ; — Viel de Lunas d'Espeuilles.

CHEF CHARGÉ D'ANIMAUX. — Nicolas Millaux, évêque de Nevers ; — Jean-François Bontemps, évêque de Bethléem ; — du Bois de Givry ; — du Colombier ; — Conrade ; — de Coulon ; — du Crest ; — Olivier ; — de Pergues ; — Pougault ; — de Prie ; — Quarré d'Alligny ; — de Rochefort ; — de Toucy ; — de Villars.

CHEF CHARGÉ D'OBJETS DIVERS. — Hervé de Donzy, comte de Nevers ; — Robert de Dangeul, évêque de Nevers ; — d'Armentières, prieur de La Charité ; — ville de Vézelay ; — Alixand ; — d'Ancienville ; — d'Assigny ; — de Bauchereau ; — de Bèze ; — de Bourbon-Busset ; — de Crux ; — Mascrany ; — des Paillards ; — de Réveillon ; — de Saint-Verain.

CHEVRON. — Favre de Dardagny ; — Girardot de Préfonds.

CHEVRON BROCHANT. — Pierre de Fontenay, évêque de Nevers ; — Babute ; — Étignard de La Faulotte ; — de Fontenay.

CHEVRON ACCOMPAGNÉ DE TROIS ÉTOILES. — Alixand ; — de Bazelle ; — Hodeneau ; — de Luzy ; — de Paris ; — de La Teillaye ; — de Vaulx.

CHEVRON ACCOMPAGNÉ DE TROIS OBJETS SEMBLABLES. — Imbert de La Platière et Eustache de Chéry, évêques de Nevers ; — Andras de Marcy ; — Le Bault ; — Berthelot ; — Bouzitat ; — de Chéry ; — Coquille ; — de Cresency ; — de La Forest ; — Forestier ; — Gourdon ; — Grène ; — Heulhard de Montigny ; — d'Imbert ; — de Lange ; — Langlois ;

— Lombard ; — Maraude ; — Mathieu ; — Mérigot ; — Millin ; — Moquet ; — Moreau ; — Paillard ; — Pernin ; — Perreau ; — de La Platière ; — des Prés ; — du Puis ; — Rapine de Sainte-Marie ; — Roux ; — Le Roy ; — Save de Savigny ; — Tonnelier ; — des Trappes ; — de Vauvrille.

Chevron accompagné de trois objets non semblables. — Édouard Vallot, évêque de Nevers ; — Jean Passelaigue, prieur de La Charité ; — Arvillon ; — Le Blanc-Bellevaux ; — de Borniole ; — de La Bussière ; — Chaillot de Lugny ; — Chouet ; — de Cray ; — Dien ; — du Four ; — Grasset ; — Guerry ; — Henry ; — Le Lièvre de La Grange ; — Marceau ; — Mérigot ; — Michel ; — Millin ; — Millet ; — Millot ; — Moigne ; — Monnot ; — de Monturuc ; — Le Peletier d'Aunay ; — Quartier ; — Regnard des Coudrées ; — Renaud d'Avesne des Méloizes ; — de Réveillon ; — Rousseau ; — Le Roy ; — Sallonnier ; — Semelier ; — Simonin.

Chevron accompagné de deux objets ou d'un seul. — De La Roche, prieur de La Charité ; — Dien ; — de Maumigny ; — de Morogues ; — de Paris-Rollot ; — Taveneau ; — Tenaille.

Chevron accompagné de plus de trois objets. — Bellon de Chassy ; — Berthier de Grandry ; — Bogne ; — Bouzitat ; — Lault ; — Hyde de Neuville ; — Pelletier de Chambure ; — du Plessis ; — Potrelot de Grillon ; — Le Prestre de Vauban ; — Tridon.

Chevron chargé. — Jean de Mazières, prieur de La Charité ; — de Tâches.

Chevron chargé et accompagné. — Pierre Bertrand et Arnauld Sorbin, évêques de Nevers ; — Guillaume de Valan et Jacques Hemeré, évêques de Bethléem ; — Antoine de La Roche, prieur de La Charité ; — de Bazelle ; — Le Clerc de Juvigny ; — du Coing ; — de Lange ; — de Lenfernat ; — Moreau.

Chevrons (Plusieurs). — Chapitres de Châtel-Censoir, de Clamecy et de Tannay ; — Alphonse-Louis, cardinal de Richelieu, et Dominique, cardinal de La Rochefoucauld, prieurs de La Charité ; — corporations des médecins, apothicaires et chirurgiens, des marchands de bois, des boulangers et pâtissiers, des marchands drapiers, des gantiers, pelletiers et mégissiers, des maréchaux, taillandiers, armuriers, serruriers, couteliers et selliers, des tanneurs, corroyeurs et cordonniers, et des tailleurs et chapeliers de la ville de Clamecy ; — de Chambon ; — du Gourlier ; — de Mars ; — Néé ; — Pitois ; — des Réaux ; — Septier de Rigny ; — des Varennes.

CHIEN, LÉVRIER. — Eustache du Lys et Dominique-Augustin Dufêtre, évêques de Nevers ; — Baudron de La Motte ; — de La Chasseigne ; — Collin ; — Prevel ; — Lault ; — du Lys ; — de Méru ; — Pilloux ; — de Saulieu,

CHOU. — Chauvelin.

CHOUETTE. — Chouet.

CHRISME. — Mgr Crosnier.

CIGOGNE. — Coujard ; — Loiseau.

CLEF. — Prieurés de Saint-Étienne de Nevers et de Saint-Pierre-le-Moûtier ; — ville de Saint-Pierre-le-Moûtier ; — de Bèze ; — Mascrany ; — Pierre de Frasnay ; — de Prévost de Lacroix ; — de Saint-Père.

CLOU DE LA PASSION. — Ursulines de Corbigny ; — du Bois de Givry ; — de Pierre-Pertuis.

CŒUR. — Abbaye de Saint-Martin de Nevers ; — Jean Passelaigue, prieur de La Charité ; — de Baudreuil ; — Bouzitat ; — de Chevenon ; — de Cray ; — d'Estutt ; — Girard de Vannes ; — des Jours ; — Micault ; — Millot ; — Pellé de Champigny ; — Quartier ; — Rapine de Sainte-Marie ; — Roux ; — de Scorailles ; — Tiersonnier ; — de Valery ; — de La Venne ; — Mgr Cortet.

COING. — Du Coing.

COLOMBE. — Pierre Bertrand et Nicolas Millaux, évêques de Nevers ; — Bertrand de Colombiers, prieur de La Charité ; — des Colons ; — de Coulon.

CONTRÉCARTELÉ. — De Meun de La Ferté.

COQ. — Cochet ; — Galaix ; — Gudin ; — Jolly ; — de Torcy.

COQUILLE. — Archambaud de Bourbon, comte de Nevers ; — Jacques Hemeré, évêque de Bethléem ; — Antoine de La Roche, Jean de La Magdelaine de Ragny et Benoît Jacquet, prieurs de La Charité ; — de La Barre ; — du Bois de Marzy ; — du Bois des Cours ; — de Bourbon ; — du Chesnay ; — du Coing ; — du Colombier ; — Coquille ; — Dupin ; — de Ganay ; — Grène ; — de Lange ; — de Las ; — de La Magdelaine ; — Mérigot ; — Michel ; — Moigne ; — de Mullot ; — Pierre de Frasnay ; — des Prés ; — Rapine de Sainte-Marie ; — des Trappes.

COR. V. HUCHET.

CORBEILLE. — Ville de Corbigny ; — Bogne ; — de Corbigny.

CORDES (Paquet de). — Corporation des selliers, bourreliers, chapeliers et cordiers de la ville de La Charité.

CORNE D'ABONDANCE. — Richard de Soultrait.

COTICE. — Jean Chambellan, prieur de La Charité; — du Pont; — de Rochechouart; — de Saint-Père.

COTICES POTENCÉES. — De Brienne; — Dauphin.

COUPÉ. — Guillaume de Boisvair, prieur de La Charité; — Chartreuses d'Apponay et du Val-Saint-Georges; — Bonnin; — de Chambon; — Conrade; — des Gentils; — des Jours; — Olivier; — de Valery.

COURONNE. — Jean d'Estampes, évêque de Nevers; — de Baudreuil; — de Nourry; — Rapine de Sainte-Marie; — Le Roy; — de La Venne.

COURONNE DE LAURIER, D'ÉPINES. — Vaillant; — Msgr Cortet.

CRÉQUIER. — De Cray.

CROISSANT. — Guillaume de Valan, évêque de Bethléem ; — Philibert de Marafin, prieur de La Charité; — d'Avril; — Bardin ; — Bellon de Chassy ; — Bernard; — de La Bouttière; — Brisson; — Carimantrant; — Carpentier de Changy; — de Cray; — Étignard de La Faulotte; — L'Évêque; — Girard de Vannes; — Goussot; — Gudin ; — Hyde de Neuville; — de Lange; — Lault; — de Marafin; — Marceau; — Marion; — Mathieu; — Millin; — Millot; — Monnot; Moreau ; — de Mussy; — Née; — Pilloux; — Potrelot de Grillon; — Le Prestre de Vauban; — Regnault; — de Reugny; — de La Rivière; — Robert; — Rochery; — Simonin; — Tenon ; — Tiersonnier; — Tillot; — des Trappes ; — Tridon; — Viel de Lunas d'Espeuilles.

CROIX. — De Bernault; — du Plessis ; — de Rabutin ; — de Saint-Verain.

CROIX ALAISÉE. — Nicolas Millaux, évêque de Nevers; — Le Breton; — Chaillou des Barres; — de La Croix ; — Marchand.

CROIX ANCRÉE. — Diane-Gabrielle de Damas de Thianges, duchesse de Nevers ; — Renaud de Moulins, évêque de Nevers; — ville de Moulins-Engilbert; — d'Anguy; — des Barres; — Boisserand; — Le Bourgoing; — de Charry; — de Courvol; — de Damas; — de La Forest; — de Moulins; — des Paillards; — Pitois ; — de Rodon ; — de Saint-Phalle; — Saulnier; — de Talaye.

CROIX CANTONNÉE OU CHARGÉE. — Ducs de Nevers de la maison de Gonzague; — Simon d'Armentières, prieur de La Charité; — de

Chaugy ; — de Choiseul ; — de Montmorency ; — Le Peletier d'Aunay ;
— du Plessis ; — Sautereau du Part ; — Mgr Cortet.

CROIX ENGRÊLÉE OU ÉCOTÉE. — Robert et Philippe de Lenoncourt,
prieurs de La Charité ; — de Balorre ; — du Gourlier ; — Marchand ; —
de Montmorillon ; — du Plessis ; — de Rabutin ; — Tomassin ; — de
Tintry ; — de Vésigneux.

CROIX OU CROISETTE PATÉE. — Ducs de Nevers de la maison de Gonzague ; — abbaye de Bellevaux ; — Charles de Gonzague de Clèves,
prieur de La Charité ; — de Baudoin ; — Bernot de Charant ; —
Guillaume de Sermizelles ; — Paillard ; — Le Peletier d'Aunay.

CROIX POTENCÉE, POMMETÉE OU PATRIARCALE. — Simon d'Armentières,
prieur de La Charité ; — de Bourbon-Busset ; — de Brienne ; —
Masquin ; — Gentil ; — Pion ; — des Trappes.

CROIX RENVERSÉE. — Lafond.

CROIX VIDÉE. — Prieuré de Saint-Sauveur de Nevers.

CROIX, CROISETTES (*Plusieurs*). — Paul Naudo, évêque de Nevers ; —
abbaye de Cervon ; — prieuré de Saint-Pierre-le-Moûtier ; — Aupepin
de La Motte de Dreuzy ; — de Bar ; — Baudrion ; — Bellon de Chassy ;
— Bernot de Charant ; — de Bourbon-Busset ; — Bouzitat ; — de
Brienne ; — de Chaugy ; — des Gentils ; — Masquin ; — Paillard ; —
du Plessis.

CROSSE. — Abbaye de Saint-Laurent ; — L'Évêque.

CRUCIFIX. — Du Meix.

CYGNE. — Comtes et ducs de Nevers de la maison de Clèves ; — Le
Blanc-Bellevaux ; — Le Clerc ; — Loiseau ; — Le Muet.

DAIM. — Marceau.

DAIM (*Rencontre de*). — Blaudin de Thé.

DALMATIQUE. — Robelin.

DAUPHIN. — Guy de Forez, comte de Nevers ; — Dauphin ; — La
Miche.

DÉ A JOUER. — De La Platière.

DEVISE VIVRÉE. — Alixand ; — d'Assigny.

DEXTROCHÈRE. — Charles de Gonzague, duc de Nevers. — Jean-
Antoine Tinseau, évêque de Nevers ; — abbaye de Saint-Martin de
Nevers ; — des Jours.

Écartelé (1). — De Châtel-Perron ; — de Chaugy ; — de Meun de La Ferté ; — Savary.

Échiqueté. — Éléonore de Vermandois, comtesse de Nevers ; — ville de La Charité ; — d'Aigreville ; — de Bauchereau ; — de Digoine ; — Juisard ; — de Chaugy ; — de Lorme ; — du Puy ; — Quarré d'Alligny ; — de Ternant.

Écrevisse. — De Champs.

Écu ou Écusson (meuble héraldique). — Ferdinand d'Alméida, évêque de Nevers ; — d'Avenières ; — Ballard ; — du Bois de Marzy ; — de Saint-Aubin ; — de Saint-Verain.

Écu sur le tout. — Girardot de Préfonds ; — de La Grange d'Arquian ; — de Jaucourt ; — Joumard-Achard de Tison d'Argence ; — de Lamoignon ; — Mascrany ; — Renaud d'Avesne des Méloizes ; — Roussel ; — de Torcy.

Église. — Ville de Saint-Pierre-le-Moûtier.

Émanché. — De Beaujeu ; — Girard ; — Olivier.

Enfant nud sur un sanglier. — Chapitre de Saint-Cyr de Nevers ; — Chartreuse d'Apponay.

Épée. — D'Armes ; — Gudin ; — Ferrand ; — Vaillant ; — de Villards.

Épervier. — Sautereau du Part.

Épi de bled. — De Grène ; — Prisye.

Épine. — Marie-Anne Spinola , duchesse de Nevers.

Étoile seule ou plusieurs étoiles d'autres pièces. — Adhémar de La Roche, évêque de Bethléem ; — prieuré de Saint-Étienne de Nevers ; — Andrault de Langeron ; — des Paillards ; — de Salazar.

---

(1) La plupart des écus *écartelés* sont composés des blasons de plusieurs familles réunis, soit par suite de l'extinction d'une de ces familles dans une autre, soit par suite d'une convention matrimoniale, ou d'une prescription testamentaire, ou d'une concession héraldique. Dans ces divers cas, les armes primitives de la famille occupent presque toujours les premier et quatrième quartiers, ou le premier quartier seulement, à moins que, les quatre quartiers étant remplis par des armoiries d'alliances, celles de la famille soient placées dans un petit écusson posé au centre des autres. Beaucoup des blasons décrits dans l'Armorial se trouvent souvent écartelés, quelques-uns même le furent toujours, du moins pendant les trois derniers siècles; mais nous ne donnons dans ce paragraphe que des citations des écartelés simples, de métal et de couleur, et réciproquement, parce que ces derniers seuls nous paraissent constituer les armes réelles et primitives d'une famille.

Étoile cometée. — De Comeau.

Étoiles *(Trois)* accompagnant un chevron. V. Chevron.

Étoiles *(Moins ou plus de trois)* avec un chevron dans l'écusson. — Édouard Valot, évêque de Nevers ; — Guillaume de Valan, évêque de Bethléem ; — de Roches, prieur de La Charité ; — Arvillon ; — Bellon de Chassy ; — Le Blanc-Bellevaux ; — Étignard de La Faulotte ; — Grasset ; — Lault ; — de Maumigny ; — Mérigot ; — Millin ; — Millet ; — Millot ; — Monnot ; — de Monturuc ; — Moreau ; — Pelletier de Chambure ; — Potrelot de Grillon ; — Quartier ; — Réveillon ; — Rollot ; — Le Roy ; — Semelier ; — Tridon.

Étoiles accompagnant une fasce ou des fasces. — Jean Germain et Guillaume d'Hugues, évêques de Nevers ; — Ballard ; — du Bois d'Aisy ; — de Boisjardin ; — Brisson ; — Bruneau de Vitry ; — de Chassy ; — Comeau ; — Foucher ; — Joumard-Achard de Tison d'Argence ; — de Marchangy ; — de Rémigny ; — de Rodon.

Étoiles accompagnant une bande ou un sautoir. — Philibert de Beaujeu et de Batailler, évêques de Bethléem ; — Philibert de Marafin, prieur de La Charité ; — Alixand ; — de La Bussière ; — Cotignon ; — de Marafin ; — de Mullot ; — Riffé ; — Roussel ; — de Tintry ; — Tonnelier.

Étoiles entrant dans la composition de l'écu avec d'autres pièces que celles mentionnées ci-dessus. — Antoine de La Roche, prieur de La Charité ; — Bardin ; — Berger ; — Bernard ; — Berthier de Grandry ; — Carpentier de Changy ; — Cotignon ; — de Courvol ; — L'Évêque ; — Goguelat ; — Grasset ; — du Guay ; — Gudin ; — Jolly ; — des Jours ; — de Lange ; — Litault ; — Loiseau ; — Marion ; — de Mussy ; — Née ; — Olivier ; — des Paillards ; — Pierre de Frasnay ; — Pilloux ; — Pion ; — Rochery ; — de Scorailles ; — Mgr Sergent ; — Tenon ; — Tiersonnier ; — de La Venne ; — de Verrières.

Étoile chargeant une pièce autre qu'un chef. — Ducs de Nevers des maisons Mazarin et de Mancini ; — Arnaud Sorbin, évêque de Nevers ; — officiers du bailliage et pairie de Nevers ; — Bernot de Charant ; — de Bèze ; — Challudet ; — Gueneau ; — Guillemin ; — de L'Espinasse ; — Moreau ; — Saulnier ; — de Sauvages ; — de Vielbourg.

Faisceau de licteur. — Ducs de Nevers des maisons Mazarin et Mancini ; — officiers du bailliage et pairie de Nevers.

FASCE SEULE. — Isabelle-Claire d'Autriche, duchesse de Nevers; — Chérubin-Louis Le Bel, évêque de Bethléem; — Guy de Nourry, prieur de La Charité; — de Champdiou; — de Nourry; — Tenon; — de Verrières; — de Villers.

FASCE ÉCHIQUETÉE, COMPONÉE, FRETTÉE, CRÉNELÉE. — Diane de La Mark et Anne-Marie Spinola, duchesses de Nevers; — ducs de Nevers de la maison de Clèves; — de Clèves (bâtards); — de Champlemy; — Mure.

FASCE BROCHANT. — Ducs de Nevers des maisons Mazarin et Mancini; — officiers du bailliage et pairie de Nivernais; — Ferrand.

FASCE ACCOMPAGNÉE OU SURMONTÉE DE TROIS OBJETS SEMBLABLES. — Jean Germain, évêque de Nevers; — d'Arthel; — de Beaujeu; — de Boisjardin; — de La Bouttière; — de Chassy; — de Chevenon; — des Colons; — de Comeau; — de Cossaye; — de Druy; — Foucher; — Galloppe; — du Merlier; — de La Perrière; — Quesnay de Beaurepaire; — de Rémigny; — Tonnelier; — Vaillant.

FASCE ACCOMPAGNEÉE OU SURMONTÉE DE TROIS OBJETS NON SEMBLABLES. — Abbaye de Bourras; — Brisson; — Henry.

FASCE ACCOMPAGNÉE DE PLUS DE TROIS OBJETS. — Baille de Beauregard; — Ballard; — Berthier de Bizy; — du Bois d'Aisy; — Foulé; — Goussot; — Grasset; — de Lanty; — Loiseau; — de Marchangy; — du Plessis.

FASCE ACCOMPAGNÉE OU SURMONTÉE DE MOINS DE TROIS OBJETS. — Blaudin de Thé; — de Chambon; — Doreau; — Paillard; — Robert; — de Rodon; — de Villards.

FASCE CHARGÉE. — Cardinal Mazarin, duc de Nevers; — corporation des orfèvres, horlogers, émailleurs et vitriers de la ville de La Charité; — Bernot de Charant; — de Champlemy; — de La Chaume; — de Ganay; — Girard; — Girard de Vannes; — Gueneau; — de Roland; — de Saurin; — Vaget; — de Vielbourg.

FASCE CHARGÉE ET ACCOMPAGNÉE. — De La Barre; — de Bèze; — Bruneau de Vitry; — de La Chasseigne; — de L'Espinasse; — Galloppe; — Gascoing; — Girard de Vannes; — Guyot; — Hinsselin; — des Trappes; — de La Vigne.

FASCES (Plusieurs). — Ducs de Nevers de la maison de Gonzague; — Guillaume d'Hugues, évêque de Nevers; — chapitre de Varzy; — Pierre de Beaujeu, prieur de La Charité; — corporation des bouchers de la ville de Clamecy; — officiers de l'hôtel de ville de Varzy; — Aladane; — d'Arcy; — Ballard; — de Beaujeu; — de Corguilleray; — de Crux; — d'Esme; — du Feuilloux; — de La Fin; — de Fontette; — Galline; — de Gamaches; — Goussot; — Joumard-Achard de Tison d'Argence; — Mascrany; — de Mello; — Tenaille; — de Thaix; — du Vandel; — du Verne.

FASCÉ. — Isabelle de Coucy, comtesse de Nevers; — André de de Sauzea, évêque de Bethléem; — de Bar; — de Baudreuil; — de Beaujeu; — de Chargère; — du Chastel; — de Cresency; — de L'Espinasse; — de Fontette; — des Gentils; — de Giverlay; — de Masin; — Rapine de Sainte-Marie; — de Rochechouart; — des Ulmes; — du Verne.

FASCE ONDÉE, ENTÉE. — De Corguilleray; — Goussot.

FERS DE DARD. — Beurdelot.

FEUILLE. — Doibt; — de La Forest; — de Salazar.

FIGURE DE JUGE. — Corporation des procureurs et notaires de la ville de Clamecy.

FIGURES DE LA VIERGE, DE SAINTS. — Chapitre de Saint-Cyr de Nevers; — chapitre de Donzy; — abbaye de Saint-Martin de Nevers; — abbaye de Saint-Léonard de Corbigny; — abbaye de Notre-Dame de Réconfort; — prieurés de Cessy-le-Bois et de L'Epeau; — chartreuses d'Apponay, de Bellary, de Basseville et du Val-Saint-Georges; — Bénédictines de Cosne; — congrégation de Notre-Dame de Donzy; — Bénédictines réformées de Notre-Dame du Mont-de-Piété de La Charité; — corporations des maîtres chirurgiens et apothicaires, des charpentiers, menuisiers, maçons, couvreurs et charrons, et des maréchaux, couteliers, chaudronniers, armuriers, taillandiers et serruriers de la ville de La Charité; — Mgr Sergent.

FLAMBEAU. — Guyot de Saint-Amand.

FLAMME. — Flamen d'Assigny; — Moreau; — Robelin; — Rochery.

FILET EN BARRE. — Louis de Clèves, évêque de Bethléem; — de Clèves (bâtards).

FLÈCHE. — Abbaye de Saint-Martin de Nevers; — ville de Nevers; — de Piles; — de Scorailles.

FLEUR. — Jacques Hémeré, évêque de Bethléem; — Babute; — Etignard de La Faulotte; — Heulhard de Montigny; — Litault; — Moigne; — Moreau; — Quesnay de Beaurepaire.

Fleurs de lys sans nombre. — Jeanne de Boulogne, comtesse de Nevers; — Jean-Tristan de France, comte de Nevers; — comtes de Nevers de la maison de Bourgogne; — Marguerite de France et Bonne d'Artois, comtesses de Nevers; — chapitre de Saint-Cyr de Nevers; — doyenné de Nevers; — chapitre de Vézelay; — abbaye de Saint-Léonard de Corbigny; — Guillaume de Pontoise et Frédéric-Constantin de La Tour d'Auvergne, prieurs de La Charité; — chartreuses d'Apponay et de Basseville; — ducs de Bourbon; — de Veauce; — ville de Saint-Pierre-le-Moûtier.

Trois fleurs de lys. — Comtes de Nevers des maisons de Bourgogne et d'Albret; — Marie et Françoise d'Albret, comtesses de Nevers; — Charlotte de Bourgogne, comtesse de Nevers; — Charlotte et Marguerite de Bourbon-Vendôme et Marie de Bourbon, duchesses de Nevers; — Jacques d'Albret-Orval et Charles de Bourbon-Vendôme, évêques de Nevers; — Jean de Clèves, évêque de Bethléem; — chapitre de Vézelay; — Charles de Bourbon, prieur de La Charité; — officiers des eaux et forêts du Nivernais; — ville de Vézelay; — officiers de l'élection de Vézelay; — ducs de Bourbon; — de Bourbon-Busset; — de Courtenay; — de Montjournal.

Fleurs de lys sur des pièces de l'écu. — Gilles du Châtelet; — Pierre Bertrand et Jacques d'Albret, évêques de Nevers; — officiers de l'élection de Nevers; — ville de Saint-Pierre-le-Moûtier; — Andrault de Langeron; — de Bazolle; — Challudet; — Guyot; — de Lamoignon; — Mascrany; — de Pracomtal.

Fleurs de lys dans le champ de l'écu avec d'autres pièces. — Hervé de Donzy, comte de Nevers; — évêché de Nevers; — chapitre de Nevers; — Eustache du Lys, évêque de Nevers; — abbayes de Bourras et de Notre-Dame de Nevers; — prieurés de La Charité et de Saint-Étienne de Nevers; — chartreuse d'Apponay; — ville de La Charité; — du Bois-d'Aisy; — Garnier; — Lombard; — du Lys; — Pagani; — de Paris; — de Thoury; — de Virgille.

Foi. — Catherine de Lorraine, duchesse de Nevers; — des Jours; — Millot.

Fontaine. — Guynet.

Fourmi. — Renaud d'Avesne des Méloizes.

Franc-quartier. — Hélène-Françoise-Angélique Phélypeaux de Pontchartrain, duchesse de Nevers; — Challudet; — de Champs; — de L'Espinasse; — Gudin; — de Lamoignon; — de Mello; — Moreau; — du Pré; — Quartier.

FRETTÉ. — De Lamoignon; — du Pré.

FUMÉES *ou* POINTES. — Bertrand de Fumel, évêque de Nevers.

FUSÉES, FUSELÉ. — Bonnin; — Brisson.

FUSIL DE BOUCHER. — Corporation des bouchers et charcutiers de la ville de La Charité.

FUSIL (*Briquet*). — De La Vigne.

GANTELET. — Du Vandel.

GERBE. — Paule de Brosse, comtesse de Nevers; — d'Avenières; — Bogne; — Challemoux; — des Champs; — Dubled; — des Granges; — Paillart; — Regnault de Touteuille.

GIRON. — Jean d'Estampes, évêque de Nevers; — des Gentils.

GLAND. — Arnaud Sorbin, évêque de Nevers; — de La Barre; — Berthier de Bizy; — Chaillot de Lugny; — de La Chasseigne; — Forestier; — Mige; — Millot; — de Rodon; — Sirot; — de Vauvrille.

GLOBE. — Dominique-Augustin Dufêtre, évêque de Nevers; — officiers de l'élection de Nevers; — Palierne de Chassenay; — Jolly.

GONFANON. — Frédéric-Constantin de La Tour d'Auvergne, prieur de La Charité.

GOURDE. — Gourdon.

GRAPPE DE RAISIN. — Goloppe; — Gascoing; — Rousseau.

GRENADE. — Bonneau du Martray; — Richard de Soultrait.

GRIFFON. — De Roland.

GUI. — Guillier; — Guynet.

HACHE D'ARMES. — de Villards.

HERMINE *(Animal)*. — D'Angeliers.

HERMINE *(Mouchetures d')*. — Paule de Brosse, comtesse de Nevers; — Hélène-Françoise-Angélique Phélypeaux de Pontchartrain, duchesse de Nevers; — de La Magdelaine; — Guillaume de Gaucourt, Guillaume de Pontoise et Jean de La Magdelaine de Ragny, prieurs de La Charité; — d'Anlezy; — d'Assigny; — d'Avenières; — Ballard; — Berthelon; — Boudaud; — Le Breton; — de Bussy; — Carreau; — de Chabannes; — du Chambon; — de Champdiou; — de Champs; — de La Chaume; — Chevalier; — de Crux; — de

Favardin; — Foulé; — de Jaucourt; — de Lamoignon; — de La Magdelaine; — de Marry; — de Mars; — de Meun de La Ferté; — Minard; — de Moncorps; — Pagani; — Regnault de Savigny; — de Varigny.

HIE *ou* POTEAU DE MER. — De Damas.

HOULETTE. — Berger.

HUCHET (*Cor de chasse sans attache*). — Robert; — de Salins.

HURE. — Doyenné de Nevers; — chartreuse d'Apponay; — de Prévost de La Croix.

JUMELLES. — Girard.

LAMBEL. — Jeanne de Boulogne, comtesse de Nevers; — comtes de Nevers de la maison de Flandre; — Bonne d'Artois, comtesse de Nevers; — Guillaume de Pontoise, prieur de La Charité; — de Beaujeu; — Dauphin; — de Lamoignon; — Litault; — Pagani; — de Saint-Verain; — de La Vigne.

LANCE. — De Buffévent.

LAPIN. — Coppin.

LARME. — Chapitre de Vézelay; — de La Chaume; — du Coing; — des Jours; — Palierne de Chassenay.

LÉOPARD, LION LÉOPARDÉ. — Pierre de Jaucourt de Dinteville, évêque de Nevers; — Jean-François Bontemps, évêque de Bethléem; — Baille de Beauregard; — de Blanchefort; — de Chargère; — de La Duz; — Girard; — de Jaucourt; — de Montsaulnin; — Quarré d'Alligny; — de Rochefort; — de Saurin; — de La Souche; — Tenon; — de Veauce; — de Villars.

LÉOPARD (*Tête de*). — Louis-Jérôme de Suffren de Saint-Tropez, évêque de Nevers; — Ballard; — de Barbançois; — du Chesnay; — de La Grange-d'Arquian; — Guytois; — Hinsselin; — de Lucenay; — de La Perrière.

LETTRE, MONOGRAMME. — Abbaye de Saint-Laurent; — Ursulines de Corbigny; — Bénédictines réformées de Notre-Dame du Mont-de-Piété de La Charité; — officiers de l'élection de Nevers; — Mgr Crosnier; — Gudin.

LÉZARD. — Goguelat.

LICORNE. — Charles de Douhet d'Auzers, évêque de Nevers; — de Coulon; — Litault; — Pougault.

LIMAÇON. — Roy.

LION SEUL DANS L'ÉCU OU DANS UN QUARTIER DE L'ÉCU ÉCARTELÉ. — Marguerite de Brabant, comtesse de Nevers; — comtes de Nevers des maisons de Flandre et de Bourgogne; — ducs de Nevers de la maison de Gonzague; — Mgrs Théodore-Augustin Forcade et François-Casimir de Ladouc, évêques de Nevers; — d'Aulnay; — d'Avantois; — d'Avril; — de Beaujeu; — Besave; — Le Blanc de Lespinasse; — Bolacre; — de Bussy; — de Chabannes; — de Chargère; — de Chevigny; — du Creuset; — de Dicy; — de Dreuille; — Ferrechat; — Girardot de Préfonds; — de Graçay; — de Maisoncomte; — de Marcelanges; — Masquin; — de Mesgrigny; — Nault; — de Pontailler; — de Roffignac; — du Ruel; — de Salazar; — de Sarre; — Saulnier du Chaillou; — de Troussebois; — des Ulmes; — de Villaines.

LIONS (Deux). — Gervais de Châteauneuf, évêque de Nevers; — du Broc; — de La Duz; — Flamen d'Assigny; — de Lenfernat; — Le Mareschal; — Pagani; — de La Verne; — de Vieure.

LIONS (Trois). — Marie de Bourbon, duchesse de Nevers; — Jean de Savigny, évêque de Nevers; — Louis de Clèves, évêque de Bethléem; — de Changy; — de Cresency.

LION ISSANT, TÊTE DE LION. — Diane de La Mark, duchesse de Nevers; — Pierre Aycelin de Montaigu, évêque de Nevers; — Berger; — du Crest; — Olivier; — Le Roy; — Vyau de La Garde.

LION AVEC D'AUTRES PIÈCES. — Comtes de Nevers de la première race; — Archambaud de Bourbon, comte de Nevers; — Jean Vivien, Jean Bohier, Édouard Bargedé et Guillaume d'Hugues, évêques de Nevers; — André de Sauzea, évêque de Bethléem; — François-Joachim de Pierre de Bernis, prieur de La Charité; — villes de Nevers, de Clamecy et de Decize; — d'Ancienville; — Bargedé; — Berthier de Grandry; — de Bonnay; — de Bourbon; — de Brienne; — Carrelet; — Challudet; — de Chargère; — de Châteauvilain; — Chevalier; — de Chevenon-Bigny; — de Choiseuil; — Le Clerc; — Le Clerc de Juvigny; — de La Croix; — Guerry; — Guyot; — des Jours; — de Marré; — de Mellon; — de Montjournal; — de Monts; — de Paris; — Le Peletier d'Aunay; — Pion; — du Pontot; — de Rochefort; — Roussel; — Taveneau; — des Ulmes; — Vaget.

LOSANGE. — L'Asne; — Bonnin; — Carrelet; — Hyde de Neuville; — de Lenfernat; — de Lichy; — de Sarre; — de Villaines.

LOSANGÉ. — Marguerite de Bavière, comtesse de Nevers ; — Antoine de Fuers, évêque de Nevers ; — des Barres ; — de Châtillon ; — Girard ; — Jacob ; — de Lamoignon ; — Pitois ; — du Pontot ; — du Pré.

LOUP (Tête de). — Maulnoury.

LUNE. — Carimantrant.

LYS (Tige de). — Collin de Gévaudan ; — Jolly ; — de Logère ; — de Réveillon.

MACLE. — Guynet ; — Guyot ; — Micault.

MAILLET. — D'Ancienville ; — Maillard.

MAIN. — Corporation des notaires et procureurs de l'élection de La Charité ; — des Jours ; — Millot.

MAIN DE JUSTICE. — Officiers de l'élection de La Charité.

MANTELÉ. — Berthelon.

MARTEAU. — Corporation des selliers, bourreliers, chapeliers et cordiers de la ville de La Charité ; — d'Ancienville ; — Tonnelier.

MAT. — Coquille.

MELON. — Melon.

MER, ONDES. — Chaillou des Barres ; — Guyot de Saint-Amand.

MERLETTE. — De La Barre ; — Le Bault ; — de Bongars ; — Bruneau de Vitry ; — du Chambon ; — des Colons ; — de Druy ; — Gondier ; — de Lanty ; — de Mello ; — du Merlier ; — de Saint-Aubin ; — de Toucy ; — de La Vigne.

MILLET. — Millet ; — Millin ; — Millot.

MIROIR. — Général de L'Espinasse.

MITRE. — L'Évêque.

MOLETTES D'ÉPERON. — Jean de Mazières, prieur de La Charité ; — de Baucheron ; — Bergeron ; — de Blosset ; — des Bordes ; — du Broc ; — Chevalier ; — Conrade ; — Cotignon ; — Gascoing ; — Hinsselin ; — d'Imbert ; — Lasné ; — Marquis ; — de Monturuc ; — Olivier ; — Le Peletier d'Aunay ; — Pougault ; — Richou ; — de Roffignac ; — des Trappes ; — de Villards ; — de Villars.

MONTAGNE SURMONTÉE D'UN AUTEL. — Ducs de Nevers de la maison de Gonzague ; — de Monturuc.

Mouton. — Berger ; — du Clerroy ; — Tonnelier.

Mur. — Chaillou des Barres ; — Mure.

Nez. — Née.

Nuée. — Jean-Antoine Tinseau, évêque de Nevers ; — Challudet.

Oiseau. — De Beaujeu ; — de Calines ; — des Champs ; — des Colons ; — de Coulon ; — de Druy ; — du Four ; — Grasset ; — Guerry ; — Henry ; — Miraillet.

Onde, Mer, Rivière. — D'Esme ; — du Gué ; — Guyot.

Pain. — Pierre Payen des Landes, prieur de La Charité ; — corporation des boulangers de la ville de La Charité.

Pairle. — De Buffévent.

Pal. — Marie-Thérèse de Brancas de Forcalquier, duchesse de Nevers ; — Le Clerc ; — Moreau.

Pal cometé. — Abbaye de Bourras.

Plusieurs pals. — Gaucher de Châtillon, comte de Nevers ; — d'Armentières, prieur de La Charité ; — Chambrun d'Uxeloup de Rosemont ; — d'Esguilly ; — d'Estutt ; — Foulé ; — Godin ; — Pioche ; — de Ponard ; — des Réaux ; — de Toucy ; — de Valery.

Palé, vergeté. — Robert de Dangeul et Pierre de Fontenay, évêques de Nevers ; — Babute ; — de Blosset ; — Bonnin ; — de Fontenay ; — de Frasnay ; — de Neuvy ; — de Reugny ; — de Valery.

Palme. — Guillaume de Sermizelles ; — Lasné ; — Richard de Soultrait.

Papelonné. — Du Pré.

Parti. — Comtes et ducs de Nevers de la maison de Clèves ; — Jean Chambellan, prieur de La Charité ; — prieuré de Saint-Étienne de Nevers ; — chartreuse d'Apponay ; — Andrault ; — Le Blanc de Lespinasse ; — de Dicy ; — Litault ; — La Miche ; — de Monturuc ; — de Rodon.

Pattes de lion. — Marie-Thérèse de Brancas de Forcalquier, duchesse de Nevers.

Pélican. — Doreau.

PELLE DE BOULANGER. — Corporation des boulangers de la ville de La Charité.

PENSÉE. — Moigne ; — Quesnay de Beaurepaire.

PLANTE. — De Champs ; — Dubled ; — Jolly ; — Litault ; — de Logère ; — Millet ; — Millin ; — Millot ; — de Réveillon.

PLUME. — Marie d'Albret, duchesse de Nevers ; — corporation des procureurs et notaires de l'élection de La Charité.

POINTES. — Bertrand de Fumel, évêque de Nevers.

POINTS ÉQUIPOLLÉS. — De Rabutin.

POISSON. — Ducs de Nevers de la maison de Mancini ; — officiers du bailliage et pairie de Nevers ; — Anceau ; — de Chevenon-Bigny ; — de La Croix ; — Guyot de Saint-Amand ; — Paillart ; — Véron.

POMMES. — Pommereuil.

POMME DE PIN. — Hervé de Donzy, comte de Nevers ; — Laurent Pignon, évêque de Bethléem ; — chartreuse de Bellary ; — ville de Vézelay ; — Baudron de La Motte ; — de L'Espinasse ; — Pelletier de Chambure ; — Pinet ; — Vincent.

PONT. — Minard.

PORC-ÉPIC. — Du Bois-d'Aisy.

PORTE DE VILLE, PORTAIL. — Ville de Saint-Verain ; — de Pergue ; — de La Porte ; — Vyau de La Garde.

POULE. — Galline.

POULIE. — Pougault.

QUARTEFEUILLE. — Hélène-Françoise-Angélique Phélypeaux de Pontchartrain, duchesse de Nevers.

QUINTEFEUILLE. — Prieuré de La Charité ; — Miles de Vergy, prieur de La Charité ; — Ballard ; — de Chevenon ; — Chouet ; — Girard ; — Regnard des Coudrées ; — Renaud d'Avesne des Méloizes.

RANCHIER. — De La Grange d'Arquian.

RATEAU. — Jeanne de Rethel, comtesse de Nevers.

RAY D'ESCARBOUCLE. — Comtes et ducs de Nevers de la maison de Clèves ; — Philippe de Clèves, évêque de Nevers ; — Louis et Jean de Clèves, évêques de Bethléem et prieurs de La Charité ; — d'Arquian ; — de Clèves (bâtards) ; — de Thoury ; — de Veilhan.

RENARD. — Regnard ; — Regnard des Coudrées ; — Regnault.

RETS. — Fouet de Dorne.

RINCEAUX. — Corporation des orfèvres, horlogers, émailleurs et vitriers de la ville de La Charité.

RIVIÈRE. — Commune de Châtel-Censoir.

ROC D'ÉCHIQUIER *ou mieux* ROQUET. — Hubert de La Platière, évêque de Nevers ; — Fouet de Dorne.

ROCHER. — Rollot ; — Chaillou des Barres ; — Lasné ; — Rochery.

ROSE. — Pierre Bertrand, Robert de Dangeul et Eustache de Chéry, évêques de Nevers ; — d'Angeliers ; — d'Armes ; — Baille de Beauregard ; — Berthier de Bizy ; — de Bèze ; — Blaudin de Thé ; — Bogne ; — de Borniole ; — Brisson ; — du Broc ; — Chaillot de Lugny ; — de Chéry ; — Le Clerc ; — de Damas ; — Doreau ; — L'Évêque ; — Gallope ; — de Ganay ; — Girard de Vannes ; — Grasset ; — Guerry ; — Le Lièvre de La Grange ; — Maraude ; — Millin ; — Moquot ; — Moreau ; — Le Muet ; — des Paillards ; — Le Peletier d'Aunay ; — Pernin ; — Perreau ; — du Plessis ; — du Puis ; — de Réveillon ; — Roland ; — Roussel ; — Simonin ; — de Thianges.

ROSE TIGÉE. — Étignard de La Faulotte.

ROSEAU. — Rousseau.

SALAMANDRE. — Goguelet ; — Sallonnier.

SAUTOIR. — Jean Vivien, évêque de Nevers ; — de Champlemy ; — de Coinctet ; — Dollet ; — de Ferrières ; — Fournier d'Arthel ; — de Marry ; — de Meun de La Ferté.

SAUTOIR ACCOMPAGNÉ. — Louis-Jérôme de Suffren de Saint-Tropez, évêque de Nevers ; — Philibert de Beaujeu et François de Batailler, évêques de Bethléem ; — prieuré de Saint-Pierre-le-Moûtier ; — Aupepin de La Motte de Dreuzy ; — de La Bussière ; — Collin de Gévaudan ; — Conrade ; — Cotignon ; — Mirault ; — de Nourry ; — Roussel.

SAUTOIR CHARGÉ. — Ferdinand d'Alméida, évêque de Nevers ; — Collin de Gévaudan ; — Vincent.

SERPENT. — Nicolas et Jacques-Nicolas Colbert, prieurs de La Charité ; — prieuré de Saint-Étienne de Nevers ; — Borne de Grandpré ; — Chauvelin ; — général de Lespinasse ; — Rochery.

SINGE. — Guesdat.

SOLEIL. — Charles de Gonzague, duc de Nevers ; — Dien.

Tau. — De Vielbourg.

Taureau (Rencontre de). — Le Pain.

Tenaille. — Tenaille.

Terrasse, Champagne. — Ville de La Charité; — Ravisy.

Tête de léopard, de lion, etc. V. Léopard, Lion, etc.

Tête de mort. — Véron.

Tête humaine, Buste. — De Carroble; — du Chaillou ; — Chevalier ; — Le Clerc de Juvigny; — Moreau ; — Saulnier ; — Tenon.

Tiercé. — Chapitre de Cosne; — Augustines de Cosne ; — officiers du grenier à sel de Cosne; — Chaillou des Barres ; — Chevalier ; — de Saulieu.

Tiercefeuille. — De Chevenon ; — Le Muet ; — de Prie ; — de Thianges.

Tonneau. V. Baril.

Tour. — Marie-Thérèse de Brancas de Forcalquier, duchesse de de Nevers ; — Jean Vivien et Charles de Douhet d'Auzers, évêques de Nevers ; — Jean Martineau et Frédéric-Constantin de La Tour d'Auvergne, prieurs de La Charité; — chartreuse d'Apponay ; — ville de La Charité; — Bouzitat; — Chevalier; — du Four ; — Frappier; — — de Maisoncomte; — Marquis; — de Pernay; — Quarré; — Thibault; — de La Tournelle; — Turpin.

Tourteau. — Pierre et Mahaut de Courtenay, comte et comtesse de Nevers; — Guillaume de Valan, évêque de Bethléem ; — Andras de Marcy; — de Bazelle; — Le Bourgoing de Folin ; — de Cossaye ; — de Courtenay; — Langlois ; — des Paillards ; — Regnier de Guerchy ; — Le Tort; — Vaillant.

Tranché. — De Marry.

Trangles. — Corporation des bouchers de la ville de Clamecy ; — officiers de l'hôtel de ville de Varzy.

Trèfle. — Édouard Bargedé, évêque de Nevers ; — Bardin ; — Bargedé; — de Chargère; — Goussot; — de Grandry; — Henry ; — des Jours; — Mérigot; — Le Muet; — Pellé de Champigny; — Le Prestre de Vauban; — Septier de Rigny; — de Thianges.

Triangle. — De Buffévent ; — Le Maréchal.

Trousseau ou Paquet. — Trousseau.

VAIR. — Isabelle de Coucy, comtesse de Nevers; — corporation des orfèvres, horlogers, émailleurs et vitriers de la ville de La Charité; — de Champdiou; — de Crux; — L'Évêque; — Pioche; — Regnard; — de Toucy.

VAISSEAU. — Jean Passelaigue, prieur de La Charité; — Nault.

VAN. — Garnier.

VASE. — Chapitre de Vézelay; — Save de Savigny.

VERGETÉ. — Bonin.

VILLE. — Viel de Lunas d'Espeuilles; — de Villards.

VIVRE, FASCE VIVRÉE. — Alixand; — Andrault de Langeron; — d'Assigny; — de Blosset; — Goussot; — Mascrani.

VOL (Demi-). — De La Bussière.

BIBLIOGRAPHIE DE L'ARMORIAL[1]

IMPRIMÉS.

A

ABRÉGÉ chronologique et historique de l'origine, du progrès et de l'état actuel de la maison du roi et de toutes les troupes de France, etc., par M. Simon Lamoral Lepippre de Nœufville. *Liége, Everard Kints,* 1734-1735, 3 vol. in-4°, nombr. blasons et figures.

ABRÉGÉ historique du prieuré et de la ville de La Charité (par Bernot de Charant). *Bourges, V° J. J. Cristo,* 1709, pet. in-8°.

A la suite de l'un des exemplaires que nous possédons de cet ouvrage assez rare, sont reliées 165 pages manuscrites de notes rédigées en 1706 ou 1707, intitulées : *Extrait des actes contenus ès anciens registres de la ville de La Charité sur Loire.* On y trouve la liste des échevins de cette ville de 1611 à 1706.

L'ANCIEN BOURBONNAIS, histoire, monuments, mœurs, statistique, par Achille Allier, continué par Ad. Michel. *Moulins, Desrosiers,* 1836-1838, 2 vol. in-fol. et un atlas de planches.

ANNUAIRES du département de la Nièvre depuis 1837, in-18.

---

(1) Notre intention, en donnant cette bibliographie, n'est pas d'apprécier la valeur des ouvrages cités par nous. Nous avons seulement voulu donner l'indication exacte de ces ouvrages et documents afin, comme nous le disons dans notre introduction, de faciliter les recherches de ceux de nos lecteurs qui voudraient constater l'exactitude de nos citations. Nous commençons par les documents imprimés; nous passerons ensuite aux manuscrits.

ARCHIVES de Nevers, ou Inventaire historique des titres de la ville, par Parmentier, précédé d'une préface, par A. Duvivier. *Paris, Techener*, 1842, 2 vol. in-8°.

ARCHIVES généalogiques de la noblesse de France, publiées par M. Laîné. *Paris, l'auteur*, 1828-1850, 11 vol. in-8°, blas.

ARMORIAL de 1698, par Chevillard (à la Bibliothèque nationale, cabinet des estampes, n° 490).

ARMORIAL de France, Angleterre, Écosse, Allemagne, Italie et autres puissances, composé vers 1450 par Gilles Le Bouvier, dit Berry, publié avec des notes par Vallet de Viriville. *Paris, Bachelin-Deflorenne*, 1866, in-8°, fig.

Cet Armorial, publié pour la première fois par M. Vallet de Viriville d'après un manuscrit de la Bibliothèque nationale, est l'un des plus curieux recueils de blasons que nous connaissions. On trouve dans ce manuscrit les armoiries coloriées de beaucoup de familles du centre de la France, particulièrement du Berry. L'Armorial en question fut dressé par « Gilles Le Bouuier, dict Berry, premier herault de » tres hault, tres excellant, tres puissant prince le roy Charles, » septiesme de son nom, roy de France. Par lui nome et cree par » icellui prince en son chastel de Mehun, et roy d'armes du pays et » marche de Berry ».

ARMORIAL de la Chambre des comptes depuis l'année 1506, précédé d'un état de MM. les Officiers de cette cour jusqu'en ladite année 1506, etc., par Mlle Denys. *Paris*, 1769, et 2e éd., *Paris*, 1780, 2 vol. in-4°.

Cet ouvrage devait se composer de 12 vol.

ARMORIAL de la ville d'Autun, etc., par Harold de Fontenay. *Autun, Dejussieu*, 1868, in-8°, fig.

ARMORIAL des familles nobles de France, par M. de Saint-Allais. *Paris, l'auteur*, 1817, in-8°, fig. (1re livraison, la seule qui ait paru.)

(ARMORIAL des) gouverneurs, lieutenants du roy, prévôts des marchands, échevins, procureurs, avocats du roy, greffiers, receveurs, conseillers et quartiniers de la ville de Paris, gravé par Beaumont, S. l. n. d. in-fol., fig.

Armorial dressé dans la seconde moitié du XVIII° siècle.

ARMORIAL des principales maisons et familles du royaume, par Dubuisson. *Paris, Guérin*, 1757, 2 vol. in-12, fig.

Ouvrage recherché et peu commun ; il donne près de 4,000 écussons gravés sur cuivre.

ARMORIAL du Bourbonnais, par le comte de Soultrait. *Moulins, Desrosiers,* 1857, gr. in-8°, fig.

ARMORIAL général de France, par d'Hozier. *Paris, J. Collombat,* 1738-1768, 12 vol. in-fol., fig.

Ouvrage recherché qui se trouve rarement complet ; il doit contenir 6 registres. A. P. M. d'Hozier a publié les deux premiers volumes d'une nouvelle édition de cet ouvrage (in-4°. Paris, Imprimerie royale, 1821-1823), mais cette publication n'a pas été continuée.

Une reproduction de l'Armorial général, avec un registre supplémentaire, imprimée par la maison Didot, est en cours de publication.

ARMORIAL général de l'Empire, contenant les armes de Sa Majesté l'Empereur et Roi, etc., par Henri Simon. *Paris,* 1812, 2 vol. in-fol., blasons gravés.

ARMORIAL général du Lyonnais, Forez et Beaujolais, par Steyert. *Lyon, Brun,* 1860, gr. in-8°, pl.

ARMORIAL historique de l'Yonne, par A. Déy. *Sens, Duchemin,* 1863, in-8°.

L'ART héraldique, contenant la manière d'apprendre facilement le blason, enrichi de figures nécessaires pour l'intelligence des termes, par M. Baron. *Paris, Osmont,* 1689, in-12, front., fig.

B

BIBLIOTHECA CLVNIACENSIS in qua SS. Patrum abb. Clun. vitæ, miracula, scripta, statuta... collecta sunt opera Martini Marrier, et Andr. Quercetani, qui hanc notis illustravit. *Lutetiæ-Parisiorum, R. Fouet,* sive *Cramoisy,* seu *Nivelle,* 1614, in-fol., titre gravé.

LE BLASON des armoiries de tous les chevaliers de l'ordre de la Toison-d'Or, par J. B. Mavrice. *Lahaye, J. Rammazeyn,* 1667, in-fol., nombr. blas.

LE BLASON en plusieurs tables et figures avec des remarques et deux alphabets, par P. Duval. *Paris,* S. d. in-12, fig.

BULLETIN du Comité impérial des travaux historiques. In-8°, fig.

BULLETIN de la Société nivernaise des lettres, sciences et arts, depuis 1854. *Nevers, Fay,* in-8°, fig.

C

CAHIER de la noblesse du Bourbonnais, publié dans le tome II du *Bulletin* de la Société d'émulation de l'Allier.

CALENDRIER des princes et de la noblesse de France, pour l'année 1766, par l'auteur du *Dictionnaire généalogique, héraldique,* etc. (Lachesnaye des Bois). *Paris, veuve Duchesne,* 1766, pet. in-18.

CARTULAIRE général de l'Yonne, recueil de documents authentiques (du VIe au XIIe siècle) pour servir à l'histoire des pays qui forment ce département, publié sous la direction de M. Quantin. *Auxerre* et *Paris, Durand,* 1854 et 1860, 2 vol. in-4° avec *fac-simile.*

CATALOGUE analytique des archives de M. le baron de Joursanvault. *Paris, Techener,* 1838, 2 vol. in-8°.

Ce catalogue offre l'inventaire détaillé de toutes les pièces qui composaient la précieuse collection de chartes et de documents originaux, concernant l'histoire de France, l'histoire des provinces, celle de la noblesse et l'art héraldique, de M. de Joursanvault.

CATALOGUE et armoiries des gentilshommes qui ont assisté à la tenue des États généraux du duché de Bourgogne, etc. (par Durand). *Dijon, J. F. Durand,* 1760, in-fol., blas.

Rare.

CATALOGVE historial des evesqves de Nevers. Recueilly et dressé selon leur ordre, par maistre Michel Cotignon, chanoine et archiprestre de l'église de Neuers. *A Paris, Francois Pomeray,* 1616, très-petit in-4°.

L'un des ouvrages les plus rares sur le Nivernais.

COUTUMES générales et locales de la province d'Auvergne, avec les notes de Mes Ch. du Moulin, Toussaint Chauvelin, Julien Brodeau et Jean-Marie Ricard, etc. *Riom,* 1784-1786, 4 vol. in-4°.

COUSTUMES du pays et conte de Nyuernoys, enclaues et exemptions dicelluy. Accordees, leuees, publiees et emologuees... par nos seigneurs maistre Loys Roillard et Guillaume Bourgoing, conseillers du roy...

en sa court de Parlement à Paris... et depuy reueues en icelle court. *Nicolas Hieman* imprimeur pour Iehan Le Noir, marchant libraire demourant à la Charite... ou ilz se vendent et à Nevers..., petit in-4° gothique.

D

DESCRIPTION du duché de Bourgogne, par Beguillet et Courtépée. *Dijon*, 1775-1785, 7 vol. pet. in-8°. — 2ᵉ édit. augmentée de divers mémoires et pièces, publiée par Victor Dumay. *Dijon, Vᵉ Lagier*, 1847-1849, 4 vol. in-8°, avec cartes.

DICTIONNAIRE de titres originaux... ou inventaire général du cabinet du chevalier Blondeau de Charnage. *Paris, M. Lambert*, 1764, 4 vol. in-12.

DICTIONNAIRE de la noblesse, par l'abbé de La Chesnaye-des-Bois. *Paris*, 1770-1786, 15 vol. in-4°.

Il est difficile de trouver des exemplaires complets de cet ouvrage, peu estimé du reste; les trois derniers volumes, publiés par Badier, sont surtout fort rares, une grande partie des exemplaires de ce supplément ayant été détruite pendant la Révolution.

Le Dictionnaire généalogique, publié par La Chesnaye-des-Bois, de 1757 à 1765, en 7 vol. in-8°, y compris le supplément, peut être regardé comme une première édition du Dictionnaire de la noblesse.

Une nouvelle édition du Dictionnaire de la noblesse est en cours de publication.

DICTIONNAIRE DES ENNOBLISSEMENS (*sic*) ou recueil des lettres de noblesse depuis leur origine, etc., 1788, 2 vol. in-8°.

DICTIONNAIRE héraldique, par M. G. de L. T. (Gastelier de La Tour). *Paris, Humblot*, 1777, in-8°.

DICTIONNAIRE héraldique, contenant les armes et blasons des princes, prélats, grands officiers, etc., par Jacques Chevillard. *Paris, l'auteur*, 1723, in-12.

LE GRAND DICTIONNAIRE historique, etc., par Louis Moreri. *Paris*, 1770-1786, 15 vol. in-fol.

DICTIONNAIRE historique, biographique et généalogique des familles de l'ancien Poitou, par Henri Filleau, publié par H. Beauchet-Filleau et Ch. de Chergé. *Poitiers, Dupré*, 1840-1854. 2 vol. in-8°, blas.

Dictionnaire historique et biographique des généraux français depuis le XIᵉ siècle jusqu'en 1823, par M. de Courcelles. *Paris,* 1821-1823, 9 vol. in-8°.

Dictionnaire universel de la noblesse de France, par M. de Courcelles. *Paris, l'auteur,* 1820-1822, 5 vol. in-8°.

Dictionnaire véridique des origines des maisons nobles ou anoblies du royaume de France, etc., par M. Laîné. Paris, 1818, 2 vol. in-8°.

Dictionnaire topographique du département de l'Yonne, par M. Quantin. *Paris, imprimerie impériale,* 1862, in-4°.

Dubuisson. — V. Armorial des principales maisons, etc.

E

Épigraphie historiale du canton de La Guerche, par Louis Roubet. *Nevers, Fay,* 1873, in-8°, fig.

Tirage à part du *Bulletin* de la Société nivernaise des lettres, sciences et arts.

Essai généalogique sur la maison de Saint-Phalle, d'après monuments et d'après titres existant encore en 1860 dans les dépôts publics et dans les chartriers, etc., par le chevalier Gougenot des Mousseaux. *Coulomniers, Moussin,* 1861, in-4°.

Essai historique sur l'abbaye de Saint-Martin d'Autun, par J.-Gabr. Bulliot. *Autun,* 1849, 2 vol. in-8°.

Essai sur la numismatique nivernaise, par le comte George de Soultrait. *Paris, Rollin,* 1854, in-8°, fig.

Essai sur le système défensif des Romains dans le pays éduen, par J.-G. Bulliot. *Paris, Dumoulin,* 1856, in-8°.

L'Estat politique de la province du Dauphiné par Nicolas Chorier. *Grenoble, Philippes,* 1671, 4 vol. in-12.

L'État de la Provence dans sa noblesse, par l'abbé R. de B. (Robert de Briançon). *Paris, Aubonin,* 1693, 3 vol. in-12, blas.

Étrennes de la noblesse. *Paris, Desventes de La Doué,* pet. in-12.

Études historiques sur le Forez, armorial et généalogies des familles qui se rattachent à l'histoire de Saint-Etienne, etc., par M. de La Tour-Varan. *Saint-Étienne, Montagny*, 1854, in-8°, fig.

F

La Faïence, les Faïenciers et les Émailleurs de Nevers par L. du Broc de Segange. *Nevers, P. Fay*, 1863, in-4°, fig.

Les Familles de la France illvstrees par les monvmens des medailles anciennes et modernes... par Jacques de Bie. *Paris, Iean Camvsat*, 1636, in-fol., fig.

La France chrétienne divisée en Archevêchez et Evêchez et les armes des Archevêques, Evêques, Generavx des Ordres et Grands Prievrs de France vivans en 1691... par Jacques Chevillard. *Paris*, S. d. Planche contenant les noms et armes de chacun de ces prélats.

Le même ouvrage réduit en un volume in-4° et fort augmenté. *Paris*, 1693.

La France pontificale, histoire des archevêques et évêques de tous les diocèses de France, par H. Fisquet. Métropole de Sens, Nevers, Bethléem. *Paris, E. Repos*, in-8°.

G

Gallia Christiana, in provincias ecclesiasticas distributa... Franciæ, opera et studio Dionysii Sammarthani *Lutetiæ Parisiorum, J. B. Coignard*, 1715-1785, 13 vol. in-fol., et *F. Didot*, 1856, un vol. in-fol., port. et cartes.

Genealogia comitvm Flandriæ... variis sigillorvm figuris representata..... auctore Olivario Vredio. *Brugis Flandrorum, Kerchovios*, 1642, in-fol., nomb. fig.

Généalogie de la maison de Courvol, en Nivernais, dressée sur les titres originaux et sur les jugements d'intendants. S. l., 1753, in-4°.

Cette généalogie, fort détaillée et intéressante pour l'histoire des familles du Nivernais, eut deux éditions : la première, imprimée en 1750, fut trouvée insuffisante, et, trois ans après, parut celle dont il est ici question.

GUIDONIS conchylii romenaei nivernensis poemata. *Niverni, ex officina P. Roussin*, 1590, in-8°.

H

HISTOIRE abrégée ou éloge historique de la ville de Lyon. *Lyon, Girin*, 1711, in-4°, cartes et blas.

Cet ouvrage donne les armoiries de tous les officiers municipaux de la ville de Lyon depuis 1596 jusqu'à 1711. Un supplément, qui se trouve ordinairement à la suite de l'ouvrage, continue la liste et les armoiries des prévôts des marchands et des échevins jusqu'en 1726; enfin, l'ouvrage a été complété par une suite lithographiée qui va jusqu'à la révolution.

HISTOIRE chronologique de la grande chancellerie de France, par Ab. Tessereau. *Paris, Emery*, 1710, 2 vol. in-fol.

HISTOIRE de Berry, contenant tovt ce qvi regarde cette province et le diocèse de Bourges : la vie et les éloges des hommes illustres : et les généalogies des maisons nobles, tant de celles qui sont éteintes que de celles qui subsistent à présent, par Gaspard Thavmas de la Thavmassière. *Bourges et Paris, Morel*, 1689, in-fol.

HISTOIRE de Bresse et de Bugey, etc., par Samuel Guichenon. *Lyon, Hvgvetan*, 1650, in-fol, blas.

HISTOIRE de Château-Chinon, par le Dr E. Bogros. *Château-Chinon, Buteau*, 1864, in-8°, fig.

HISTOIRE de l'abbaye de Saint-Denis en France, par D. Michel Felibien. *Paris*, 1706, in-fol., fig.

HISTOIRE de la maison de Chastillon-sur-Marne, par André du Chesne. *Paris*, 1621, in-fol., blas.

HISTOIRE de la milice françoise, par le P. Daniel. *Paris*, 1721, 2 vol. in-4°.

HISTOIRE de la noblesse de France du Comtat Venaissin, d'Avignon et de la principauté d'Orange, dressée sur des preuves... par Pithon-Curt. *Paris*, 1743-1750, 4 vol. in-4°, avec blasons et tableaux généalogiques.

HISTOIRE de la prise d'Auxerre par les huguenots..., par J. Lebeuf. *Auxerre*, 1723, in-8°.

Histoire de la souveraineté de Dombes justifiée par titres, fondations de monastères, anciens manuscrits, etc., par Samuel Guichenon, publiée avec des notes et des documents inédits, par M. C. Guigue. 2ᵉ éd. *Lyon, Brun*, 1874. 2 vol. gr. in-8°.

Histoire de l'église d'Autun, contenant la naissance de cette église..., ses anciens usages, ses manuscrits, etc. (par l'abbé Gagnard). *Autun*, 1774, in-8°.

Histoire de l'évêché de Bethléem, par H. Chevalier Lagenissière. *Nevers, P. Fay*, 1872, in-8°, fig.

Histoire de l'université du comté de Bourgogne et de différents sujets qui l'ont honorée..., par Labbey de Billy. *Besançon, Mourgeon*, 1814, 2 vol. in-4°.

Histoire des chanceliers et gardes des sceaux de France, enrichie de leurs armes, blasons et généalogies, par Fr. Duchesne. *Paris*, 1680, in-fol., blas.

Histoire des chevaliers hospitaliers de Saint-Jean de Jérusalem, par M. l'abbé de Vertot. Nouv. édit. augm. *Paris, Despilly*, 1772, 7 vol. in-12.
Le 7ᵉ volume de cette histoire contient la nomenclature et la description des armoiries de presque tous les chevaliers de Malte depuis la fondation de l'ordre.

Histoire des Connestables, Chanceliers et Gardes des Sceavx, Mareschavx, Admiravx, etc..., avec levrs armes et blazons (gravés par Cl. Collier) par Jean Le Féron l'an 1555. Reveue et continuée... par Denys Godefroy... *Paris*, 1658, in-fol.

Histoire des ducs de Bourbon et des comtes de Forez, par Jean-Marie de La Mure. (Publiée avec de nombreuses adjonctions, par M. Régis de Chantelauze.) *Paris, Potier*, 1860-1868, 3 vol. in-4°, nomb. fig.
Ce magnifique ouvrage donne les dessins de tous les sceaux des comtes de Forez de la maison de Bourbon.

Histoire du Beaujolais et des sires de Beaujeu, suivie de l'Armorial de la province, par le baron de La Roche La Carelle. *Lyon, L. Perrin*, 1853, gr. in-8°, fig. et blas.

Histoire dv Berry abrégée dans l'éloge panégyrique de la ville de Bovrges, par le P. Philippe Labbe. *Paris, G. Meturas*, 1647, pet. in-12.

Histoire dv bon chevalier messire Iacques de Lalain, frère et compagnon de l'ordre de la Toison-d'Or, par George Chastellain. *Bruxelles, Anthoine,* 1634, pet. in-4°.

Histoire du parlement de Bourgogne, de 1733 à 1790, par des Marches. *Chalon-sur-Saône,* 1851, in-fol., blas.

Histoire du pays et duché de Nivernois, par Me Guy Coquille. *Paris, L'Angelier,* 1612, in-4°.

Histoire généalogique de la maison d'Auvergne..., par Baluze. *Paris, A. Dezallier,* 1708, 2 vol. in-fol., fig.

Histoire généalogique de la maison de Chastellux, avec pièces justificatives, par le comte H.-P.-C. de Chastellux. *Auxerre, Perriquet,* 1869, in-4°.

Histoire généalogique de la maison de France..., par S. et L. de Sainte-Marthe. *Paris, Cramoisy,* 1628, 2 vol. in-fol.

Histoire généalogique de la maison de Vergy..., par André du Chesne. *Paris,* 1625, in-fol., blas. dans le texte.

Histoire généalogique de la maison du Châtelet, branche puînée de la maison de Lorraine, par D. Aug. Calmet. *Nancy,* 1741, in-fol., fig. et blas.

Histoire généalogiqve de la maison royale de Covrtenay..., par dv Bovchet. *Paris, dv Pvis,* 1661, in-fol., fig.

Histoire généalogique de la maison royale de Drevx et de quelques autres familles illustres, qui en sont descendues par les femmes..., par André du Chesne. *Paris,* 1631, in-fol.
Les autres histoires généalogiques contenues dans ce volume sont celles de *Bar-le-duc, Luxembourg, Limbourg, du Plessis de Richelieu, Broyes* et *Chasteauvillain.*

Histoire généalogique et chronologique de la maison royale de France, des pairs, grands officiers de la couronne et de la maison du roy et des anciens barons du royaume, etc., par le P. Anselme, continuée par M. du Fourny ; 3e éd., rev., corr. et augm., par les soins du P. Ange et du P. Simplicien. *Paris, libraires associés,* 1726-1733, 9 vol. in-fol., blas.

Histoire généalogique et héraldique des pairs de France, des grands dignitaires de la couronne, des principales familles nobles du royaume, et des maisons princières de l'Europe, précédée de la généalogie de la maison de France, par M. de Courcelles. *Paris, l'auteur et Arth. Bertrand*, 1822-1833, 12 vol. in-4°, blas.

Cet ouvrage devait avoir vingt volumes, il n'a pas été continué.

Histoire générale et particulière de Bourgogne, avec des notes, des dissertations et les preuves justificatives, par un religieux bénédictin (D. Urbain Plancher). *Dijon, de Fay*, 1739-1781, 4 vol. in-fol., pl.

D'Hozier. — V. *Armorial général*.

I

Insignia gentilititia eqvitvm ordinis velleris avrei, fecialivm verbis envntiata; a Ioanne Iacobo Chiffletio, etc. Latine et gallice prodvcta. Le blason des armoiries de tous les chevaliers de l'ordre de la Toison-d'Or, depuis la première institution jusqu'à présent. *Autverpiæ, ex officina Plantiniana Balthasaris Moreti*, 1632, in-4°, blas.

Inventaire des sceaux des archives de l'Empire, par M. Douët d'Arcq. *Paris, Plon*, 1863-1867, 2 vol. in-4°.

Inventaire des titres de Nevers de l'abbé de Marolles..., publié et annoté par le comte de Soultrait. Publication de la Société nivernaise. *Nevers, P. Fay*, 1873, in-4°.

L

La Chesnaye-des-Bois. — V. *Dictionnaire de la noblesse*.

Laîné. — V. *Archives généalogiques*.

M

Marolles. — V. *Inventaire des titres de Nevers*.

Le Martyrologe des chevaliers de Saint-Jean de Jérusalem, dits de Malthe, etc., par F. Mathieu de Goussancourt. *Paris,* 1642 et 1654, 2 vol. in-fol., armoiries gravées.

Les Mazures de l'abbaye royale de l'Isle Barbe lez Lyon, etc. (par Cl. Le Laboureur). *Paris, Jean Couterot*, 1681, 2 vol. in-4º.

Mémoires concernant l'histoire civile et ecclésiastique d'Auxerre et de son ancien diocèse, par l'abbé Lebeuf, continués jusqu'à nos jours, avec addition de nouvelles preuves et annotations, par MM. Challe et Quantin. *Auxerre, Perriquet*, 1848, 4 vol. in-8º, fig.

Seconde édition de ces mémoires, publiés pour la première fois en 1743 (*Paris, Durand*, 2 vol. in-4º, carte).

Mémoires de la Société des antiquaires de France. Plusieurs séries sous divers titres depuis 1807. In-8º, fig.

Mémoires de la Société d'histoire et d'archéologie de Chalon-sur-Saône, depuis 1844. *Chalon, Dejussieu*, in-8º et albums in-fol.

Les Mémoires de messire Michel de Castelnau, etc., avec l'histoire généalogique de la maison de Castelnau, et les généalogies de plusieurs maisons illustres, par J. Le Laboureur. *Bruxelles, Léonard*, 1731, 3 vol. in-fol., portr. et blas.

Mémoires pour servir à l'histoire du département de la Nièvre, commencés par Jean Née de La Rochelle, continués par Pierre Gillet, corrigés, augmentés et mis en nouvel ordre par J.-F. Née de La Rochelle. *Bourges, Souchois*, et *Paris, Merlin*, 1827. 3 vol. in-8º.

Mémoires pour servir à l'histoire du Nivernois et Donziois, avec des dissertations, par M. Née de La Rochelle. *Paris, Moreau*, 1747, in-8º.

Mercure armorial enseignant les principes et éléments du blason des armoiries, etc., par Segoing. *Paris, A. Lesselin*, 1648, in-8º, blas.

Le Miroir historial de Vincent de Beauvais. Nombreuses éditions, des XVe et XVIe siècles, de cet ouvrage écrit en latin sous ce titre : *Speculum historiale*, puis traduit en français.

Monographie de la cathédrale de Nevers, suivie de l'histoire des évêques de Nevers, par l'abbé Crosnier. *Nevers, Fay* et *Morel*, 1854, grand in-8º, fig.

Le Morvand ou Essai géographique, topographique et historique sur cette contrée, par J.-F. Baudiau, curé de Dun-les-Places. *Nevers, Fay*, 1865-1867, 3 vol. in-8º, fig.

N

Le Nivernais, album historique et pittoresque publié par MM. Morellet, Barat, E. Bussière. *Nevers, E. Bussière*, 1838-1840, 2 vol. in-4°, fig.

Nobiliaire d'Auvergne, par J.-B. Bouillet. *Clermont-Ferrand, Perol*, 1846-1853, 7 vol. in-8°, pl. d'armoiries.

Nobiliaire du département des Bouches-du-Rhône, par Gourdon de Genouillac et le marquis de Piolenc. *Paris, Dentu*, 1863, in-8°.

Nobiliaire universel de France, ou Recueil général des généalogies historiques des maisons nobles de ce royaume, par MM. de Saint-Allais et de La Chabeaussière, continué par M. Ducas. *Paris, Patris*, 1814-1843, 21 vol. in-8°. — Réimpression identique. *Paris, Bachelin-Deflorenne*, 1873-1874.

La Noblesse aux États de Bourgogne de 1350 à 1789, par Henri Beaune et Jules d'Arbaumont. *Dijon, La Marche*, 1864, in-4°, blas.

La Noblesse de Saintonge et d'Aunis, convoquée pour les États généraux de 1789, par L. de La Morinière. *Paris, Dumoulin*, 1861, in-8°.

Noms féodaux ou noms de ceux qui ont tenu fiefs en France, depuis le XII° siècle jusque vers le milieu du XVIII°, extraits des archives du royaume, par un membre de l'Académie des inscriptions et belles-lettres (Bethancourt), première partie (seule publiée), relative aux provinces d'Anjou, Aunis, Auvergne, Beaujolais, Berry, Bourbonnais, Forez, Lyonnais, Maine, Marche, Nivernais, Saintonge, Touraine, partie de l'Angoumois et du Poitou. *Paris, Beaucé-Rusand*, 1826, 2 vol. in-8°.

Cet ouvrage, fort utile pour les recherches historiques et généalogiques, malgré l'incorrection de l'orthographe des noms de lieux et de personnes, était fort peu connu et très-rare quoique moderne, l'auteur ayant lui-même détruit une partie de l'édition. Il a été réimprimé il y a quelques années, mais on a eu le tort de ne pas corriger, dans cette nouvelle édition, les nombreuses incorrections de la première.

Notes pour une bibliothèque nivernaise, par le comte de Soultrait. Extraits des *Annuaires* de la Nièvre pour 1848 et 1849, in-18.

Notice historique et généalogique sur la famille de Bourgoing, en Nivernais et à Paris, par le comte de Soultrait, *Lyon, Louis Perrin*, 1855, blas. Tirée à 100 exemplaires et non mis dans le commerce.

Notice historique sur Decize, ancienne ville du Nivernois, par F. Girerd. *Nevers, Duclos et Fay,* 1842, gr. in-8°, fig.

Cette intéressante notice, tirée à petit nombre dans ce format, a paru dans l'*Annuaire de la Nièvre* de 1843.

Notice historique sur la maison de Chabannes ou de Chabannées, suivie de l'armorial de ses alliances, par Mme la comtesse Alfred de Chabannes. *Clermont-Ferrand, Thibaud,* 1864, in-4°, blasons dans le texte.

Cet ouvrage, très-bien fait, donnant une histoire complète de la maison de Chabannes, n'a été tiré qu'à 100 exemplaires et n'a pas été mis en vente.

Nouvelle histoire du Berry, avec les histoires héraldiques, généalo- giques, chronologiques des maisons et familles nobles les plus connues dans le Berry, par M. Pallet. *Paris, Monory,* et *Bourges, l'auteur,* 1783-1785, 5 vol. in-8°.

Cette histoire n'est qu'une reproduction abrégée de l'histoire du Berry de La Thaumassière.

La Nouvelle Méthode raisonnée du blason, pour l'apprendre d'une manière aisée, par le P. C.-F. Menestrier. *Lyon, Bruyset-Ponthus,* 1754, in-12, fig.

Voir aussi les autres éditions plus ou moins complètes de cette méthode et les nombreux ouvrages héraldiques du P. Menestrier, dont la bibliographie, fort détaillée, a été donnée par M. Allut dans l'ou- vrage intitulé : *Recherches sur la vie et sur les œuvres du P. Claude- François Menestrier, de la Compagnie de Jésus, suivies d'un recueil de lettres inédites de ce Père à Guichenon... Lyon, Scheuring,* 1856, in-8°, portrait du P. Menestrier.

O

Les Œuvres de maistre Guy Coquille, sievr de Romenay. *Paris, L. Billaine,* 1665, 2 vol. in-fol.

Origine des ornements des armoiries, par le P. Menestrier. *Paris, Amaulry,* 1680, in-12, fig.

P

PAILLOT. — V. *La Vraie et Parfaite Science des armoiries*, etc.

PANEGYRICUS augustissimo Galliarum Senatui dictus in regio Ludovici magni collegio societatis Jesu a Jacobo de La Baune. *Parisiis, ex off. G. Martini*, 1685, in-4°, blas.

LE PARLEMENT de Bourgogne, son origine, etc., par P. Paillot, avec la continuation, depuis 1649 jusqu'en 1733, par F. Petitot. *Dijon*, 1649 et 1735, 2.vol. in-fol. — Continuation de 1733 à 1790. *Chalon-sur-Saône*, 1851, in-fol.

PIÈCES fugitives pour servir à l'histoire de France, avec des notes historiques et géographiques recueillies par le marquis d'Aubais. *Paris, Chaubert* et *Hérissant*, 1759, 2 tomes en 3 vol. in-4°.

Les jugements sur la noblesse de Languedoc, par M. de Bezons, occupent une partie de ces mélanges, rares et recherchés.

LES PRÉSIDENTS à mortier et les conseillers au parlement de Paris, et les maistres des requestes de l'hostel du roy, par F. Blanchard. *Paris, Besongne*, 1647, et *Legros*, 1670, 3 parties en 1 vol. in-fol., blas.

PROCÈS-VERBAL de la recherche de la noblesse de Champagne, faite par M. de Caumartin. *Châlons* (1673)!, pet. in-8°.

R

RECHERCHES historiques sur Nevers, par Louis de Saintemarie. *Nevers, Lefebvre*, 1810, in-8°.

RECHERCHES sur les fleurs de lys, dans la première édition du *Dictionnaire de la noblesse* de La Chesnaye-des-Bois. *Paris*, 1757-1765, in-8°

RECUEIL de documents pour servir à l'histoire de l'ancien gouvernement de Lyon, contenant des notices chronologiques et généalogiques sur les familles nobles ou anoblies qui en sont originaires..., avec le blason de leurs armes ; mis en ordre et publié par L. Morel de Voleine et H. de Charpin. *Lyon, L. Perrin*, 1854, in-fol., blas.

Recueil de plusieurs pièces curieuses servant à l'histoire de Bourgogne, par Est. Pérard. *Paris*, 1664, in-fol.

Le Recveil des armes de plvsievrs nobles maisons et familles, tant ecclésiastiqves, princes, ducs, marquis, comtes, barons, cheualiers, escuyers et autres, selon la forme que l'on les porte de présent en ce royaume de France blasonée et augmenté de nouuaux *(sic)*, par Magneney. *Paris, Claude Magneney*, 1633, pet. in-fol., planches d'armoiries.

Recveil des roys de France, levrs covronne et maison, par Jean du Tillet. *Paris, J. Dupuy*, 1587, in-fol.

Répertoire archéologique du département de la Nièvre..., par le comte de Soultrait. *Paris, impr. nat.*, 1875, in-4°.

Répertoire héraldique ou Armorial général du Forez, par P. Gras. *Lyon, Mougin-Rusand*, 1874, in-8°, fig.

Revue historique de la noblesse fondée par A. Borel d'Hauterive, publiée sous la direction de M. de Martres. *Paris*, 1840-1847, 4 vol. in-8°, blas.

Revue nobiliaire, héraldique et biographique publiée par M. Bonneserre de Saint-Denis, continuée, sous le titre de *Revue historique, nobiliaire et biographique*, par M. Sandret. *Paris, Dumoulin*, depuis 1862, 14 vol. in-8°, quelques planches d'armoiries.

Cette importante revue, consacrée à l'étude des questions héraldiques envisagées au point de vue de l'intérêt historique, renferme une série d'articles sur le Nivernais.

Le Roy d'armes, ou l'Art de bien former, charger, briser, timbrer, parer et par conséquent blasonner toutes sortes d'armoiries, par le P. Marc Gilbert de Varennes. *Paris, Billaine*, 1635, in-fol., blas.

S.

La Science héroïque, traitant de la noblesse, de l'origine des armes, de leurs blasons..., par Marc de Vulson, sieur de La Colombière. *Paris, S. Cramoisy*, 1644, in-fol., blas.

Selon Barbier (*Anonymes*, 2e 16861), cet ouvrage a été composé par D. Salvaing de Boissieu; il en a été publie deux éditions.

Semaine religieuse du diocèse de Nevers. *Nevers, Fay*, depuis 1864.

Cette Semaine religieuse renferme de nombreux articles historiques sur le Nivernais.

Société de sphragistique de Paris (Mémoires de la). *Paris*, 1851-1855, 4 vol. in-8°, nombreux dessins de sceaux.
. Ces mémoires, qui malheureusement n'ont pas été continués, renferment la description et l'explication d'une grande quantité de sceaux, français pour la plupart, dont beaucoup sont dessinés.

Souvenirs du bon vieux temps dans le Nivernais et dans le Baziois, par Jaubert aîné. *Nevers, Duclos*, 1837, in-12, fig.

Statistique monumentale du département de la Nièvre, par le comte Georges de Soultrait. *Nevers, Bégat*, 1848-1874, 3 vol. in-18, extraits des *Almanachs* de la Nièvre.

T

Table généalogique de la maison de Scorraille, dressée sur plusieurs chartes de divers monastères, chroniques, etc., dédiée à Mme de Fontanges, par M. dv Bouchet. *Paris, imp. de Gabriel Martin*, 1681, 6 ff. in-fol., formant tableau.

Tableau chronologique de MM. les Présidents, Trésoriers de France, Généraux des finances..., de la généralité de Moulins. *Moulins, E. Vidalin*, s. d. (1788), in-12.

Tableau de l'Histoire des Princes et Principauté d'Orange, divisé en quatre parties, etc., par Joseph de La Pise. *La Haye*, 1638, 1639 et 1640, in-fol., titre gravé.

Tableau généalogique et historique de la noblesse, par Waroquier de Combles. *Paris, Nyon*, 1786-1789, 3 vol. in-18.

Tablettes historiques, généalogiques et chronologiques. *Paris, Legras*, 1752, 9 vol. in-24.
On trouve dans cet ouvrage l'indication de presque toutes les seigneuries françaises qui ont été érigées en duchés, marquisats, comtés et baronnies.

Thaumas de La Thaumassière. — V. *Histoire du Berry*.

TRAITÉ de la noblesse et de toutes ses différentes espèces, nouvelle édition augmentée des traités du blason des armoiries de France, de l'origine des noms, surnoms et du ban et arrière-ban, par M. de La Roque. *Rouen, Pierre Le Boucher,* 1735, in-4°.

TRÉSOR généalogique ou Extraits des titres anciens qui concernent les maisons et familles de France et des environs, connues en 1400 ou auparavant, dans un ordre alphabétique, chronologique et généalogique, par D. Caffiaux. *Paris, P. D. Pierre,* 1777, in-4°. (1er vol. seul publié.)

TRÉSOR héraldique ou Mercure armorial, par Charles Segoing. *Paris,* 1657, in-fol., fig.

C'est à peu près le même ouvrage que le *Mercure armorial,* publié en 1652, mentionné ci-dessus.

V

VERTOT. — V. *Histoire des chevaliers hospitaliers.*

VÉZELAY, étude historique, par Aimé Cherest. *Auxerre, Perriquet et Rouillé,* 1863-1868, 3 vol. in-8°.

VIE de Jean de Ferrières, vidame de Chartres, seigneur de Maligny, par un membre de la Société des sciences historiques et naturelles de l'Yonne (le comte Léon de Bastard). *Auxerre, Perriquet,* 1858, in-8°, portr.

LA VRAIE et parfaite science des armoiries ou l'Indice armorial..., par P. Paillot. *Dijon,* 1660, in-fol., nombr. blasons dans le texte et figures.

LE VRAY théâtre d'honneur et de chevalerie, ou le Miroir héroïque de la noblesse..., par Marc de Vulson de La Colombière. *Paris, Aug. Courbé,* 1648, 2 vol. in-fol., fig.

⚜ ⚜ ⚜ ⚜ ⚜

DOCUMENTS MANUSCRITS.

Archives départementales de l'Allier, de la Côte-d'Or, de la Nièvre et de l'Yonne.

Voir les inventaires sommaires de ces dépôts rédigés, avec talent et exactitude, par MM. Chazaud, Garnier, Le Blanc-Bellevaux et Quantin, archivistes de ces départements.

Les archives de la Nièvre, médiocrement riches, ne sont point encore entièrement classées, et il nous a été impossible d'indiquer les fonds auxquels appartiennent les pièces de ces archives que nous avons consultées et que nous citons. C'est naturellement le fonds des familles que nous avons surtout étudié.

Archives des villes de Château-Chinon, de Clamecy, de Decize, de Luzy, de Moulins-Engilbert, de Saint-Pierre-le-Moûtier et de Saint-Saulge (Nièvre), de Grillon, de Valréas (Vaucluse), etc.

Les archives de ces petites villes ne renferment que quelques pièces relativement modernes et d'une médiocre importance. Celles de Decize sont de beaucoup les plus considérables et les plus intéressantes; elles n'ont jamais été classées et sont malheureusement dans le plus grand désordre. Celles de Valréas renferment des titres assez anciens.

Archives des châteaux du Nivernais.

Beaucoup de châteaux et de familles de notre province ont conservé leurs archives; certains de ces chartriers, que par malheur nous n'avons pu visiter tous, renferment des documents historiques d'un certain intérêt; nous allons passer en revue les principaux de ceux qu'il nous a été permis d'étudier :

Aunay (canton de Châtillon-en-Bazois). Riches archives des familles qui ont possédé le comté d'Aunay et ses dépendances.

Bazoches (canton de Lormes) et *Beauvoir* (commune de Cossaye, canton de Decize). Terriers et plans.

Les Bordes (commune d'Urzy, canton de Pougues). L'inventaire des titres les plus importants de ce chartrier, dont plusieurs datent des XIIIe et XIVe siècles, a été fait par M. le vicomte de Laugardière et imprimé à la suite de l'*Inventaire des titres de Nevers*, de l'abbé de Marolles; ces archives appartiennent à M. Richard.

La Bussière (commune de Sémelay, canton de Luzy). Feu M. Charleuf, propriétaire de ce château, qui s'occupait avec succès de l'histoire et des monuments de ses environs, avait bien voulu nous communiquer quelques chartes de ses archives relatives aux anciens possesseurs de La Bussière.

La Chasseigne (commune de Saint-Parize-le-Châtel, canton de Saint-Pierre-le-Moûtier). Archives assez considérables, mais ne renfermant pas de titres antérieurs au XVI⁰ siècle, appartenant à M. le comte de Montrichard.

Châtillon-en-Bazois (chef-lieu de canton de l'arrondissement de Château-Chinon). Cette importante baronnie, ancienne possession de la famille de Pracomtal, qui en a conservé le château, avait, sans nul doute, des archives considérables, dont quelques pièces des XIII⁰ et XIV⁰ siècles font partie de nos collections nivernaises. Ces archives ont été dispersées au moment de la Révolution ; il n'en reste que certains documents, relativement modernes, sur la terre de Châtillon, que madame la marquise de Pracomtal a bien voulu nous communiquer.

Druy (canton de Decize). Archives autrefois importantes du comté de Druy, ancienne première baronnie de l'évêché de Nevers, dont quelques registres terriers nous ont été montrés par M. Grasset, conseiller à la cour d'appel de Dijon. Documents sur Druy, Bouy et quelques seigneuries environnantes, et sur les familles de Roffignac et Marion.

Giry (canton de Prémery). Un petit nombre de chartes, quelques-unes des XIII⁰ et XIV⁰ siècles, concernant les familles de Giry, de La Rivière et de Veilhan, à M. le prince de Beauvau.

Les Granges (commune de Suilly-la-Tour, canton de Pouilly). M. de Riberolles, propriétaire de ce château, a bien voulu nous envoyer des notes extraites de ses archives qui donnent, sur l'histoire des seigneuries de la paroisse de Suilly-la-Tour et de leurs possesseurs (familles de Pernay, de Fargues, Sallonnier, etc.) les détails les plus complets.

Marcilly (commune de Cervon, canton de Corbigny). Nous devons à M. le comte d'Aunay, député de la Nièvre, la communication des archives importantes et fort bien rangées du château de Marcilly, composées de titres des XV⁰, XVI⁰ et XVII⁰ siècles, relatifs aux seigneuries possédées par les familles de Basso, du Pont, d'Aunay et Le Prestre de Vauban.

La Montagne (commune de Saint-Honoré, canton de Moulins-Engilbert). M. le marquis d'Espeuilles, aïeul du propriétaire actuel de ce château, avait réuni dans le chartrier de La Montagne les archives des seigneuries de Lamenay, d'Espeuilles et de Marigny, possédées par sa famille. Ces titres, dont les plus anciens datent du XVe siècle, intéressent les familles de Bréchard, de Boisserand, de Fontenay, Brisson, Carpentier, Girard de Chevenon, Girard d'Espeuilles, des Gentils, Guillier, Pernin, Roux et Viel de Lunas d'Espeuilles.

Poussery (commune de Montaron, canton de Moulins-Engilbert). Quelques terriers et plans des XVIe et XVIIe siècles.

Prunevaux (commune de Nolay, canton de Pougues). Divers documents des XVIe et XVIIe siècles, relatifs à la famille Foulé.

Quincize (commune de Poussignol-Blismes, canton de Château-Chinon). Terriers et titres divers intéressant les familles Pitois et Guillaume de Sermizelles, communiqués par notre savant bibliophile nivernais M. Ernest de Sermizelles.

Toury-sur-Abron (commune de Toury-Lurcy, canton de Dornes). Archives complètes de l'ancienne seigneurie de Toury depuis le XIVe siècle, concernant les familles de Bréchard, Saulnier, Cochet, Bernard de Toury, de Bourgoing et Richard de Soultrait; curieux plan terrier, avec lièvre, du XVIIIe siècle.

Uxeloup (commune de Luthenay, canton de Saint-Pierre-le-Moûtier). Titres, dont les plus anciens datent du XVIe siècle, intéressant les familles Trousseau, de Fontenay, de La Chasseigne et Sallonnier, communiqués par M. de Rosemont.

Vandenesse (canton de Moulins-Engilbert). Les plus riches archives particulières du département, non rangées. Grande quantité d'actes, les plus anciens du XIVe siècle, concernant les nombreux fiefs qui relevaient du marquisat de Vandenesse et les familles de Champdiou, de Cossaye, Cosson, de Frasnay, de Nourry, de Reugny, de Roland, de Saint-Père, Le Tort, de Billy, Boutillat, de Bourgoing, Courtois, de Houppes, de Bongars, Jacquinet, Olivier, du Bois, etc.

ARMORIAL des évêchés de France. Manuscrit sur papier in-4° oblong, *aux estampes de la Bibliothèque nationale*, sous ce titre : *Église de France*, n° 6094.

On trouve dans cet armorial, dressé en 1727 par Naquet, les armoiries de tous les évêchés de France, celles des chapitres, des cathédrales, des villes épiscopales, et enfin celles des évêques qui occupaient les divers siéges à l'époque ou l'armorial a été composé.

ARMORIAL GÉNÉRAL de d'Hozier. Manuscrit in-folio, à la Bibliothèque nationale.

Nous avons parlé longuement dans notre introduction de ce volumineux recueil d'armoiries de la fin du XVIIᵉ siècle.

ARMORIAL manuscrit du Nivernois (désigné souvent par nous sous le nom d'Armorial de Challudet). Manuscrit sur papier, in-4°, avec blasons coloriés, à la Bibliothèque nationale. (Manuscrits, suppléments françois, n° 1095.)

On lit sur la première page de cet armorial : « Cy après sont les » armes, noms et surnoms d'une partie des gentilshommes et bourgeois » de Nivernois et de la ville de Nevers. » Puis plus bas : « Ce livre cy » dessus a este faict pour la curiosité du sieur de Challudet, et en l'an » 1638. » Cet armorial, peu considérable, ne renferme guère que les armoiries de familles qui habitaient la ville de Nevers et les environs au commencement du XVIIᵉ siècle,

CABINET DES TITRES.

Cet immense dépôt de documents nobiliaires, qui fait partie des collections de la Bibliothèque nationale, renferme les *Preuves de cour* et celles qui furent faites par les gentilshommes qui devaient être reçus chevaliers des ordres du roi, ou qui se présentaient pour être admis aux pages ou à l'école militaire, et aussi par les filles nobles demandant à entrer dans la maison de Saint-Cyr. On y trouve en outre un grand nombre de pièces généalogiques provenant des cabinets des Juges d'armes de France et de diverses collections.

CARTULAIRE de l'abbaye de Bourras.

Copie du XVIIᵉ siècle, aux archives de l'Yonne, d'un cartulaire de cette importante abbaye de l'ordre de Cîteaux, *première fille* de Pontigny (actuellement commune de Saint-Mâlo, canton de Donzy, Nièvre), fondée en 1119. Ce cartulaire donne le texte de chartes des XIIᵉ et XIIIᵉ siècles.

COLLECTION de quittances scellées.

On a réuni dans de nombreux volumes conservés aux Manuscrits de la Bibliothèque nationale une grande quantité de quittances des XIVᵉ, XVᵉ et XVIᵉ siècles, auxquelles sont appendus ou appliqués les sceaux, généralement armoriés, des personnages qui ont donné ces quittances. Ce recueil est fort important pour l'étude de la science héraldique et pour la connaissance des armoiries de beaucoup de familles, éteintes

avant le XVIᵉ siècle, dont les blasons n'ont généralement pas été repro-
duits dans les armoriaux.

COLLECTION de M. Canat de Chizy, de Châlon-sur-Saône.

M. Marcel Canat de Chizy, bien connu par ses importants travaux
d'érudition, possède un grand nombre de titres originaux, parmi lesquels se trouvent une partie des chartes des anciennes archives de
l'abbaye de Bellevaux.

COLLECTION de M. Lory.

Feu M. Lory avait collectionné des titres originaux, concernant
surtout les familles et les fiefs des environs de la petite ville de Moulins-
Engilbert qu'il habitait. Ces pièces sont relativement modernes, princi-
palement du XVIᵉ siècle ; elles intéressent spécialement les familles
Boutillat, de Cossaye, de Frasnay, de Houppes, de Grandry, de Loron,
de Marry, Courtois, de Reugny, d'Anlezy, Le Tort, etc.

COLLECTION de titres originaux sur le Nivernais du comte de Soultrait.
Nous avons entrepris, depuis bien des années, de réunir des documents
sur le Nivernais : ouvrages sur le pays ou des auteurs du pays ; cartes,
plans, dessins des lieux de la province ; portraits et autographes des
hommes marquants nés dans le pays ou y ayant joué un rôle ; numismatique et sigillographie nivernaises. Nous avons aussi colligé
tous les documents originaux que nous avons pu nous procurer,
et nous avons eu la bonne fortune de retrouver un certain nombre de
chartes des XIᵉ, XIIᵉ et XIIIᵉ siècles, dont plusieurs sont d'un grand
intérêt, et beaucoup d'autres titres plus modernes importants pour
l'histoire des fiefs et des familles de notre pays.

DOCUMENTA monastica. Manuscrit de la Bibliothèque nationale.

EXTRAITS des titres de Bourgogne et de Nivernois. Aux manuscrits de
la Bibliothèque nationale. (Collection Gaignières, nᵒ 658.) Nous avons
reproduit la partie nivernaise de ces *extraits* à la suite de l'*Inventaire
des titres de Nevers* de l'abbé de Marolles.

ÉPITAPHIERS de Paris.

Certains amateurs d'épigraphie avaient eu l'idée, aux XVIIᵉ et
XVIIIᵉ siècles, de copier les inscriptions, funéraires pour la plupart,
qui se trouvaient en fort grand nombre dans les églises de Paris.
Plusieurs de ces recueils nous ont été conservés et nous donnent
le texte de ces inscriptions, dont bien peu ont échappé aux ravages du
temps et des hommes. L'épitaphier que nous avons consulté avec le plus

d'intérêt appartient à M. le baron Jérôme Pichon, que nous remercions ici de sa parfaite obligeance.

GÉNÉALOGIE de la maison de Lamoignon. Manuscrit in-fol.

Cette généalogie fort complète, avec tableaux généalogiques et pièces justificatives, de toutes les branches de l'illustre famille de Lamoignon, fait partie de la riche bibliothèque héraldique de M. Ernest de Rozières qui a bien voulu nous la communiquer.

GUILLAUME REVEL. Armorial d'Auvergne, Borbonois et Forest (*sic*). Manuscrit sur parchemin, grand in-4°, aux manuscrits de la Bibliothèque nationale. (Collection Gaignières, n° 2896.)

Ce curieux armorial qui renferme, outre une immense quantité d'écussons fort bien dessinés et coloriés, entourés de rubans portant les noms de leurs possesseurs, les vues de beaucoup de villes et de châteaux des États des ducs de Bourbon, a été dressé par Guillaume Revel, dit *Auvergne*, héraut d'armes du roi Charles VII et du duc de Bourbon, Charles Ier.

HISTOIRE de Saint-Saulge. Manuscrit du XVIIIe siècle conservé à Saint-Saulge, dont il nous a été permis de faire prendre une copie.

HISTOIRE des évêques de Nevers, par Parmentier.

Cette histoire est restée manuscrite.

MANUSCRIT de la Chambre des comptes de Nevers.

Nous donnons ce titre à un manuscrit in-folio sur parchemin de 77 feuillets, dont le commencement, renfermant un calendrier orné de quelques lettres enluminées, date du XIVe siècle. Les calculs d'intérêts et un réglement pour les monnoyers et les orfèvres qui suivent sont d'une écriture un peu plus moderne. Enfin des notes relatives à la Chambre des comptes de Nevers et à ses membres, aux naissances et morts des comtes et ducs de Nevers, à diverses crues de la Loire, etc., vont jusqu'à la fin du XVIIIe siècle. On lit au verso du feuillet 46 la note suivante : « Ce present livre a este achepte par messieurs des » comptes de maistre Pierre Barat, secrétaire de Monseigneur pour estre » mis en la Chambre des comptes pour seruir dung kalendrier pour » le geet pour vng bourdereaul et aultres choses. Fait le 3e jour aoust » 1490. »

Ce curieux manuscrit appartient à M. Girerd, député de la Nièvre et sous-secrétaire d'État au ministère de l'agriculture et du commerce, qui a bien voulu nous le prêter. Nous y avons trouvé des notes sur les familles qui ont fourni des magistrats à la Chambre des comptes de Nevers.

Manuscrits de Duchesne.

Cent trente volumes de généalogies, petit in-fol., à la Bibliothèque nationale.

Manuscrits de Guichenon. 34 vol. in-fol., à la bibliothèque de la faculté de médecine de Montpellier.

Ces manuscrits, importants pour l'histoire du Lyonnais, de La Bresse, du Bugey, du Mâconnais, du Dauphiné et des provinces voisines, renferment près de 2,400 pièces ou titres, dont quelques-uns sont en original. On y trouve beaucoup de généalogies. L'inventaire détaillé de ces manuscrits a été publié par M. Allut, de Lyon, en un vol. in-8°. (*Lyon, Perrin,* 1851.)

Manuscrits de D. Viole, conservés à la bibliothèque d'Auxerre.

Plusieurs volumes de notices écrites, au XVIIᵉ siècle, par D. George Viole, bénédictin, sur l'histoire de divers villes et établissements religieux de l'ancien diocèse d'Auxerre, dont une partie est comprise dans le département de la Nièvre. Nous avons commencé dans l'*Almanach de la Nièvre* la publication de celles de ces notices qui intéressent notre province.

Nobiliaire de Franche-Comté.

Ce nobiliaire, en plusieurs volumes manuscrits in-4°, appartient à M. le baron de Cointet, à qui nous en devons la communication.

Notes, autographes pour la plupart, du juge d'armes Charles d'Hozier, aux archives nationales.

Preuves de Malte, 5 vol. grand in-fol. A la bibliothèque de l'arsenal.

Ces volumes renferment les preuves, ou mieux les tableaux, généralement enluminés, des quartiers d'une grande partie des chevaliers de Malte français; malheureusement le volume consacré à la langue d'Auvergne, le plus intéressant pour le Nivernais, manque à cette importante collection.

Preuves de Malte. Aux archives départementales du Rhône.

Beaucoup de preuves nobles et bourgeoises des chevaliers de Malte, des frères servants et des chapelains conventuels de la langue d'Auvergne se trouvent dans les archives du Rhône. Ces preuves, dont les plus anciennes remontent à la première moitié du XVIIe siècle, sont rarement accompagnées de dessins ou de descriptions d'armoiries; elles sont donc moins intéressantes au point de vue purement héraldique qu'au point de vue de l'histoire des familles. Ce sont les procès-verbaux des enquêtes faites par les commandeurs de l'ordre chargés de s'assurer de la noblesse et de l'honorabilité des familles auxquelles appartenaient les personnages qui demandaient à être admis dans l'ordre de Saint-Jean-de-Jérusalem. Certaines preuves des chevaliers servants et des chapelains conventuels, qui n'appartenaient point à la noblesse mais qui devaient fournir des *quartiers de bonne bourgeoisie*, sont particulièrement curieuses pour l'étude de la condition des personnes aux XVIIe et XVIIIe siècles.

PREUVES des chanoinesses de Leigneux.

M. le baron de Verna, de Cremieux (Isère), a bien voulu nous communiquer des volumes qu'il possède des preuves des chanoinesses des quatre chapitres nobles de femmes du diocèse de Lyon; l'un de ces chapitres, celui de Leigneux, en Forez, avait reçu un certain nombre de chanoinesses de familles du Nivernais.

PREUVES des comtes de Lyon.

Quarante-sept cahiers in-fol. renferment les preuves et les généalogies de presque tous les chanoines-comtes de Lyon. Ces preuves, qui proviennent de la précieuse bibliothèque lyonnaise de M. Coste, de Lyon, sont maintenant conservées à la bibliothèque de cette ville.

PREUVES pour l'admission aux États de Bourgogne.

Plusieurs membres de familles nivernaises, possédant des fiefs en Bourgogne, firent les preuves de noblesse nécessaires pour être admis aux États de cette province. Ces preuves détaillées sont conservées aux archives départementales de la Côte-d'Or. (Voir, dans la liste des documents imprimés, l'indication de l'ouvrage de MM. Baune et d'Arbaumont sur les États de Bourgogne.)

RECUEIL des généalogies des illustres maisons de France ou leurs seize quartiers, avec leurs blasons. 2 vol in-fol. Blasons coloriés, à la bibliothèque Sainte-Geneviève.

Ce recueil, composé à la fin du XVIIe siècle ou dans les premières années du XVIIIe, faisait partie de la bibliothèque de l'abbaye de Saint-Germain-des-Prés.

Registres paroissiaux.

Ces anciens registres de l'état civil, autrefois tenus par les curés, remontent en général au milieu du XVIIe siècle ; nous en connaissons de plus anciens, même de la première moitié du XVIe. Nous avons compulsé à peu près tous ceux du Nivernais, dans lesquels on trouve souvent de curieux renseignements sur l'état des paroisses et des fiefs, et toujours des documents généalogiques qui nous ont beaucoup servi pour notre travail.

Traicté de l'origine de la charge de maistre des requestes ordinaires de l'hostel du roi, avec la suite de tous ceux qui l'ont exercée soubs nos roys depuis sainct Lovis, etc.

Ce manuscrit inédit du généalogiste Blanchard appartient à M. le baron Jérôme Pichon, qui a bien voulu nous le communiquer.

DICTIONNAIRE

DES PRINCIPAUX NOMS DE FIEFS

PORTÉS PAR LES FAMILLES.

Presque toutes les familles nobles et beaucoup de familles
de haute bourgeoisie prirent, fort anciennement, l'habitude
d'ajouter à leur nom patronymique des noms de seigneuries
destinés à distinguer les branches d'une même race et les
membres d'une même branche. Ces noms de terres, ou
mieux ces surnoms, n'avaient en général rien de fixe, on
en changeait souvent ; mais parfois ils prirent plus d'importance et arrivèrent même, surtout de nos jours, à se
substituer au nom primitif de la famille ou de l'individu,
qui ne paraissait plus que dans les actes importants, et qui
parfois même disparaissait entièrement.

Bien que nous ayons eu soin de placer dans l'*Armorial,*
à leur ordre alphabétique, les plus usités des noms de
terres avec renvoi aux noms réels, nous croyons utile de
donner un dictionnaire de ces noms de seigneuries sous
lesquels furent et sont encore connues beaucoup de familles
de notre province.

Mais avant de commencer ce dictionnaire, parlons d'une
opinion erronée fort répandue, ayant quelque analogie avec
celle que nous avons combattue dans l'introduction de cet
ouvrage au sujet du port des armoiries. Il s'agit de la

particule, dite nobiliaire, qui ne fut jamais une preuve de noblesse, contrairement à l'idée généralement reçue.

Il serait trop long de traiter ici la question de l'origine de cette particule, question qui se rattache à l'histoire des noms en France et qui a été élucidée dans divers ouvrages auxquels nous renvoyons nos lecteurs (1); disons seulement que la particule *de*, exprimant le génitif, était prise dans les noms comme abréviation de *seigneur de* ; or, avant la Révolution, les bourgeois, de même que les nobles, pouvaient prendre, plus ou moins légalement, mais enfin prenaient habituellement des noms de fiefs possédés par eux, quelquefois même ceux du lieu de leur naissance ; les prépositions *de*, *du*, *de la*, *des* ne signifiaient donc absolument rien au point de vue nobiliaire.

La particule n'avait pas à beaucoup près autrefois l'importance qu'elle a prise de nos jours ; les gentilshommes pouvaient s'en passer grâce aux titres de messire, de noble homme, de noble (ce dernier dans les provinces de *droit écrit*), de chevalier, d'écuyer, précédant ou suivant immédiatement le vrai nom de la famille, titres que seuls ils avaient le droit de prendre ; ainsi un noble s'intitulait : *Messire Pierre N..., chevalier* ou *écuyer, seigneur de...,* tandis qu'un roturier ne pouvait se nommer que *Pierre N....., seigneur de.....* Mais comme ces qualifications exclusivement nobiliaires ont disparu depuis la Révolution, la particule, que beaucoup de familles d'excellente noblesse du reste n'ont jamais portée, est devenue, selon l'expression fort juste de M. Vian (2), « l'enseigne de la noblesse, si » elle n'en est pas l'insigne ».

---

(1) *De la Particule nobiliaire*, par Paulin Paris; Paris, 1862. — *Des Distinctions honorifiques et de la Particule*, par H. Beaune; Paris, 1863. — *Lettres d'un paysan-gentilhomme*, par M. de Chergé; Poitiers, 1860. — *De la Particule*, par J. d'Arbaumont, 1861.

(2) *La Particule nobiliaire*, par H. Vian; Paris, S. D.

Certaines familles nobles, avons-nous dit, n'ont jamais porté la particule ; il faut ajouter que beaucoup de gentils-hommes, tout en portant des qualifications terriennes, ne signaient que le nom primitif de leur famille auquel ils tenaient, à juste titre, plus qu'à des noms de seigneuries, souvent possédées depuis peu de temps, et qui pouvaient sortir des domaines de leurs descendants.

Nous avons hérité des papiers d'une famille de chevalerie normande, des plus anciennes sinon des plus illustres, qui portait le nom assez vulgaire de Bonenfant. Les membres de cette famille étaient possesseurs de fiefs nombreux, dont deux titrés, et pourtant leur chef, tout en prenant dans les actes les titres de marquis et de baron, ne signait jamais que ce nom de Bonenfant, porté avec distinction par ses aïeux depuis le milieu du XIIIᵉ siècle.

Nous pourrions signaler dans notre province deux ou trois familles, de fort bonne noblesse militaire, qui autrefois écrivaient leur nom, celui d'un fief, en un seul mot, sans se soucier de la particule, qu'ils ont dû prendre depuis.

Ajoutons que la particule, abréviation de : seigneur de, nous le répétons, ne peut être mise grammaticalement que devant un nom de lieu, et que, précédant tout autre nom, elle ne signifie rien. Mais, là encore, l'usage a prévalu sur la logique, et déjà, au XVIIIᵉ siècle, on trouve le *de* placé devant beaucoup de noms patronymiques.

On a pu s'étonner de voir, dans notre ouvrage, les noms commençant par du, de la, des, écrits en deux ou trois mots, bien que les familles qui les portaient, ou qui les portent encore, n'aient jamais eu l'idée de les séparer ainsi ; nous avons adopté cette manière d'écrire les noms en question parce qu'elle est la vraie : par exemple, les familles du Bois, du Lac, de La Cour, des Prés, tirent leurs noms de lieux dits Le Bois, Le Lac, La Cour, Les Prés, soit que ces noms veulent dire : seigneur du Bois, du Lac, de La Cour, soit qu'ils signifient : qui vient du Bois, du Lac, de La Cour ; donc il ne serait pas français de les écrire en un seul mot.

Répétons enfin (1) que nous avons dû, bien malgré nous, nous conformer à l'usage moderne, parfaitement illogique, de ranger à l'ordre alphabétique du dernier des mots qui les composent les noms précédés d'un article, comme La Barre, La Bussière, La Collancelle, La Magdelaine. Ces noms auraient dû se trouver à la lettre L, attendu qu'ils tirent leur origine de fiefs qui ne se nommaient pas Barre, Bussière, Collancelle et Magdelaine, mais bien La Barre, La Bussière, La Collancelle et La Magdelaine.

d'Agnon, *voyez*	Moquot.
d'Aisy,	du Bois.
d'Alarde,	Le Roy.
d'Alligny,	Quarré.
d'Anlezy,	de Damas.
d'Arcilly,	Bongars.
d'Argence,	Joumard-Achard.
d'Armes,	Fournier.
d'Arquian,	de La Grange.
d'Arreaux,	Olivier.
d'Arthel,	Fournier.
d'Asnois,	de Blanchefort.
d'Assé,	d'Estutt.
d'Assigny,	Flamen.
d'Aunay,	Le Peletier.
Barbier,	de Vésigneux.
des Barres,	Chaillou.

des Barres, *voyez*	Marion.
de Baudreuille,	Vyau.
de La Baume,	Le Bourgoing.
de Bazoches,	Saulnier.
de Beauregard,	Baille.
de Beaurepaire,	Quesnay.
de Beauvoir,	Quesnay.
de La Belouse,	de Bèze.
de La Belouse,	Gascoing.
de Bernay,	Gascoing.
de Bertun,	Gascoing.
de Beuvron,	de Charry.
Bidaud,	de Poussery.
de Bigny,	de Chevenon.
de Bissy,	Lempereur.
de Bizy,	Berthier.
de Blanzy,	Bellon.
de Boisvert,	Rapine.
de Bourdillon,	de La Platière.

(1) Voir la note de la page 124 du premier volume de l'*Armorial*.

de Bouy, *voyez* de Roffignac.
de Brèves,   de Savary.
de Brévignon,   Hodeneau.
des Brûlés,   Lault.
de Busseaux,   d'Armes.
de La Bussière,   de Marry.
de La Bussière,   de Paris.
de Busson,   Girard.
de Bussy,   Le Pain.

du Chailloux,   Saulnier.
de La Chaise,   Pagani.
de Chaligny,   Sallonnier.
de Challement,   de Meun de La
                    Ferté.
de Chambure,   Pelletier.
de Champagny,   Nault.
de Champcourt,   de Champs.
de Champdiou,   Sallonnier.
de Champigny,   Pellé.
de Champlemy,   de La Rivière.
de Champrobert,   Pierre.
de Chamvé,   Richard.
des Chanais,   Cochet.
de Changy,   Andras.
de Changy,   Carpentier.
de Charant,   Bernot.
de Charly,   Le Bourgoing.
de Chassenay,   Palierne.
de Chassenet,   Dollet.
de Chassy,   Bellon.
de La Chaussade,   Babaud.
de Chazelles,   d'Anlezy.
de Chénisot,   Guyot.
de Chevigny,   Marquis.
de Chevroux,   de La Barre.
de La Chomone-
    rie,   de Saulieu.
de Choulot,   de La Venne.
de Cigogne,   Bolacre.

Coignard, *voyez* de Miniers.
du Colombier,   de Beaujeu.
de Courailles,   de Scorailles.
du Coudray,   Flamen.
des Coudrées.   Regnard.
de Cougny,   des Prés.
de Courgy,   Bernot.
de Craye,   Gondier.
de La Croix,   de Prévost.
de Crux,   de Damas.
de Curty,   Prisye.
de Cuy,   du Verne.

de Dardagny.   Favre.
Le Deenat,   de Saint-Hilaire.
du Deffend,   de Varigny.
de Domecy,   de Loron.
de Dorne,   Fouet.
de Dreuzy,   Aupepin.
de Druy,   Marion.
de Durville,   Née.

des Écots,   Pinet.
d'Escorailles,   de Scorailles.
d'Esguilly,   de Choiseuil.
d'Espeuilles,   Girard.
d'Espeuilles,   de Jaucourt.
d'Espeuilles,   Viel.
de L'Espinasse,   Le Blanc.

Faulboichier,   de Fontboucher.
de La Faulotte,   Étignard.
de Faye,   Bogne.
de La Ferté,   de Meun.
de Fleury,   Richard.
de Fleury,   de Vaux.
de Folin,   Le Bourgoing.
du Follet,   Saulnier.

de Fontenay, *v.* Vyau.
de Fontenille, Beurdelot.
de Fontfay, Tenon.
de La Forest, Ferrand.
de Fougilet, de Fossegilet.
de Fourcherenne, Rapine.
de Frasnay. Pierre.

de La Garde, Vyau.
de Gérigny, de La Barre.
de Gerland, de Jarland.
de Germancy. de Vaux.
de Gévaudan, Collin.
de Giry, de Veilhan.
de Givry, du Bois.
de Givry. Marion.
de Gonges, Gondier.
Gorrelier, du Gourlier.
de Goulnot, Paillard.
de Gouvault, Borne.
de Grandpré, Borne.
de Grandry, Berthier.
de La Grange, Le Lièvre.
de Grillon, Potrelot.
de Grossouvre, de Grivel.
de La Guerche, Tenon.
de Guerchy, Regnier
de Guerchy. Thibault.

d'Huban, de Jaucourt.

d'Iry, d'Hiry.
d'Isenay, de Courvol.

de Juvigny, Le Clerc.

de Lancray, des Prés.
de Langeron, Andrault.

de Langy, *voyez* Le Bault.
de Lantilly, de Torcy.
de Lanty, Hospital.
de Limanton, de Loron.
de Lisle, Richard.
de Loudun, de La Roche.
de Lucy, de Courvol.
de Lugny, Chaillot.
de Lunas, Viel.
de Lupy, de La Roche.
de Lys, de Bèze.

de Mâchy, Carpentier.
de Magny, Richard.
du Maigny, de Magny.
de La Maison-Fort, du Bois des Cours
du Marais, Le Tort.
de Marancy, du Verne.
de Marcy, Andras.
Mareschaux, de Tamnay.
de Marigny, Carpentier.
de Marigny, Millin.
de Martangy, Foulé.
de Marzy, du Bois.
de Maulevrier, Andrault.
de Maulgazon, de Montgazon.
de Mazilles, des Jours.
de Meauce, de Monturuc.
de Meaux, Alixand.
des Méloizes, Renaud.
de La Môle, Marion.
de Mont, Cochet.
de Montaron, de La Foudre.
de Montagnes, de Salazar.
de Montal, de Montsaulnin.
de Montbaron, Sallonnier.
de Montchougny, Guyot.
de Monteru, de Monturuc.
de Montgirard, Millin.

de Montifaut, *v.* Girard.
de Montigny, Heulhard.
de Montjardin, Millot.
de La Montoise, de La Venne.
de Montruc, de Monturuc.
de Monts, Guillier.
de Montviel, Sallonnier.
de Moraches, Hinsselin.
de La Motte, Baudron.
de La Motte, Sallonnier.
de Myennes, de Vielbourg.

de Neuville, Hyde.
de La Nocle, de Salins.
du Nozet, du Broc.
du Nozet, Rapine.
de Nyon, Sallonnier.

d'Origny, Bardin.
d'Ougny, Jacob.
d'Ougny, Save.

du Part, Sautereau.
du Pavillon, Sallonnier.
de Pierrepertuis, de Toucy.
de Pignolle, de Bèze.
de La Planche, Coujard.
de Poiseux, Andras.
de Poussery, Bidaud.
de Préfonds, Girardot.
de Presle, Bernard.
de Presle, du Verne.
de Prunevaux, Foulé.
de Prunevaux, Le Roy.
de Prye, de Las.

de Quincize, Pitois.
de Quincy, Fournier.

de Ragny, *voyez* de La Magdelaine
de Richerand, du Creuset.
de Rigny, Septier.
de Rivière, Berger.
de La Rochelle, Née.
du Rosay, Marion.
de Rosemont, Chambrun.

de Saincaize, Brisson.
de Saincaize, de Saulieu.
de Saint-Amand, Guyot.
de Saint-Cy, Pierre.
de Sainte-Marie, Rapine.
de St-Germain, Quesnay.
de Saint-Léger, de Champs.
de Saint-Léger, Micault.
de Saint-Martin, Frappier.
de Saint-Père, d'Estutt.
de Savigny, Regnault.
de Savigny, Save.
de Selines, Bouzitat.
de Sermizelles, Guillaume.
de Serre, Andras.
de Sichamps, Le Bourgoing.
de Sichamps, de La Venne.
de Solière, Dollet.
de Solière, de Meun de La Ferté.
de Soulangis, de Saulieu.
de Soultrait, Richard.
du Sozay, Arvillon.

de Tabourneau, Pinet.
de Tamnay, Juisard.
de Tamnay, Sallonnier.
Testefort, de Marry.
de Thé, Blaudin.
de Thianges, de Damas.
de La Thuilerie, Carpentier.

de Tison-d'Ar-
  gence, *voyez* Joumard-Achard
de Torcy.   des Ulmes.
de Toury,   Bernard.
de Toury,   Richard.
de Toury,   Saulnier.
de Touteuille,   Regnaut.
de Tracy,   d'Estutt.
de Travant,   Garnier.
du Tremblay,   de Courvol.
du Tremblay,   d'Oulon.
de Turigny,   Le Muet.

d'Uxeloup,   Chambrun.

de Valière,   Blaudin.
de La Vallée,   Berthier.

de Valotte, *voyez* de Las.
de Vannay,   Berthier.
de Vannes,   Girard.
de Varennes,   Dollet.
de Vauban,   Le Prestre.
de Vauclois,   du Tartre.
de La Verchère,   Coujard.
de Verneuil,   de Maumigny.
de Vernisy,   Gondier.
du Vernay,   Le Galois.
du Vignaux,   Blaudin.
de Villecourt,   Alixand.
de Villemenant,   de Lange.
de Villenaut,   de Mullot.
de Vitry,   Bruneau.

ERRATA ET ADDENDA.

Tome Ier, page 11, ligne 3o : *au lieu de* vaire *lisez* vairé.

— — 15, — 24 : *ajoutez* Pl. I.

— — 23, — 2 : — Pl. I.

— — 42, — 3 : — Pl. II.

Tome Ier, page 55, ligne 18 : *ajoutez* : Nous nous sommes dernièrement procuré une assiette de fort belle faïence de Marseille, richement décorée de fleurs, au milieu de laquelle figurent les armoiries de l'évêque Tinseau ; l'écusson ovale, surmonté de la crosse et de la mitre, d'une couronne de marquis et du chapeau vert à glands, est : *De gueules, à la main dextre au naturel ou d'argent, mouvant d'une nuée de même, tenant trois rameaux d'or.*

Tome Ier, planche IV, 2e écusson : *au lieu de* L. Pinon *lisez* L. Pignon.

Tome Ier, page 78, ligne 24 : *au lieu de* Augustissimi *lisez* Augustissimo.

Tome Ier, page 94, ligne 14 : *au lieu de* Lormes *lisez* Lorme, qui est la véritable orthographe du nom de cette ville.

Tome Ier, page 107 : *ajoutez à la note de la famille d'Angeron :* Nous avons remarqué, dans une fenêtre de la bibliothèque du célèbre château d'Anet, un petit vitrail du XVIe siècle, dans lequel figure un écusson *de gueules, au sautoir d'argent, accompagné en chef et en pointe d'une étoile d'or, et aux flancs de deux roses d'argent boutonnées d'or ;* on lit au-dessous de l'écusson : LOUIS D'AUGERANT, S^r DE BOISRIGAULT, AMBASSADEUR EN SUISSE, 1548. Peut-être ce personnage appartenait-il à la famille nivernaise d'Angeron ou d'Augerant.

Tome Ier, page 133 : *ajoutez à la note sur la famille de Beaujeu :* D'après un armorial de Franche-Comté, publié par M. Gauthier, conservateur des archives du Doubs (*Annuaire du Doubs* pour 1877), la famille de Beaujeu portait primitivement le nom de de Montot, qu'elle quitta au XVe siècle pour relever celui des anciens seigneurs de Beaujeu, branche de la maison de Choiseul qui portait : *de... à la croix de... cantonnée de douze billettes de...* (sceau de 1316), ou simplement : *de... à la croix de...* (sceau de 1356). L'armorial auquel nous empruntons cette note donne aux nouveaux Beaujeu les armoiries que nous lui attribuons, avec un lion ou un griffon pour cimier et deux griffons pour supports. Ces armoiries se voient encore sur une tombe dans l'église de Beaujeu (Haute-Saône).

Tome Ier, page 155 : *ajoutez à la suite de l'article de la famille Boisserand :* Nous avons trouvé au château de Lamenay une plaque de cheminée de la fin du XVe siècle, décorée d'un écusson ogival sur lequel la croix ancrée des Boisserand est brisée d'une bande. Cet écusson est sans doute celui de Guyot Boisserand, frère cadet de Guillaume, qui continua la descendance de sa famille. Les deux frères étaient seigneurs de Lamenay à la fin du XVe siècle; Guyot mourut avant 1485. (Marolles.)

Tome Ier, page 165 : *ajoutez à la suite de la note de la maison de Bourbon-Busset :* Elles figurent aussi, avec la couronne fleurdelysée, sur l'*ex libris*, gravé en 1788, de Louis-Antoine-Paul vicomte de Bourbon-Busset, premier gentilhomme du comte d'Artois, élu général des États de Bourgogne, etc.

Tome Ier, page 187, ligne 26 : *au lieu d*'Anne Bernard *lisez* Diane-Jeanne Bernault.

Tome Ier, page 187, ligne 31 : *au lieu de* et l'épitaphe, etc. *lisez* de Valentine d'Armes, femme de François de Chabannes, comte de Saignes; et l'épithaphe de Serène de Cravant, première femme de François de Chabannes, IIe du nom, aussi comte de Saignes, fils du précédent. Les écussons de ces deux dames de Trucy sont partis de Chabannes, écartelé de La Tour d'Auvergne, et de leurs propres blasons. La généalogie, etc.

Tome Ier, page 206 : *ajoutez :*

CHARRY, seigneurs d'Eschamps.

Châtellenie de Liernais et Saint-Brisson.

Alliances : Gin, Rousseau, du Bled, Gudin, Grosjean.

Armoiries inconnues.

Marolles, *Inventaire des titres de Nevers.* — *Le Morvand.*

Cette famille, de la haute bourgeoisie du Morvand, n'avait aucune communauté d'origine avec la famille de Charry, dont nous venons de parler.

Tome Ier, page 210 : *ajoutez à la suite de la note de la famille de Châteauvillain :* Il existe au musée de la ville de Chaumont (Haute-Marne) une assez belle statue tumulaire, des premières années du XIVe siècle, d'un personnage de la maison de Châteauvillain, dont l'écu porte le semé de billettes et le lion.

Tome Ier, page 211, ligne 15 : *au lieu de* Château-Villain. *lisez* Châteauvillain.

Tome Ier, page 229, ligne 14 : *au lieu de* Originaires du Nivernais, etc. *lisez* Originaire de Franche-Comté, Nivernais et Bourgogne.

Tome Ier, page 229, ligne 18 : *ajoutez* Archives départementales du Doubs.

Tome Ier, page 249, ligne 23 : *au lieu de* des vaux de Montenoison *lisez* des Vaux de Montenoison.

Tome Ier, page 276, ligne 15: *au lieu de* DE FOSSEGILET, etc. *lisez* DE FOUGILET, seigneurs de Fougilet. Auxerrois et Nivernais.

Tome II, page 19, ligne 19: *au lieu de* à trois crocs d'or, *lisez* : à trois cérots d'or. On donnait, en Berry, le nom de cérots à des paquets de bougie longue et flexible, analogues à ce que l'on nomme vulgairement des rats de cave; ces cérots figuraient dans les armes des Cambray. (Paillot.)

Tome II, page 20, ligne 17: *ajoutez, après roses* : de même.

Tome II, page 43, ligne 30: *ajoutez :* Ce recueil de documents inédits sur la maison de Lamoignon fait maintenant partie de notre bibliothèque nivernaise.

Tome II, page 52, ligne 21 : *au lieu de* Scoraillex, *lisez* : Scorailles.

— — 92, — 13 : — Prépocher, *lisez* : Préporché.

Tome II, page 94, ligne 22 : *au lieu de* DE MONTAIGNES. V. DE SALLAZAR, *lisez :* DE MONTAGNE. V. DE SALAZAR.

Tome II, page 99, ligne 12 : *au lieu de* Il est probable... *lisez* : Cette écartelure était propre à la branche nivernaise des Montmorillon; elle était aux armes de la famille de Vésigneux (voir ce nom), éteinte, etc.

Tome II, page 101, ligne 5 : *au lieu de* Blanlasses, *lisez:* Branlasses.

— — 118, — 17 : — Onlay — Oulon.

— — 119, — 23 : — PAILLART — PAILLARD.

Tome II, page 120, ligne 9: *même observation.*

— — 131, — 18 : *au lieu de* Puisyae, *lisez* : Puisaye.

— — 136, — 25 : — dune — d'une.

Tome II, page 159: *remplacez les lignes 5 et 6 par celles-ci :* ALLIANCES : de Balorre, de Chasans, de Loges, de Traves, de Stainville, Palatin de Dyo, du Pin, de Montagu, de Damas, de La Vernade, de La Renière, de La Porte, de Neufchâtel, de La Tournelle, de Pontaillier, d'Anlezy, Rolin, de Rochebaron, de Cossay, de Saint-Belin, de Monins, de Vichy, Fremyot, de Toulongeon, de Coulanges, de La Ferté-Meun, de La Magdelaine, de Cugnac, de Sévigné, de Rouville, de Langhac, de La Rivière, de Madaillan de Lesparre.

Tome II, page 159, ligne 14: *ajoutez* : mais cette description n'est pas exacte; le célèbre comte de Bussy-Rabutin, dans son *Histoire généalogique* de sa maison, publiée par M. Beaune (Dijon, Rabutot, 1866), décrit lui-même son blason (pages 5 et 14) tel que nous le donnons ci-dessus.

Tome II, page 162, ligne 18 : *au lieu de* Pl. XXIII. *lisez* : Pl. XX.

— — 168, — 29 : — trois étoiles — deux étoiles.

— — 170, — 10 : — légitime — légitimé.

— — 171, — 20 : *supprimez* Pollesson.

Tome II, page 177, ligne 11 : Le dessin de la planche XXV ne reproduit pas exactement le blason de la famille Rollot; cet écusson devrait porter le chêne brochant sur le rocher et non surmontant ce rocher.

Tome II, page 191, ligne 3 : *au lieu de* du Sollet, *lisez :* de Follet.

—   —   202, —   9 :   —   scellés   —   scellées.

Tome II, page 220 : *ajoutez à l'article Turpin :* Cette famille avait peut-être une origine commune avec la famille Turpin, du Berry, dont les armes étaient : *D'argent, à l'aigle de sable, au chef de gueules, chargé de trois molettes d'or.* (Riffé, *Essais généalogiques sur les anciennes familles du Berry; famille Gassot.*)

Tome II, page 231, ligne 18 : *au lieu de* Gannay, *lisez :* Ganay.

—   —   239, —   13 : *ajoutez :* Pl. XXXI.

—   —   245, —   6 :   —   Pl. XXVI.

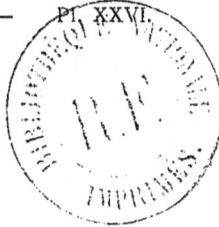

TABLE DES MATIÈRES.

TOME Ier.

TOME II.

Nevers, Imp. RAF. — G. VALLIÈRE, succ^r.

www.ingramcontent.com/pod-product-compliance
Lightning Source LLC
Chambersburg PA
CBHW071632270326
41928CB00010B/1892